装配式建筑系列专题

中国装配式建筑发展报告
（2017）

住房和城乡建设部科技与产业化发展中心
（住房和城乡建设部住宅产业化促进中心） 主编

中国建筑工业出版社

图书在版编目（CIP）数据

中国装配式建筑发展报告（2017）./住房和城乡建设部科技与产业化发展中心（住房和城乡建设部住宅产业化促进中心）主编.—北京：中国建筑工业出版社，2017.10
（装配式建筑系列专题）
ISBN 978-7-112-21214-9

Ⅰ.①中… Ⅱ.①住… Ⅲ.①建筑业-产业发展-研究报告-中国-2017 Ⅳ.①F426.9

中国版本图书馆CIP数据核字（2017）第223111号

  本报告受住房和城乡建设部建筑节能与科技司委托，是由住房和城乡建设部科技与产业化发展中心（住房和城乡建设部住宅产业化促进中心）组织行业力量编写的国内第一本关于装配式建筑的发展报告，系统总结了我国装配式建筑的历史沿革和发展现状，梳理了有关政策和技术体系，展现了近年来示范作用显著的典型省市、龙头企业和试点示范项目的发展经验，涵盖面广，具有较强的行业导向作用。

责任编辑：封 毅 周方圆
责任校对：李欣慰 刘梦然

中国装配式建筑发展报告（2017）

住房和城乡建设部科技与产业化发展中心
（住房和城乡建设部住宅产业化促进中心） 主编

*

中国建筑工业出版社出版、发行（北京海淀三里河路9号）
各地新华书店、建筑书店经销
北京锋尚制版有限公司制版
北京富生印刷厂印刷

*

开本：787×1092毫米 1/16 印张：16¾ 字数：344千字
2017年9月第一版 2018年2月第二次印刷
定价：60.00元
ISBN 978-7-112-21214-9
（30863）

版权所有 翻印必究
如有印装质量问题，可寄本社退换
（邮政编码 100037）

编委会

主　　编：文林峰

副 主 编：刘美霞　王广明　李卫东　刘洪娥　王洁凝　赵尤阳

编 写 组：

武　振	杜阳阳	谭家娟	张　龙	徐盛发	刘春藏	岑　岩
赵丰东	郁达飞	赵志宏	叶浩文	李晓明	刘东卫	陆伟东
庄小波	康　庄	龙玉峰	赵中宇	杨家骥	郭　宁	王双军
王全良	陈祖新	闫俊杰	张　鸣	龚咏晖	郭　庆	徐德良
樊　骅	张素敏	许　航	武止超	周　冲	黄　霞	曲冰儒
闫紫薇	孟祥岩	曹志成	肖　霄	鹿　冰		

代序
Preface

党的十八大以来,党中央、国务院高度重视生态文明建设和绿色发展。习近平总书记强调,推动形成绿色发展方式和生活方式是贯彻新发展理念的必然要求,必须把生态文明建设摆在全局工作的突出地位。大力发展装配式建筑是住房城乡建设领域贯彻习总书记要求、推进绿色发展的战略举措,有利于节约资源能源、减少施工污染,提高劳动生产效率和安全生产水平,促进建筑业与信息化、工业化深度融合,全面提升工程建设标准和建筑质量、品质。

随着《中共中央国务院关于进一步加强城市规划建设管理工作的若干意见》《关于大力发展装配式建筑的指导意见》等政策的发布,各地都在积极落实党中央、国务院决策部署,高度重视装配式建筑的发展。各地在推进装配式建筑工作中应坚持八项原则:一是以形成成熟的技术标准体系为核心,进一步夯实推广应用的基础。二是以开发配套的产品机具为重点,满足装配式建筑的质量要求和工业化大生产的需要。三是以骨干施工企业为依托,作为推进装配式建筑发展的有力抓手。四是以本地实际情况为出发点,制定符合当地经济社会发展水平的目标和任务。五是以保证质量和建筑功能为前提,实现发展装配式建筑的初衷和目的。六是以建筑设计为龙头,统领工程建设全过程,推动全产业链协调发展。七是以培育现代产业工人队伍为基础,不断提高装配式建筑施工的质量、效率和效益。八是以稳中求进为工作基调,不搞层层加码,要脚踏实地、循序渐进。未来推进装配式建筑工作,要重点抓好"一体两翼","一体"指建筑体系成熟完善、可复制、可推广,"一翼"是以工程总承包方式承建装配式建筑,另"一翼"是基于建筑信息模型的一体化设计。

在此背景下,住房城乡建设部建筑节能与科技司委托我中心组织行业力量编写了《中国装配式建筑发展报告(2017)》,回顾了装配式建筑的发展历程和经验教训,系统分析了装配式建筑的发展背景、现状和问题,梳理了部分地区、企业和项目的实践经验,提出了未来发展前景和任务目标以及政策措施,具有较强的现实指导意义。

借本书出版发行之际,向在为推动装配式建筑发展而辛勤工作、勇于创新、大胆实践的同志们表示诚挚的感谢,也衷心希望本书的出版能够为大力推进装配式建筑稳定健康发展、推动住房和城乡建设绿色发展做出应有的贡献。

住房和城乡建设部科技与产业化发展中心
(住房和城乡建设部住宅产业化促进中心)
2017年8月

前言
Introduction

大力发展装配式建筑是建造方式的重大变革，有利于节约资源能源、减少污染、提升劳动生产效率和质量安全水平，有利于促进建筑业与信息产业和制造业深度融合、培育新产业新动能、推动化解过剩产能，是落实中央城市工作会议精神的战略举措，是住房和城乡建设领域落实五大发展理念、推进绿色发展的重要抓手，是推进供给侧结构性改革和新型城镇化发展的重要举措。

党中央、国务院高度重视装配式建筑的发展，中央城市工作会议以来，我国装配式建筑进入全面发展期。《中共中央国务院关于进一步加强城市规划建设管理工作的若干意见》提出，要发展新型建造方式，大力推广装配式建筑，力争用10年左右时间，使装配式建筑占新建建筑面积的比例达到30%。2016年9月27日，国务院办公厅印发了《关于大力发展装配式建筑的指导意见》，明确了指导思想、基本原则、发展目标、重点任务和保障措施。这是今后一段时间我国发展装配式建筑的纲领性文件。与此同时，各地也相继出台加大装配式建筑发展的指导意见和相关配套措施，政策红利不断释放。

随着顶层制度设计初步形成，各地的装配式建筑蓬勃发展，装配式混凝土建筑新开工面积突破了1亿平方米，三大结构体系的国家标准已经发布，以原国家住宅产业现代化试点示范城市和产业基地为代表的地区和企业发展势头良好。但也要清醒地看到，当前发展装配式建筑在体制机制、标准规范、技术体系和人才资源等方面有待完善，市场也尚未成熟。下一步推进工作中，一方面应更加重视装配式建筑与绿色建筑的结合，充分挖掘其对推进住房城乡建设领域绿色发展的贡献；另一方面应遵循稳中求进的工作原则，按照先易后难、循序渐进的思路制定科学稳妥的技术发展路线。面对这些机遇和挑战，我们应当及时归纳总结成功经验，积极交流学习，进一步加强科技研发和探索实践。

本报告受住房和城乡建设部建筑节能与科技司委托，是由住房和城乡建设部科技与产业化发展中心（住房和城乡建设部住宅产业化促进中心）组织行业力量编写的国内第一本关于装配式建筑的发展报告，系统总结了我国装配式建筑的历史沿革和发展现状，梳理了有关政策和技术体系，展现了近年来示范作用显著的典型省市、龙头企业和试点示范项目的发展经验，涵盖面广，具有较强的行业导向作用。

　　回顾过去，我们硕果累累，信心百倍；展望未来，我们不忘初心，砥砺前行。希望本书的出版能加强行业沟通交流，促进各方互相学习借鉴，在装配式建筑行业发展迈上新台阶的重要时期同心协力，为实现绿色发展、建设美丽中国做出行业贡献。在本书编写过程中，得到了住房和城乡建设部建筑节能与科技司、行业专家和企业的大力支持，在此表示诚挚感谢！由于时间紧张、编写水平有限，本书难免存在疏漏之处，欢迎大家提出宝贵意见和建议。

《中国装配式建筑发展报告（2017）》编委会

2017年8月

目 录
Content

1 综 述 ··· 01

1.1 历史沿革 ·· 01
1.1.1 发展初期（1950~1978年）··· 01
1.1.2 发展起伏期（1978~1998年）·· 03
1.1.3 发展提升期（1999~2010年）·· 06
1.1.4 快速发展期（2011~2015年）·· 08
1.1.5 全面发展期（2015年至今）··· 10

1.2 装配式建筑相关概念辨析 ·· 11
1.2.1 装配式建筑相关概念··· 11
1.2.2 概念辨析··· 11

1.3 发展背景与意义 ··· 12
1.3.1 发展装配式建筑是落实党中央国务院决策部署的重要举措······························· 12
1.3.2 发展装配式建筑是推动住房城乡建设领域绿色发展的有力抓手························· 12
1.3.3 发展装配式建筑是促进当前经济稳定增长的重要措施····································· 13
1.3.4 发展装配式建筑是带动技术进步、提高生产效率的有效途径···························· 13
1.3.5 发展装配式建筑是实现"一带一路"发展目标的重要路径································· 14
1.3.6 发展装配式建筑是全面提升住房质量和品质的必由之路·································· 14

1.4 发展现状 ··· 14
1.4.1 顶层制度框架已初步形成··· 15
1.4.2 规模化发展格局正在形成··· 16
1.4.3 标准规范体系已基本健全··· 16
1.4.4 技术体系研发力度不断加大·· 17
1.4.5 试点示范城市带动成效明显·· 17
1.4.6 龙头企业发挥引领带动作用·· 18
1.4.7 各地积极探索创新监管机制·· 18

1.5 存在问题 ··· 19
1.5.1 标准规范体系有待提升，不同层级标准未形成合力·· 19
1.5.2 成熟适宜的技术体系不多，影响了规模化推广进程·· 19
1.5.3 集成设计能力不足，未能发挥装配式建筑综合优势·· 20
1.5.4 部品部件生产配套能力不足，建筑体系有待完善··· 20
1.5.5 装配化施工整体水平不高，质量隐患不容忽视·· 20
1.5.6 建筑全装修水平有待提高，与社会需求差距较大··· 21

1.5.7　工程总承包发展缓慢，配套制度设计亟待完善⋯⋯⋯⋯⋯⋯⋯　21
　　1.5.8　监管机制与手段相对滞后，迫切需要改革创新⋯⋯⋯⋯⋯⋯⋯　22
　　1.5.9　组织领导和政策支持力度有待加强，市场氛围尚未完全形成⋯⋯⋯　22
　　1.5.10　人才和产业队伍紧缺，严重制约行业发展⋯⋯⋯⋯⋯⋯⋯⋯　22
　　1.5.11　宣传力度不足，尚未形成广泛的社会共识⋯⋯⋯⋯⋯⋯⋯⋯　23

2　政策扶持概况⋯⋯⋯⋯⋯⋯⋯⋯⋯⋯⋯⋯⋯⋯⋯⋯⋯⋯⋯⋯⋯　24

2.1　装配式建筑总体政策分析⋯⋯⋯⋯⋯⋯⋯⋯⋯⋯⋯⋯⋯⋯⋯⋯　24
　　2.1.1　国家层面装配式建筑政策分析⋯⋯⋯⋯⋯⋯⋯⋯⋯⋯⋯⋯　24
　　2.1.2　各地出台政策情况⋯⋯⋯⋯⋯⋯⋯⋯⋯⋯⋯⋯⋯⋯⋯⋯　25
　　2.1.3　钢结构建筑政策分析⋯⋯⋯⋯⋯⋯⋯⋯⋯⋯⋯⋯⋯⋯⋯　29
　　2.1.4　木结构建筑政策分析⋯⋯⋯⋯⋯⋯⋯⋯⋯⋯⋯⋯⋯⋯⋯　32

2.2　经济激励政策分析⋯⋯⋯⋯⋯⋯⋯⋯⋯⋯⋯⋯⋯⋯⋯⋯⋯⋯⋯　33
　　2.2.1　土地支持政策⋯⋯⋯⋯⋯⋯⋯⋯⋯⋯⋯⋯⋯⋯⋯⋯⋯⋯　33
　　2.2.2　建筑面积奖励政策⋯⋯⋯⋯⋯⋯⋯⋯⋯⋯⋯⋯⋯⋯⋯⋯　34
　　2.2.3　财政支持政策⋯⋯⋯⋯⋯⋯⋯⋯⋯⋯⋯⋯⋯⋯⋯⋯⋯⋯　36
　　2.2.4　税收支持政策⋯⋯⋯⋯⋯⋯⋯⋯⋯⋯⋯⋯⋯⋯⋯⋯⋯⋯　37
　　2.2.5　金融支持政策⋯⋯⋯⋯⋯⋯⋯⋯⋯⋯⋯⋯⋯⋯⋯⋯⋯⋯　38
　　2.2.6　建设环节支持政策⋯⋯⋯⋯⋯⋯⋯⋯⋯⋯⋯⋯⋯⋯⋯⋯　39

3　装配式建筑发展概况⋯⋯⋯⋯⋯⋯⋯⋯⋯⋯⋯⋯⋯⋯⋯⋯⋯⋯⋯　43

3.1　技术和标准体系发展情况⋯⋯⋯⋯⋯⋯⋯⋯⋯⋯⋯⋯⋯⋯⋯⋯　43
　　3.1.1　装配式混凝土建筑方面⋯⋯⋯⋯⋯⋯⋯⋯⋯⋯⋯⋯⋯⋯　43
　　3.1.2　钢结构建筑方面⋯⋯⋯⋯⋯⋯⋯⋯⋯⋯⋯⋯⋯⋯⋯⋯⋯　48
　　3.1.3　木结构建筑方面⋯⋯⋯⋯⋯⋯⋯⋯⋯⋯⋯⋯⋯⋯⋯⋯⋯　53
　　3.1.4　装配化装修方面⋯⋯⋯⋯⋯⋯⋯⋯⋯⋯⋯⋯⋯⋯⋯⋯⋯　59

3.2　装配式建筑产业发展情况⋯⋯⋯⋯⋯⋯⋯⋯⋯⋯⋯⋯⋯⋯⋯⋯　62
　　3.2.1　企业发展总体情况⋯⋯⋯⋯⋯⋯⋯⋯⋯⋯⋯⋯⋯⋯⋯⋯　62
　　3.2.2　设计能力方面⋯⋯⋯⋯⋯⋯⋯⋯⋯⋯⋯⋯⋯⋯⋯⋯⋯⋯　63
　　3.2.3　生产能力方面⋯⋯⋯⋯⋯⋯⋯⋯⋯⋯⋯⋯⋯⋯⋯⋯⋯⋯　64
　　3.2.4　施工能力方面⋯⋯⋯⋯⋯⋯⋯⋯⋯⋯⋯⋯⋯⋯⋯⋯⋯⋯　66
　　3.2.5　运输和物流能力方面⋯⋯⋯⋯⋯⋯⋯⋯⋯⋯⋯⋯⋯⋯⋯　66
　　3.2.6　配套设备制造方面⋯⋯⋯⋯⋯⋯⋯⋯⋯⋯⋯⋯⋯⋯⋯⋯　67

3.3　人才队伍建设情况⋯⋯⋯⋯⋯⋯⋯⋯⋯⋯⋯⋯⋯⋯⋯⋯⋯⋯⋯　67
　　3.3.1　装配式建筑人才需求变化⋯⋯⋯⋯⋯⋯⋯⋯⋯⋯⋯⋯⋯　68

3.3.2　装配式建筑人才现状分析……68
　　3.3.3　装配式建筑人才培养……69
　3.4　装配化装修发展情况……71
　　3.4.1　总体发展情况……71
　　3.4.2　部分发达地区走在全国前列……72
　　3.4.3　产业能力初步形成……73
　　3.4.4　行业潜在市场规模巨大……73
　3.5　信息化技术应用情况……74
　　3.5.1　建筑信息模型技术（BIM）应用情况……74
　　3.5.2　装配式建筑质量追溯系统应用情况……77
　　3.5.3　装配式建筑标准化部品部件库建设情况……81

4　典型地区发展情况……83
　4.1　重点推进地区……83
　　4.1.1　北京市……83
　　4.1.2　上海市……86
　　4.1.3　河北省……90
　　4.1.4　江苏省……94
　　4.1.5　浙江省……97
　　4.1.6　深圳市……100
　　4.1.7　合肥市……101
　　4.1.8　绍兴市……103
　4.2　积极推进地区……106
　　4.2.1　吉林省……106
　　4.2.2　安徽省……108
　　4.2.3　山东省……112
　　4.2.4　河南省……115
　　4.2.5　湖南省……119
　　4.2.6　四川省……124
　　4.2.7　沈阳市……128
　4.3　鼓励推进地区……132
　　4.3.1　内蒙古自治区……132
　　4.3.2　新疆维吾尔自治区……134
　　4.3.3　广安市……137

5 典型企业发展情况 ··· 139

5.1 开发型企业 ··· 139
5.1.1 万科企业股份有限公司 ······························· 139

5.2 集团型企业 ··· 141
5.2.1 天津住宅建设发展集团有限公司 ····················· 141
5.2.2 北京住总集团有限责任公司 ·························· 147
5.2.3 宝业集团股份有限公司 ······························· 150
5.2.4 山东万斯达建筑科技股份有限公司 ·················· 153
5.2.5 龙信建设集团有限公司 ······························· 155
5.2.6 北新房屋有限公司 ······································ 157

5.3 设计型企业 ··· 158
5.3.1 中国建设科技集团 ···································· 158
5.3.2 北京市建筑设计研究院有限公司 ····················· 160
5.3.3 华阳国际设计集团建筑产业化公司 ·················· 162

5.4 部品生产型企业 ·· 164
5.4.1 深圳海龙建筑科技有限公司 ·························· 164
5.4.2 北京市燕通建筑构件有限公司 ······················· 166

5.5 设备制造型 ··· 169
5.5.1 三一集团有限公司 ······································ 169
5.5.2 河北新大地机电制造有限公司 ······················· 171

6 典型项目发展情况 ··· 175

6.1 装配式混凝土建筑项目 ································· 175
6.1.1 合肥市大杨镇湖畔新城复建点项目 ·················· 175
6.1.2 深圳龙悦居三期项目 ·································· 179
6.1.3 上海青浦新城63A-03A地块商品房项目 ············ 184
6.1.4 上海宝业中心项目 ······································ 189
6.1.5 南通政务中心停车综合楼项目 ······················· 194

6.2 钢结构建筑项目 ·· 197
6.2.1 中建钢构天津厂公寓楼项目 ·························· 197
6.2.2 北京成寿寺B5地块定向安置房项目 ················· 205
6.2.3 杭州钱江世纪城人才专项用房一期二标段项目 ····· 209

6.3 木结构建筑项目 ·· 213
6.3.1 江苏省绿色建筑博览园展示馆——木营造馆 ················ 213
6.3.2 贵州省黔东南州榕江县游泳馆项目 ····························· 220

6.4 装配化装修项目 ·· 223
6.4.1 郭公庄一期公共租赁住房项目 ································· 223
6.4.2 北京海淀永丰产业基地公共租赁住房项目 ···················· 227

7 宣传篇 ·· 231

7.1 装配式建筑重要会议会展 ·· 231
7.1.1 中央城市工作会议 ··· 231
7.1.2 《关于大力发展装配式建筑的指导意见》政策解读 ············ 232
7.1.3 全国装配式建筑工作现场会（上海）······························ 233
7.1.4 全国装配式建筑工作座谈会（长沙）······························ 235
7.1.5 中国国际住宅产业暨建筑工业化产品与设备博览会 ············ 237

7.2 装配式建筑相关书籍 ·· 240

8 前景展望 ·· 243

8.1 政府支持和市场驱动力度不断加大 ··························· 243
8.2 装配式建筑标准规范体系趋于完善 ··························· 243
8.3 科学积极稳妥的技术路线逐步形成 ··························· 244
8.4 装配式建筑设计施工水平全面提升 ··························· 244
8.5 装配式建筑产业配套能力不断增强 ··························· 244
8.6 工程总承包模式综合优势更加突出 ··························· 245
8.7 建筑全装修的社会认可度不断提高 ··························· 245
8.8 工程质量安全监管水平进一步提升 ··························· 245
8.9 人才和产业队伍紧缺问题逐步解决 ··························· 245

附录

1. 《国务院办公厅关于大力发展装配式建筑的指导意见》
   （国办发〔2016〕71号文）··· 247
2. 2015~2016年装配式建筑大事记 ····································· 251

参考文献 ·· 254

综 述

Chapter 1

虽然我国装配式建筑发展起步时点与发达国家相比差距不大，但因为其间经历几次停滞期，导致发展速度横向比较出现较大差距。目前，主要发达国家的建筑施工已广泛采用装配式建造方式，但我国仍然以现场浇筑作业为主，新建建筑中装配式建筑的占比约5%，与国际先进水平相比差距很大。党的十八大以来，特别是中央城市工作会议以来，各级领导高度重视装配式建筑发展。随着《中共中央国务院关于进一步加强城市规划建设管理工作的若干意见》（中发〔2016〕6号）《关于大力发展装配式建筑的指导意见》（国办发〔2016〕71号）等一系列政策措施的发布，各地积极落实党中央、国务院决策部署，我国装配式建筑进入全面发展期，呈现出欣欣向荣的发展态势，有力推动了住房城乡建设领域绿色发展。

1.1 历史沿革

纵观我国装配式建筑的发展历程，可以看到我们在学习苏联的过程中，曾一度"轰轰烈烈"，却又因多种原因停滞不前；装配式建筑应用由多层砖混结构向高层混凝土结构不断探索；建筑工业化发展理论由"三化""四化、三改、两加强"逐步发展至新"四化""五化""六化"，对装配式建筑的认识不断深入。我们有过辉煌的成绩，但同样存在沉痛的教训，通过总结不同时期宝贵经验，找到制约我国装配式建筑发展的深层次原因，可以为"十三五"时期描绘我国装配式建筑发展新蓝图提供强有力的支撑。

1.1.1 发展初期（1950~1978年）

20世纪50年代，我国完成了第一个五年计划，建立了工业化的初步基础，开始了大规模的基本建设，建筑工业快速发展。在全面学习苏联的背景下，我国的设计标准，包括建筑设计、钢结构、木结构和钢筋混凝土结构设计规范全部译自苏联。国家级的建筑设计院都聘有苏联专家，设计水平和国际接轨，标准化和模数化很快被应用。1956年，国务院发布了《关于加强和发展建筑工业的决定》，在新中国的历史上首次提出了"三化"（设计标准化、构件生产工厂化、施工机械化），明确了装配式建筑的发展方向。这一时期的主要成就包括：

（1）装配式建筑技术体系初步创立。在工业建筑方面，苏联帮助建设的153个大项目大都采用了装配式混凝土技术。各大型工地上，柱、梁、屋架和屋面板都在工地附近的场地预制，在现场用履带式起重机安装。工业建筑的工业化建造程度已达到较高的水平，但墙体仍为小型黏土红砖手工砌筑。70年代，在全国范围建筑工业化运动的"三化一改"（设计标准化、构配件生产工厂化、施工机械化和墙体改革）方针下，国内发展了大型砌块、楼板、墙板结构构件的施工技术，初步创立了装配式建筑技术体系，如大板住宅体系、大模板（"内浇外挂"式）住宅体系和框架轻板住宅体系等。1973年，最早的装配式混凝土高层住宅——北京前三门大街26栋高层住宅在北京建成，采用了大模板现浇、内浇外板结构等工业化施工模式（图1-1）。

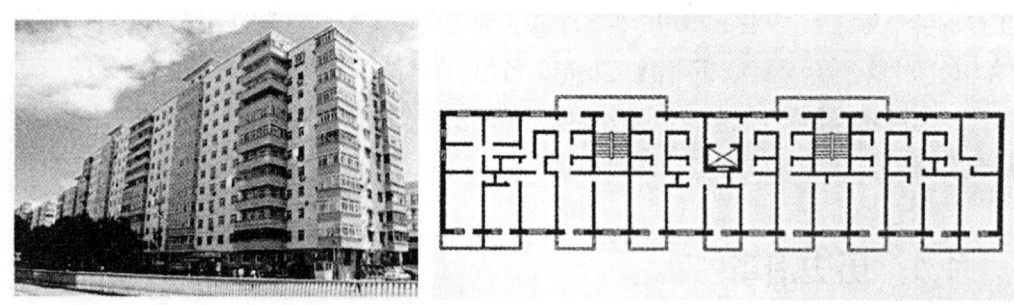

图1-1　北京前三门大街高层住宅及标准层平面

（2）预制构件生产技术快速发展。多个大城市开始建设正规的构件厂，典型的如北京第一和第二构件厂（后发展为北京榆构有限公司），用机组流水法以钢模在振动台上成型，经过蒸汽养护送往堆场，成为预制构件生产的示范。此后，全国预制混凝土技术突飞猛进发展，全国各地数以万计的大小预制构件厂雨后春笋般出现，为装配式建筑发展奠定了基础。东欧的预制混凝土技术也传至我国，北京市引进了东德的预应力空心楼板制造机（康拜因联合机），这实际上是后来美国SP大板的雏形。70年代由东北工业建筑设计院（现中国建筑东北设计研究院有限公司）设计了挤压成型机在沈阳试制成功，开创了国内预应力钢筋混凝土多孔板生产新工艺，后在柳州等地推广应用。除柱、梁、屋架、屋面板、空心楼板等构件大量被应用外，墙体的工业化发展同样是这一时期的重要特点，主要代表是北京的振动砖墙板、粉煤灰矿渣混凝土内外墙板、大板和红砖结合的内板外砖体系，上海的硅酸盐密实中型砌块和哈尔滨的泡沫混凝土轻质墙板。

（3）住宅标准化设计推进工作成效显著。我国在引进苏联工业化建造方式的同时，

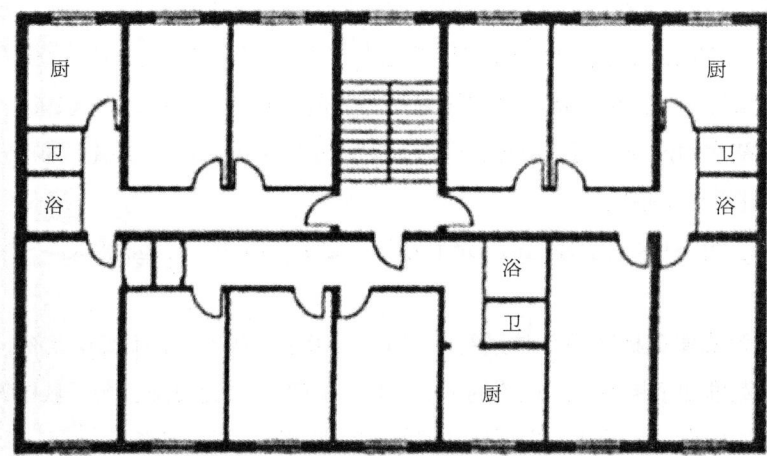

图1-2 华北301住宅标准设计

也逐步形成了住宅标准化设计的概念，设计效率极大提高。20世纪50年代中期开始，由国家建设部门负责，按照标准化、工厂化构件和模数设计标准单元，编制了全国6个分区的标准设计全套各专业设计图。在苏联专家的指导下北京市建筑设计院设计了第一套住宅通用图。1956年城市建设总局举办全国楼房住宅标准设计竞赛，并向全国推广了中选方案。此时期标准化设计方法标准图集的制定由各地方负责实施，各地方成立了专业部门来推进住宅标准设计的工作（图1-2）。这种标准化设计方法的图集，成为所有城市住宅建设和构件生产的技术依据。

1.1.2 发展起伏期（1978~1998年）

我国改革开放以后，针对装配式建筑发展进一步提出了"四化、三改、两加强"（房屋建造体系化、制品生产工厂化、施工操作机械化、组织管理科学化，改革建筑结构、改革地基基础、改革建筑设备，加强建筑材料生产、加强建筑机具生产）。20世纪80年代，我国装配式建筑加速发展，标准化体系快速建立，北方地区形成了通用的全装配住宅体系，北京、上海、天津、沈阳等多地采用装配式建造方式建设了较大规模的居住小区。

20世纪80年代末期开始，由于市场经济的发展，住宅建筑在市场化冲击下，原有的定型产品规格不能满足日益多样化的要求。而大批农民工涌入城市后为建筑业提供了大力廉价劳动力，伴随着商品混凝土的兴起，现浇建设方式的优势逐步显现，大模板现浇钢筋混凝土技术应运而生，内浇外砌和外浇内砌等各种建筑技术体系纷纷出现。与此同时，受当时的技术、材料、工艺和设备等条件的限制，已建成的装配式大板建筑的防水、保温等物理性能开始显现弊端，渗、漏、裂、冷等问题引起居民不满。此后，装配式建筑的发展骤然止步。

20世纪90年代，我国房地产迎来快速发展期。但这种发展是以资金和土地的大量投入为基础的，建筑技术仍原地踏步，而此时装配式建筑的研究与发展几乎处于停滞甚至倒退状态。北京等城市大量兴建的高层住宅基本上是内浇外挂体系。直到1995年以后，随着对90年代初房地产业发展的反思，国内开始注重住宅的功能和质量，为下一步大力发展住宅产业化奠定了基础。

总之，这个时期经历了装配式建筑的停滞、发展、再停滞的起伏波动，主要发展成就包括：

（1）装配式建筑标准规范体系初步建立。20世纪70年代末和80年代初，装配式建筑的发展热潮推动了相关标准规范的编制工作。1979年，建设部颁布了我国第一部关于装配式结构的标准《装配式大板居住建筑结构设计和施工暂行规定》JGJ1-1979。由于技术的迅速发展，建设部很快在1981年启动该暂行规定的修编工作。经过10年的基础理论和试验研究工作，建设部在1991年发布了《装配式大板居住建筑设计和施工规程》JGJ1-1991，但90年代装配式建筑发展陷入停滞，该规程发布后社会关注度不高。

（2）模数标准与住宅标准设计逐步完善。我国先后在1984年、1997年编制及修编了《住宅模数协调标准》，提出了模数网络和定位线等概念，对我国住宅设计、产品生产、施工安装等的标准化具有重要的影响。与此同时标准设计作为国家、地方或行业的通用设计文件，成为促进科技成果转化的重要手段。1988年编制的《住宅厨房和相关设备基本参数》和1991年发布的《住宅卫生间相关设备基本参数》，为推动住宅设备设施水平的进步做出了贡献。20世纪80年代中期编制的《全国通用城市砖混住宅体系图集》和《北方通用大板住宅建筑体系图集》等，既扩大了住宅标准设计的通用程度，也发展了系列化建筑构配件。标准设计作为国家、地方或行业的通用设计文件，成为促进科技成果转化的重要手段（表1-1）。

我国建筑模数标准的演变　　　　　　　　　　　　　　表1-1

实施时间	标准名称	标准代号
1986.11.1	建筑门窗洞口尺寸系列	GB5824-1986
1987.7.1	建筑模数协调统一标准	GBJ2-1986
1987.10.1	住宅建筑模数协调标准	GBJ100-1987
1987.10.1	建筑楼梯模数协调标准	GBJ101-1987
1990.1.1	住宅厨房及相关设备基础参数	GB11228-1989
1990.8.1	住宅卫生间功能和尺寸系列	GB11977-1989

（3）开展了一些装配式建筑相关研究工作。1980年，国内在学习N·J·哈布瑞肯SAR（支撑体）理论基础上，围绕住宅设计标准化、多样化做出了许多研究尝试。1986年，原南京工学院在无锡进行了支撑体住宅的研究性实践（图1-3）。20世纪90年代，天津市建筑设计院也通过开发TS支撑体体系（Tianjin Support Housing）进行了实验性建设。

1992年，"八五"重点研究课题《住宅建筑体系成套技术》中的《适应型住宅通用填充（可拆装）体》研究，吸收国外"开放住宅（Open-house）"的"支撑体（Support）和填充体（Infill）住宅"经验，研发了适用于我国住宅结构体系的"适应型住宅通用填充（可拆装）体"，成为我国首个以住宅通用体系与综合技术相结合的且整体实现解决方案的优秀研发范例。该研究成果指导了北京翠微小区适应型住宅试验房的建设（图1-4）。

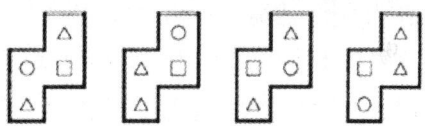

图1-3　江苏无锡支撑体系住宅

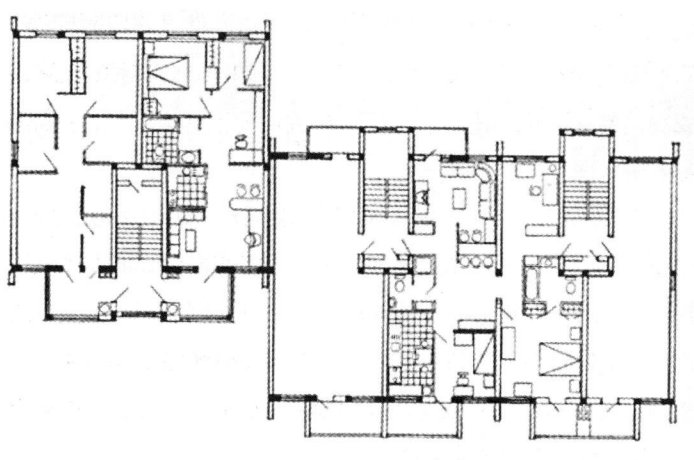

图1-4　北京翠微小区适应型住宅试验房

（4）中日合作JICA项目成果丰硕。1988年，中国政府和日本政府开展了第一个住宅建设领域的"中日合作JICA项目"，通过"中国城市小康住宅研究"形成了"中国城市小康住宅通用体系"从生活方式、面积标准、人体功效、设备配置到住宅部品标准化等基本出发点，建立了小康设计套型系列体系。JICA住宅项目历经20年共4期，包括"中国城市小康住宅研究项目"（1988~1995年）"中国住宅新技术研究与培训中心项目"（1996~2000年）"住宅性能认定和部品认证项目"（2001~2004年）"推动住宅节能进步项目"（2005~2008年）。这些项目项目的成果，为下一步推进住宅产业化提供了强有力的研究保障和技术支持。

（5）发展"住宅产业"逐步形成共识。1992年，中国建筑技术发展研究中心在对国内外建筑工业化进行比较研究后，向建设部提出了"住宅产业及发展构想"的报告，报告中首次提出了"住宅产业"概念，指出"发展住宅产业是我国住宅发展的必由之路"，1994年之后，住宅产业相关工作逐步开始。1996年，建设部颁布《住宅产业现代化试点工作大纲》（建房〔1996〕第181号）和《住宅产业现代化试点技术发展要点》，明确提出"推行住宅产业现代化，即用现代科学技术加速改造传统的住宅产业，以科技进步为核心，加速科技成果转化为生产力，全面提高住宅建设质量，改善住宅的使用功能和居住环境，大幅度提高住宅建设劳动生产率。""住宅产业"的概念在社会上逐步形成共识。

1.1.3 发展提升期（1999~2010年）

1999年，国务院办公厅发布了《关于推进住宅产业现代化提高住宅质量的若干意见》（国办发〔1999〕72号文），明确了推进住宅产业现代化工作的指导思想、主要目标、重点任务、技术措施和相关政策，提出"加快住宅建设从粗放型向集约型转变，推进住宅产业现代化，提高住宅质量，促进住宅建设成为新的经济增长点。"该文件是一段时期内我国开展住宅产业现代化工作的纲领性文件，对于促进我国住宅产业的健康、可持续发展具有重大意义。同时，建设部成立住宅产业化促进中心，配合相关司局指导全国住宅产业现代化工作，自此装配式建筑发展进入一个新的阶段。

由于2002年国家颁布行业标准《高层建筑混凝土结构技术规程》JGJ 3-2002，预制构件的应用受到许多制约。以北京为例，按八度地震设防要求，装配式建筑高度不能超过50m，后来城市用地日趋紧张，住宅高度不断提高，开发商建造二十层以上的高层住宅的比例逐年增加。由于预制构件节点处理的问题较为复杂，为了进一步提高建筑整体性，现浇楼板逐渐取代了预制楼板和预制外墙板。同时商品混凝土的快速发展，使得现浇混凝土技术体系得到全面应用，几乎全面占领国内高层住宅市场。

但随着施工现场湿作业的复苏，现浇混凝土技术的缺点也逐步显现，如传统人工支模劳动强度大、养护耗时长、施工现场污染严重、普遍存在建筑质量通病等。同时，建筑行业劳动力市场也悄然发生着变化，出现了人工短缺现象。业内人士逐渐意识到，长期以来以现场手工作业为主的传统建设方式不可持续。从建筑业转型发展的角度出发，装配式建筑的发展重新引起了关注。但是"装配式结构体系整体性能差，不能抵御地震破坏"的固有认识仍然笼罩在建筑界。

为了有别于过去的大板建筑，装配整体式结构体系应运而生。最早形成文件的是深圳市住房和建设局2009年发布的深圳市技术规范《预制装配整体式钢筋混凝土结构技术规范》SJG 18-2009。这种结构体系特点是尽可能采用预制构件，构件之间靠现浇混凝土或灌浆连接措施结合，使装配后整体结构的刚度、承载力、恢复力特性、耐久性等同于现浇混凝土结构。在此背景下，上海、北京等地积极探索。经过两年时间的编写，上海市于2010年发布了《装配整体式混凝土住宅体系设计规程》DG/TJ 08-2071—2010。这种结构体系是对50年前的装配式建筑技术体系的一种提升，是经过多次痛苦的地震灾害后的总结，也基本适应了新时期高层装配式建筑发展的需要。

同期，在深入研究日本相关经验的基础上，以万科集团为代表的龙头企业开展了装配整体式混凝土体系住宅的实践。第一步，万科于2007年首先和北京榆构公司共同建立了研发中心；第二步是委托清华大学、中国建筑科学研究院等科研院所做了大量抗震试验，对这一技术体系进行科研论证；第三步是在北京榆构公司建设了一栋实验楼，并于2008年和2009年分别完成了预制率40%和20%的实验楼，这两栋楼成为万科集团装配式建筑项目主体技术体系的标准定型模板。万科集团的探索为下一步装配整体式混凝土技术体系的大规模应用奠定了很好的理论和实践基础。

总之，这一时期国家重新明确了推进装配式建筑的目标、任务和保障措施，建立了专门的推进机构，以住宅产业现代化工作为抓手，大大提高了住宅质量和性能。但由于政策出台后没有强有力的推进措施，装配式建筑经历了十几年的缓慢发展期。而一些优秀城市和企业依然不断进行技术研发创新，为之后大发展奠定了扎实的实践基础。主要发展成就包括：

（1）推动建立了一批国家住宅产业化基地。2006年6月建设部下发《国家住宅产业化基地试行办法》（建住房〔2006〕150号）文件，开始正式实施。建立国家住宅产业化基地是推进住宅产业现代化的重要措施，其目的是培育和发展一批符合住宅产业现代化要求的产业关联度大、带动能力强的龙头企业，发挥其优势，集中力量探索建筑工业化生产方式，研究开发与其相适应的住宅建筑体系和通用部品体系，建立符合住宅产业化要求的新型工业化发展道路，促进住宅生产、建设和消费方式的根本性转变。通过国家住宅产业化基地的实施，进一步总结经验，以点带面，全面推进住宅产业现代化。

（2）形成了以试点城市探索发展道路的工作思路。2006年，深圳市成为全国首个国家住宅产业现代化综合试点城市。在住房和城乡建设部的大力支持下，深圳市从政策支持、标准建设、示范带动等方面,大力推动住宅产业现代化工作,取得了积极成效,探索出以保障房建设为突破口大力推进住宅产业化的做法,创建了一批住宅产业化示范基地和示范项目,逐步形成了贯穿建筑设计、预制部品生产、装配施工、房屋开发等全过程的新型住宅产业链,为全国的住宅产业现代化工作起到了积极的示范和引导作用。

(3)初步搭建了住宅部品体系。国办发〔1999〕72号文提出要"尽快完成住宅建筑与部品模数协调标准的编制,促进工业化和标准化体系的形成,实现住宅部品通用化。重点解决住宅部品的配套性、通用性等问题。"2002年,建设部发布了《国家康居住宅示范工程选用部品与产品暂行认定办法》,将建筑部品按照支撑与围护部品(件)、内装部品(件)、设备部品(件)、小区配套部品(件)等4个体系进行分类。2006年,建设部发布《关于推动住宅部品认证工作的通知》,颁布了《住宅整体厨房》JG/T 184-2006和《住宅整体卫浴间》JG/T 183-2006行业标准。住宅部品体系的初步建立为下一步发展装配化装修打下了基础。

(4)装配整体式混凝土结构体系开始发展。《预制装配整体式钢筋混凝土结构技术规范》《装配整体式混凝土住宅体系设计规程》等地方标准的出台为下一步装配整体式混凝土结构体系在全国范围的推广应用提供了有力的技术支撑。以深圳万科"第五寓"、北京万科"青年之家实验楼"、上海万科新里程、万科中粮假日风景B-3号和B-4号楼为代表的一批工程实践项目培养了一批设计、施工和管理人才,成为未来发展装配整体式混凝土建筑的中坚力量。

1.1.4 快速发展期(2011~2015年)

《国民经济和社会发展第十二个五年规划纲要》提出"十二五"时期全国城镇保障性安居工程建设任务3600万套,这标志着我国进入了大规模保障性住房建设时代。保障性住房以政府为主导、易于形成标准化的特点为推进装配式建筑创造了历史性的发展机遇。在此背景下,国家出台了一系列推进装配式建筑发展的政策文件,逐步营造了良好的发展氛围。住房和城乡建设部通过在经济和技术政策研究、相关标准规范制定、试点示范工程引导推进、龙头企业培育等方面开展卓有成效的工作,以国家住宅产业现代化综合试点(示范)城市、国家住宅产业化基地、示范项目、性能认定和部品认证为抓手,有力推进了装配式建筑和住宅产业现代化工作健康有序发展。

同时,地方政府从本地区经济社会发展情况出发,也陆续成立了专职推进机构,出台地方标准,推进保障性住房试点项目建设,探索出了"面积奖励""成本列支""土地供应倾斜""资金引导"等一系列卓有成效的政策措施,取得了积极的工作成效。房地产开发、设计、施工、部品生产、设备供应等各类市场主体积极参与,初步形成纵向指导与横向推进相结合、政策引导与市场资源配置相结合的产业发展格局，工作机制不断健全，装配式建筑结构体系、部品体系初步完善，住宅科技含量、质量性能都有了一定程度的提升。

总之，这一时期从中央到地方，各级领导都逐步重视装配式建筑的推进工作，主要发展成就包括：

（1）政策支持体系开始建立。党的十八大提出"走新型工业化道路"，《我国国民经济和社会发展十二五规划纲要》提出"建筑业要推广绿色建筑、绿色施工，着力用先进建造、材料、信息技术优化结构和服务模式"，《绿色建筑行动方案》（国办发〔2013〕1号）提出"要加快建立促进建筑工业化的设计、施工、部品生产等环节的标准体系，推动结构件、部品、部件的标准化，丰富标准件的种类，提高通用性和可置换性。推广适合工业化生产的预制装配式混凝土、钢结构等建筑体系，加快发展建设工程的预制和装配技术，提高建筑工业化技术集成水平。"这些政策的出台标志着新时期的装配式建筑政策支持体系开始建立。

（2）技术支撑体系初步建立。经过多年研究和努力，随着科研投入的不断加大和试点项目的推广，各类技术体系逐步完善，相关标准规范陆续出台。2014年、2015年出台了《装配式混凝土结构技术规程》《装配整体式混凝土结构技术导则》《工业化建筑评价标准》。各地也出台了多项地方标准和技术文件，如深圳编制了《预制装配式混凝土建筑模数协调》等11项标准和规范。

（3）行业内生动力持续增强。建筑业生产成本不断上升，劳动力与技工日渐短缺，从客观上促使越来越多的开发、施工企业投身装配式建筑工作，把其作为提高劳动生产率、降低成本的重要途径，因此企业的积极性、主动性和创造性不断提高。通过投入大量人力、物力开展装配式建筑技术研发，万科、中建等一批龙头企业已在行业内形成了较好的品牌效应。设计、部品和构配件生产运输、施工以及配套等能力大幅提升。整个建设行业走装配式建筑发展道路的内生动力日益增强，专业化、社会化大生产模式正在成为发展的方向。

（4）试点示范带动成效明显。各地以保障性住房为主的试点示范项目起到了先导带动作用，这得益于国家住宅产业现代化综合试点（示范）城市的先行先试。截至2016年12月，全国先后批准了11个国家住宅产业现代化综合试点（示范）城市和68家国家住宅产业化基地企业，这些工作的开展为全面推进装配式建筑打下了良好的基础。据不完全统计，由基地企业为主完成的装配式建筑建筑面积已占到全国总量的80%以上，产业集聚度远高于一般传统方式的建筑市场。由技术创新和产业升级带来的经济效益逐步体现，装配式建筑实施主体带动作用越发突出。

1.1.5 全面发展期（2015年至今）

2015年12月20日，时隔37年之后，中央城市工作会议在北京召开，奠定了未来我国城市建设和发展的思路。会议提出：要大力推动建造方式创新，以推广装配式建筑为重点，通过标准化设计、工厂化生产、装配化施工、一体化装修、信息化管理、智能化应用，促进建筑产业转型升级。之后，随着《中共中央国务院关于进一步加强城市规划建设管理工作的若干意见》（中发〔2016〕6号）《关于大力发展装配式建筑的指导意见》（国办发〔2016〕71号）等一系列政策措施的发布，我国装配式建筑迎来了千载难逢的发展良机，进入了全面发展期。

2016年2月中共中央国务院发布《关于进一步加强城市规划建设管理工作的若干意见》，提出要用10年左右时间，使装配式建筑占新建建筑的比例达到30%。李克强总理在2016年《政府工作报告》中明确提出，大力发展钢结构和装配式建筑。特别是2016年9月国务院印发了《关于大力发展装配式建筑的指导意见》，是今后一段时间我国发展装配式建筑的纲领性文件，这标志着推进装配式建筑发展的顶层制度框架已初步形成。2017年3月，住房和城乡建设部发布了《"十三五"装配式建筑行动方案》《装配式建筑示范城市管理办法》《装配式建筑产业基地管理办法》，进一步细化了工作目标、重点任务、保障措施。同时，以试点示范城市为代表的地方政府积极引导，因地制宜探索装配式建筑发展政策，有力促进了装配式建筑项目的落地实施。

2017年1月，住房和城乡建设部发布了《装配式混凝土建筑技术标准》《装配式钢结构建筑技术标准》《装配式木结构建筑技术标准》三大技术标准，自2017年6月1日起实施。行业广泛关注的《装配式建筑评价标准》也即将出台。这些标准的出台，标志着我国已基本建立了装配式建筑标准体系，为装配式建筑发展提供了坚实的技术保障。

随着政策支持力度不断加大和技术标准体系不断完善，装配式建筑新开工面积快速增长，一些地区已初步形成规模化发展格局。据不完全统计，2012年以前全国装配式建筑累计开工约3000多万m^2，2013年约1500万m^2，2014年约3500万m^2，2015年约7260万m^2，2016年达到了约1.1亿m^2。2015年后新开工的装配式建筑面积约是2015年以前累计开工量的2倍。[①]

[①] 注：各省一般未统计钢结构工业厂房建设面积，部分省市未统计钢结构公共建筑面积。

1.2 装配式建筑相关概念辨析

1.2.1 装配式建筑相关概念

装配式建筑是用预制部品部件在工地装配而成的建筑，主要包括装配式混凝土结构建筑、钢结构建筑、现代木结构建筑等。装配式建筑采用标准化设计、工厂化生产、装配化施工、信息化管理、智能化应用，把传统建造方式中的大量现场作业工作转移到工厂进行，是现代工业化生产方式。

住宅产业现代化（简称"住宅产业化"）是以标准化设计、工厂化生产、装配化施工、一体化装修、信息化管理为主要特征，并在设计、生产、施工、开发、维修管理、更新改造、拆除重建等环节形成完整的产业链，实现建筑在建造过程中（包括全生命期）的工业化、集约化和社会化，同时达到节能、节地、节水、节材、环保的绿色化发展目标。建筑产业现代化（简称"建筑产业化"）是将住宅产业现代化的范畴由住宅领域扩大到了建筑领域。

新型建筑工业化是指采用标准化设计、工厂化生产、装配化施工、一体化装修和信息化管理为主要特征的生产方式，并在设计、生产、施工、开发等环节形成完整的有机的产业链，实现房屋建造全过程的工业化、集约化和社会化，从而提高建筑工程质量和效益，实现节能减排与资源节约。

1.2.2 概念辨析

（1）装配式建筑与住宅产业现代化（建筑产业现代化）

相对住宅产业现代化，装配式建筑更加具象化，更易于在全社会进行宣传推广。当前，社会上存在着"装配式建筑等同于主体结构装配化"这一认识误区。但实际上，当前所指的装配式建筑内涵和外延与住宅产业现代化（建筑产业现代化）基本相同，既包括主体结构装配化，也包括内装产业化，更包括了信息化管理和绿色节能技术的集成应用。

（2）住宅产业现代化（建筑产业化）与新型建筑工业化

两者在内涵、外延上既有区别，又有重叠。新型建筑工业化侧重于在建造过程中的某一个"点"，主要指生产建造方式的变革，即区别于传统的粗放式的建造方式，由现场施工转变为工厂化生产、现场装配的方式，同时由信息化带动工业化，故名为新型建筑工业化。

住宅产业现代化（建筑产业化）侧重于"链"和"系统"，是基于产业链上的各参与主体、全过程、各环节的资源整合与优化，表征为社会化大生产、社会化分工与合作。而新型建筑工业化是生产方式的变革，是这个全过程、大系统中的一个重要组成部分，是实现住宅产业现代化（建筑产业化）的核心内容，但远远不是全部内容，它是住宅产业现代化（建筑产业化）的重要标志之一，但仅仅是反映了建筑建造过程中的工业化水平。因此，住宅产业现代化（建筑产业化）是一个过程，也是一个长期性的目标，其外延要大于新型建筑工业化。

1.3 发展背景与意义

在全面推进生态文明建设、加快推进新型城镇化，特别是实现中国梦的进程中，装配式建筑的发展意义重大。可以总结为五个有利于：一是有利于大幅降低建造过程中的能源资源消耗。据统计，相对于传统的现浇建造方式，可节水约25%，降低抹灰砂浆用量约55%，节约模板木材约60%，降低施工能耗约20%。二是有利于减少施工过程造成的环境污染影响。显著降低施工粉尘和噪声污染，减少建筑垃圾70%以上。三是有利于显著提高工程质量和安全。以工业化代替传统手工湿作业，既能确保部品部件质量，提高施工精度，大幅减少建筑质量通病，又能减少事故隐患，降低劳动者工作强度，提高施工安全性。四是有利于提高劳动生产率，缩短综合施工周期25%~30%。现场施工与工厂生产相比，生产效率明显提高。五是有利于促进形成新兴产业，促进建筑业与工业制造产业及信息产业、物流产业、现代服务业等深度融合，对发展新经济、新动能、拉动社会投资促进经济增长具有积极作用。

1.3.1 发展装配式建筑是落实党中央国务院决策部署的重要举措

多年来，各级领导都高度重视装配式建筑的发展，特别是今年颁布的《中共中央国务院关于进一步加强城市规划建设管理工作的若干意见》，对装配式建筑发展提出了明确要求。国务院总理李克强在2016年9月14日的国务院常务会议上强调，要按照推进供给侧结构性改革和新型城镇化发展的要求，大力发展钢结构、混凝土等装配式建筑，具有发展节能环保新产业、提高建筑安全水平、推动化解过剩产能等一举多得之效。《大力发展装配式建筑的指导意见》（国办发〔2016〕71号）更是全面系统指明了推进装配式建筑的目标、任务和措施。

1.3.2 发展装配式建筑是推动住房城乡建设领域绿色发展的有力抓手

我国经济发展方式粗放的局面并未根本转变。特别在建筑业，采用现场浇（砌）筑的方式，资源能源利用效率低，建筑垃圾排放量大，扬尘和噪声环境污染严重。如果不从根本上改变建造方式，粗放建造方式带来的资源能源过度消耗和浪费将无法扭转，经济增长与资源能源的矛盾会更加突出，并将极大地制约中国经济社会的可持续发展。

发展装配式建筑在节能、节材和减排方面的成效已在实际项目中得到证明。在资源能源消耗和污染排放方面，根据住房和城乡建设部科技与产业化发展中心对13个装配式混凝土建筑项目的跟踪调研和统计分析，装配式混凝土建筑相比传统现浇混凝土建筑，建造阶段可以大幅减少木材模板、保温材料（寿命长，更新周期长）、抹灰水泥砂浆、施工用水、施工用电的消耗，并减少建筑垃圾排放，减少碳排放和对环境带来的扬尘和噪声污染，有利于改善城市环境、提高建筑综合质量和性能、推进住房城乡建设领域绿色发展。

1.3.3　发展装配式建筑是促进当前经济稳定增长的重要措施

我国经济增长将从高速转向中高速，经济下行压力加大，建筑业面临改革创新的重大挑战，发展装配式建筑正当其时。一是可催生众多新型产业。装配式建筑包括混凝土结构建筑、钢结构建筑、木结构建筑、混合结构建筑等，量大面广，产业链条长，产业分支众多。发展装配式建筑能够为部品部件生产企业、专用设备制造企业、物流产业、信息产业等新的市场需求，有利于促进产业再造和增加就业。特别是随着产业链条向纵深和广度发展，将带动更多的相关配套企业应运而生。二是拉动投资。发展装配式建筑必须投资建厂，建筑装配生产所需要的部品部件，能带动大量社会投资涌入。三是提升消费需求。集成厨房和卫生间、装配式全装修、智能化以及新能源的应用等将促进建筑产品的更新换代，带动居民和社会消费增长。四是带动地方经济发展。从国家住宅产业现代化试点（示范）城市发展经验看，凭着引入"一批企业"，建设"一批项目"，带动"一片区域"，形成"一系列新经济增长点"，发展装配式建筑有效促进区域经济快速增长。

1.3.4　发展装配式建筑是带动技术进步、提高生产效率的有效途径

近些年，我国工业化、城镇化快速推进，劳动力减少、高素质建筑工人短缺的问题越来越突出，建筑业发展的"硬约束"加剧。一方面，劳动力价格不断提高。另一方面，建造方式传统粗放，工业化水平不高，技术工人少，劳动效率低下。发展装配式建筑涉及标准化设计、部品部件生产、现场装配、工程施工、质量监管等，构成要素包括技术体系、设计方法、施工组织、产品运输、施工管理、人员培训等。采用装配式建造方式，会"倒逼"诸环节、诸要素摆脱低效率、高消耗的粗放建造模式，走依靠科技进步、提高劳动者素质、创新管理模式、内涵式、集约式发展道路。

装配式建筑在工厂里预制生产大量部品部件，这部分部品部件运输到施工现场再组合、连接、安装。工厂的生产效率远高于手工作业；工厂生产不受恶劣天气等自然环境的影响，工期更为可控；施工装配机械化程度高，大大减少了传统现浇施工现场大量和泥、

抹灰、砌墙等湿作业；交叉作业方便有序，提高了劳动生产效率，可以缩短1/4左右的综合施工时间。此外，装配式建造方式还可以减少约30%的现场用工数量。通过生产方式转型升级，减轻劳动强度，提升生产效率，摊薄建造成本，有利于突破建筑业发展瓶颈，全面提升建筑产业现代化的发展水平。

1.3.5　发展装配式建筑是实现"一带一路"发展目标的重要路径

加入世界贸易组织以来，我国建筑业已深度融合国际市场。在经济全球化大背景下，要在巩固国内市场份额的同时，主动"走出去"参与全球分工，在更大范围、更多领域、更高层次上参与国际竞争，特别是在"一带一路"战略中，采用装配式建造方式，有利于与国际接轨，提升核心竞争力，利用全球建筑市场资源服务自身发展。

装配式建筑能够彻底转变以往建造技术水平不高、科技含量较低、单纯拼劳动力成本的竞争模式，将工业化生产和建造过程与信息化紧密结合，应用大量新技术、新材料、新设备，强调科技进步和管理模式创新，注重提升劳动者素质，注重塑造企业品牌和形象，以此形成企业的核心竞争力和先发优势。同时，采用工程总承包方式，重点进行方案策划，在前期阶段，介入一体化设计先进理念，注重产业集聚，在国际市场竞争中补"短板"。发展装配式建筑将促进企业苦练内功，携资金、技术和管理优势抢占国际市场，依靠工程总承包业务带动国产设备、材料的出口，在参与经济全球化竞争过程中取得先机。

1.3.6　发展装配式建筑是全面提升住房质量和品质的必由之路

新型城镇化是以人为核心的城镇化，住房是人民群众最大的民生问题。当前，住宅施工质量通病一直饱受诟病，如屋顶渗漏、门窗密封效果差、保温墙体开裂等。建筑业落后的生产方式直接导致施工过程随意性大，工程质量无法得到保证。

发展装配式建筑，主要采取以工厂生产为主的部品制造取代现场建造方式，工业化生产的部品部件质量稳定；以装配化作业取代手工砌筑作业，能大幅减少施工失误和人为错误，保证施工质量；装配式建造方式可有效提高产品精度，解决系统性质量通病，减少建筑后期维修维护费用，延长建筑使用寿命。采用装配式建造方式，能够全面提升住房品质和性能，让人民群众共享科技进步和供给侧改革带来的发展成果，并以此带动居民住房消费，在不断的更新换代中，走向中国住宅梦的发展道路。

1.4　发展现状

2016年国务院发布《关于大力发展装配式建筑的指导意见》（国办发〔2016〕71号），

标志着我国装配式建筑工作进入全面发展期。当前，各级政府积极推进装配式建筑工作，大多数地方已经出台了一系列的经济技术政策和标准规范，制定了明确的发展规划和目标。全国涌现出一大批装配式建筑试点示范城市和龙头企业，并已实施建设了包括装配式混凝土结构、钢结构和木结构建筑的试点示范项目，形成了良好的发展态势。

1.4.1 顶层制度框架已初步形成

近几年来，党中央、国务院高度重视装配式建筑的发展。党的十八大提出"走新型工业化道路"，《我国国民经济和社会发展十二五规划纲要》《绿色建筑行动方案》都明确提出推进建筑业结构优化、转变发展方式、推动装配式建筑发展，各级领导也多次批示要研究以住宅为主的装配式建筑政策和标准。

2016年2月《中共中央、国务院关于进一步加强城市规划建设管理工作的若干意见》发布，提出要用10年左右时间，使装配式建筑占新建建筑的比例达到30%。李克强总理在2016年《政府工作报告》中明确提出，大力发展钢结构和装配式建筑。9月27日国务院印发了《关于大力发展装配式建筑的指导意见》（国办发〔2016〕71号）。11月19日，住房和城乡建设部在上海市召开全国装配式建筑工作现场会，对加快推进装配式建筑工作进行了全面部署。2017年2月，《关于促进建筑业持续健康发展的意见》（国办发〔2017〕19号）提出要推广智能和装配式建筑，大力发展装配式混凝土和钢结构建筑，在具备条件的地方倡导发展现代木结构建筑。

各级政府积极响应中央号召，集中出台了一系列发展装配式建筑的相关政策，营造了全面推进装配式建筑发展的政策环境氛围。截止到2017年8月，全国共有27个省（自治区、直辖市）和57个地级市出台了152份装配式建筑相关的政策文件。同时，各地扶持政策集中落地，市场利好叠加。上海市已明确在全市全面推广装配式建筑。江苏省强制推动"三板"（预制内外墙板、预制楼梯板、预制楼板）应用，提出到2020年装配式住宅占新建住宅比例达到30%以上，装配式建筑和政府投资的新建公共租赁住房全部实现成品住房交付。四川省将在成都、乐山等5个试点市完成装配式建筑新开工面积500万m²，装配率达30%。武汉市2017年新建装配式建筑要占新建建筑面积的10%以上，每年递增，直到2020年新建建筑装配式建筑占比不低于40%。

2017年3月23日，住房和城乡建设部为全面推进装配式建筑发展，出台了《"十三五"装配式建筑行动方案》《装配式建筑示范城市管理办法》《装配式建筑产业基地管理办法》，为装配式建筑发展驶入快车道提供了措施保障。

1.4.2　规模化发展格局正在形成

随着政策支持力度不断加大和技术标准体系不断完善,装配式建筑新开工面积快速增长,一些地区已初步形成规模化发展格局。据不完全统计,2012年以前全国装配式建筑累计开工3000多万m^2,2013年约1500万m^2,2014年约3500万m^2,2015年约7260万m^2,2016年达到了约1.1亿m^2。2015年后新开工的装配式建筑面积约是2015年以前累计开工量的2倍。

与此同时,一些推进力度较大的地区装配式建筑新开工面积大幅增加。2016年,上海市新开工装配式建筑面积约2228万m^2,占新开工建筑总面积比例达30.3%;北京市新开工装配式建筑面积约500万m^2,占新开工建筑总面积比例达16.73%;深圳市新开工装配式建筑面积约430万m^2,占新开工建筑总面积比例达15.92%;浙江、山东、安徽、江苏四个省份新开工装配式建筑面积分别为1659万m^2、936万m^2、860万m^2、581万m^2,装配式建筑规模化发展格局正初步显现。①

1.4.3　标准规范体系已基本健全

为配合装配式建筑的全面发展,近三年来,国家已密集出台了一系列标准规范。如2014年、2015年陆续出台了《装配式混凝土结构技术规程》JGJ 1-2014、《装配整体式混凝土结构技术导则》、《工业化建筑评价标准》GB/T 51129-2015等。2017年初,出台了《装配式混凝土建筑技术标准》GB/T 51231-2016、《装配式木结构建筑技术标准》GB/T 51233-2016、《装配式钢结构建筑技术标准》GB/T 51232-2016三大标准,并于2017年6月1日起实施。《装配式建筑评价标准》也即将发布。这些技术标准的出台,标志着我国已基本建立了装配式建筑标准规范体系,为装配式建筑发展提供了坚实的技术保障。

装配式建筑相关标准规范数量增长迅速。根据住房和城乡建设部2016年开展的调查,截止到2015年底,全国出台或在编装配式建筑相关标准规范约200项,其中行业标准14项、地方标准123项、企业标准57项,涵盖了装配式混凝土结构、钢结构、木结构和装配化装修等多方面内容。如深圳编制了《预制装配式混凝土建筑模数协调》等10余项标准规范;北京出台了混凝土结构预制装配式混凝土建筑的设计、质量验收等10余项标准和技术管理文件。

---

① 注：各省一般未统计钢结构工业厂房建设面积,部分省市未统计钢结构公共建筑面积。目前各省对装配式建筑的统计口径存在一定差异,待《装配式建筑评价标准》发布后,各省将按统一口径进行面积统计。

1.4.4 技术体系研发力度不断加大

随着各地装配式建筑项目陆续落地，装配式混凝土结构体系、钢结构住宅体系等都得到一定程度的研发和应用，部分单项技术和产品的研发已经达到国际先进水平，节水与雨水收集技术、建筑垃圾循环利用、生活垃圾处理技术等得到了同步应用。这些综合技术的应用大幅提高了建筑质量、性能和品质。

同时，装配式建筑技术研发力度在不断加大。根据住房和城乡建设部的调查，截止到2015年底，全国共开展装配式建筑技术研发项目391项，其中国家级37项、省级164项、企业自主研发117项。特别是在住房和城乡建设部积极努力下，"绿色建筑及建筑工业化"已列入国家重点研发计划，2016年已批复了21个项目，开展了近200个课题研究工作，将为装配式建筑发展提供重要的技术支撑。

在市场主体方面，部分龙头企业已经具备专有技术体系，并在实际项目中进行了广泛应用。万科集团根据不同地区的实际情况开发形成了一系列装配式建筑技术体系，并在北京新里程、南京上河坊、深圳千林山居等项目中大规模应用；江苏龙信集团利用自身全装修一体化的优势及整合装修上下游资源的优势，形成具有龙信特色的全装修一体化装配式建筑体系；北新房屋吸收日本、澳大利亚、新西兰的经验，并经过自主创新，研发了低多层装配式建筑技术。

1.4.5 试点示范城市带动成效明显

截至2016年12月，全国先后批准了11个国家住宅产业现代化综合试点城市，起到了先行先试作用，为全面推进装配式建筑打下了良好基础。突出表现在从供给和需求双向培育装配式建筑市场。从供应上，通过出台一系列的鼓励引导政策文件和招商引资政策，培育和引导龙头企业，快速形成供应能力；从需求上，通过鼓励或强制政策，在政府投资工程、保障性住房以及商品房中开展试点项目建设。

与试点示范城市伴生的装配式建筑产业园区成为推进装配式建筑工作的主阵地。沈阳在2011年获批试点城市后，举全市之力培育产业园区，塑造全新支柱产业，2013年、2014年现代建筑业产值达到1500亿元以上，位居全市五大优势产业第三位，已成为新的经济增长点。合肥经济技术开发区引入中建国际、黑龙江宇辉等多家企业，已建成年生产总值30多亿元的住宅产业制造园区。济南长清、章丘、商河等产业园区已实现产业链企业的全园区进驻，为地区经济发展发挥了重要作用。

1.4.6 龙头企业发挥引领带动作用

在装配式建筑发展过程中,重点企业的带动作用非常明显,如万科集团、中国建筑集团等大型企业。根据2006年建设部下发的《国家住宅产业化基地试行办法》(建住房〔2006〕150号),十年来,通过严格把关、专家评审,共批准了68家国家住宅产业化基地。据不完全统计,截至2015年底,在装配式建筑总量中,由基地企业为主完成的建筑面积占到80%以上,产业集聚度远高于一般传统方式的建筑市场。

目前,国家住宅产业化基地已形成了多种类型企业,包括房地产开发企业、设计企业、施工总承包企业、生产型企业、装备制造型企业、科技研发型企业以及集设计、生产、施工等为一体的大型集团型企业等。这些基地企业,成为产业关联度大、带动能力强的龙头企业,企业自主创新能力不断增强,加速了科技成果向现实生产力的转化,一些具有共性与前瞻性的核心技术得到了开发和应用,通过集中力量探索装配式建造方式,以点带面,促进建筑质量和性能的全面提升,推动建筑业技术进步,为全面推进装配式建筑发展发挥了重要的引领带动作用。

1.4.7 各地积极探索创新监管机制

建设工程的质量和安全问题得到高度重视。《中华人民共和国建筑法》《建设工程质量管理条例》《建设工程安全生产管理条例》及其他许多相关规定、文件等陆续出台,围绕建设工程的"质量"和"安全"建立了一整套监管制度。各地也在积极探索创新适用于装配式建筑的工程监管体系。

上海加强装配式建筑各环节监管。将装配式建筑建设要求纳入土地征询和建管信息系统监管,在土地出让、报建、审图、施工许可、验收等环节设置管理节点进行把关,保证各项任务和要求落到实处。同时,加强预制部品构件监管,开展部品构件生产企业及其产品流向备案登记。合理引导预制构件产能,及时发布装配式建筑建设计划、预制构件厂布局和产能数据,促进预制构件市场供需平衡。

山东省推广全过程质量追溯体系。实行建设条件意见书、产业化技术应用审查、住宅小区综合验收3项制度,在土地及项目供应环节、规划和设计环节、竣工综合验收环节严格落实装配式建筑要求。同时,将质量监督范围扩大到构件生产环节,有效保证了装配式建筑的施工质量和安全。目前,正在全国各地加快推广适应装配式建筑质量和安全要求的全过程质量追溯体系,以及基于物联网的装配式建筑数字化监管平台。

1.5 存在问题

虽然我国装配式建筑发展已经取得了丰硕成果，但我们也要清醒地看到，现阶段我国装配式建筑还是处于起步和发展初期，与发达国家和地区相比，在技术支撑、政策推进、市场培育、配套能力建设、管理模式转型等方面仍然存在较大差距，主要表现在以下几方面。

1.5.1 标准规范体系有待提升，不同层级标准未形成合力

装配式建筑标准规范体系离装配式建筑大规模推进和稳步健康发展的需要还有距离。一是模数协调原则亟待贯穿设计全过程。模数协调与标准化设计是实现装配式建筑发展的前提，但由于我国模数协调尚未强制推行，导致住宅结构体系与部品之间、部品之间、部品和设施设备之间模数尚难以协调，施工效率不能大幅提升，装配式建筑优势未能充分发挥。二是重结构设计标准，轻建筑设计标准和部品标准。装配式建筑相关建筑设计标准、技术文件偏少，对建筑师缺乏相关指导；部品工业化设计标准及相关施工、验收规范等需进一步完善。三是不同层级标准未形成合力。部分技术体系经过工程实践和不断探索改进已经发展较为成熟，但因为行业认同、专家认可、企业利益导向等多方面原因，使得这些技术不能迅速成为国家和行业标准。这些成型技术亟待借助于地方标准、协会和社团标准以及企业标准来发挥作用。

1.5.2 成熟适宜的技术体系不多，影响了规模化推广进程

国内尚未形成适合不同地区、不同抗震等级要求、围护体系适宜、施工简便、工艺工法成熟、适宜规模推广的通用技术体系。究其原因主要在于对材料性能、连接技术和结构体系的基础研究不足，其实际应用效果、材料的耐久性、外墙节点的防水性能和保温性能、结构体系抗震性能都没有经过较长时间的检验。如对全装配及高层框架结构的研究与实践不足，与国外差距较大。同时，从结构设计方面而言，主要借鉴日本的"等同现浇"概念，以装配整体式剪力墙结构为主，节点和接缝较多且连接构造比较复杂。对装配式建筑减震隔震技术及高强材料和预应力技术的研究还有待深入，相关成果有待推广应用。

钢结构住宅和现代木结构技术体系亟待完善。适于钢结构住宅的集成技术和围护体系有待深入研究；现代木结构技术和产品体系方面还存在不足，木结构建筑用材生产、制造技术与加拿大、日本等国家还有较大差距。政府科研投入相对不足，现阶段装配式建筑技术多以企业自主研发为主，研发路径存在不确定性，极易导致社会资源浪费。

1.5.3 集成设计能力不足，未能发挥装配式建筑综合优势

一是结构、部品部件、机电设备、装配施工、装饰装修的一体化集成设计能力严重不足。设计行业从业的建筑师、结构工程师和机电设备设计人员对装配式建筑技术及其特点的了解程度普遍较低，甚至是空白，大部分项目依然需要二次拆分，各专业协同设计能力亟待加强。二是设计师对装配式建筑技术、质量、效率和效益的总体控制能力不足。由于近十几年来建筑行业的分工条块化，导致建筑设计与项目策划和组织实施、生产和施工结合、技术和产品运用、质量和品质保证等方面的脱节现象严重，设计分包普遍，总体把控缺位。三是设计标准化程度低，模块化设计应用少，建筑信息模型技术在装配式建筑设计领域的应用空间还非常巨大。四是施工图审查制度存在不足。审查人员对装配式建筑技术了解不足，对政策把控能力不够，技术审查不考虑工程的实际情况，自行解释规范的执行标准等问题相当普遍。

1.5.4 部品部件生产配套能力不足，建筑体系有待完善

从产能区域布局角度而言，多数地区尚未打破行政区域界限去统筹规划生产企业的数量和产能，在产业布局上只是局限于一市、一省，不能从大区域的角度去统筹考虑，极易导致区域布局不合理，产能过剩与产能不足并存。从市场主体而言，技术先进、专业配套、管理规范的部品部件生产骨干企业和生产基地亟待培育。从构件标准化生产角度而言，由于在设计环节的标准化程度较低，导致构件规格过多，成本增加，生产效率降低。从设备与工艺角度而言，国内能满足市场需求的生产线设备企业严重缺乏，现阶段已建成的构件生产线能力水平有待实际工程长期检验。从构件价格而言，有些地区构件出厂价格较高，主要原因包括构件厂生产任务不饱满、建厂摊销成本高、构件购置叠加的税负重、模具规格过多等。

1.5.5 装配化施工整体水平不高，质量隐患不容忽视

施工阶段存在的主要问题包括：由于现阶段工人技术水平不高和监管不到位，导致部分关键节点和连接部位施工质量不达标；缺乏与装配式建筑施工工艺相匹配的工具、器械和设备；材料存在质量问题导致构件强度不达标，出现开裂；灌浆料质量不稳定使得连接质量不达标影响安全等。

同时，不恰当的技术体系导致施工难度增加。一些预制率较低的项目，现浇与装配两种施工方式并存，多工种交叉作业，施工难度增加，效率低下，不能体现装配式建筑"省工提效"的优势。不同技术体系的构件规格不同，施工工艺工法乃至施工工序不同，都会

增加施工过程的复杂性。

特别是，多数施工企业尚未能抓住建造方式转型的大好时机，缺乏对与装配化施工相适应的施工组织方式、施工工艺工法的探索，不舍得投入资金研制新型设备和机具，装配化施工技能与产业快速发展的需求还有很大距离。

1.5.6 建筑全装修水平有待提高，与社会需求差距较大

一是由于缺乏引导性政策和强制性措施，开发商推进装配式建筑全装修积极性不高。二是未能实施全装修设计施工一体化，装修与主体结构施工、机电设备安装等环节衔接不顺畅。三是装配化装修水平有待提升。标准化、集成化、模块化的装修设计、施工模式亟待推进，整体厨卫、轻质隔墙等材料、产品和设备管线集成化技术应用亟待加强，菜单式装修亟待推进。四是适用于装配化装修的部品部件应用不足，品质优良、节能环保、功能良好的新型绿色建材亟待大规模应用。五是用户接受程度不高。由于一些项目全装修材料部品采购过程不透明，装修施工过程监督不能保证，装修监理规范程度不够，使得全装修工程可能存在质量隐患，导致购房者对全装修住宅信任度偏低。

1.5.7 工程总承包发展缓慢，配套制度设计亟待完善

工程总承包是国际通行的工程建设项目组织实施方式。我国工程总承包主要应用在化工、石化、水利等领域。目前主要有大型产业集团、工程总承包联合体两类工程总承包主体。工程总承包是推进装配式建筑发展的必然需求，但现阶段与装配式建筑工程总承包相适应的招标投标、施工许可、竣工验收等制度还亟待完善。

从企业而言，多数企业仍沿用施工总承包方式进行装配式建筑施工，与工程总承包相适应的企业组织架构还未建立，高效的项目管理体系也有待完善，亟待向具有工程管理、设计、施工、生产、采购能力的工程总承包企业转型。从外部环境来讲，我国建筑业实行设计和施工分开招标投标，其流程不利于实施工程总承包，无法发挥工程总承包模式的优势，装配式建筑的建造过程难以成为完整的系统工程。

在推行工程总承包的过程中，也存在一些具体问题需要解决，比如：一方面要求工程总承包单位对工程质量安全、进度控制、成本管理负总责，另一方面却不允许工程总承包单位直接发包总承包合同中涵盖的专业业务。全过程工程咨询企业亟须培育，其业务应涵盖投资咨询、勘察、设计、监理、招标代理、造价等，这是推行工程总承包必不可少的基础。

1.5.8 监管机制与手段相对滞后，迫切需要改革创新

装配式建筑需要工程建设管理模式的全面变革。然而，我国现行工程建设管理模式是对应于现场湿作业方式，不能适应装配式建筑项目的要求，设计、生产、施工环节相互割裂，导致装配式建筑工程项目技术衔接上经常出现空白，管理上出现真空，这既增加了建设成本，又降低了建设效率，还埋下质量安全隐患，亟待在招标投标、开工许可、质量监督、竣工验收等环节进行改革。

比如，现浇模式工程监理采取旁站模式，而装配式建筑的部品部件是在工厂生产，亟须在工厂生产环节采取质量监管措施；装配式建筑的施工质量安全控制重点部位和检验检测方式与现浇模式不同，亟待建立完善施工质量保证体系；部分企业自主研发的装配式建筑技术体系不能满足标准规范要求，也没有经过充分的实践检验，导致工程存在一定隐患。再比如，传统工程项目投标报价项目中以基础建材为主，而装配式建筑投标报价中包括众多类型的预制构件，要求现有计价模式必须变革；BIM技术缺少统一的标准，缺少唯一性的构件编码，目前只适用于单体工程，难以实现全系统、全过程、全产业链的监管。

1.5.9 组织领导和政策支持力度有待加强，市场氛围尚未完全形成

组织领导有待加强。装配式建筑组织推进模式有待向宏观统筹和精细化管理转型。国家层面的系统性行政推进和业务指导力度有待加强，部分地方政府装配式建筑阶段性发展规划亟待明确。各有关部门对装配式建筑的指导、协调和支持力度有待加强，亟待建立健全工作机制，落实具体工作措施，并将装配式建筑推进工作列入城市建设管理监督考核指标体系。

政策支持力度有待加强。如针对现阶段装配式建筑成本提高问题，虽然一些地方出台了政策，但与节能减排、绿色建筑评价、污染防治等方面政策结合不够，使得政策操作性不强，执行效率较低。再如对装配式建筑部品部件生产企业优惠政策不足，在规划审批、土地供应、财政金融等方面出台政策的实质性吸引力不够，导致开发、生产、施工企业推进装配式建筑的积极性不高，在社会化项目中全面推进装配式建筑的市场环境还没有形成。

1.5.10 人才和产业队伍紧缺，严重制约行业发展

装配式建筑设计、施工、生产、安装等各环节都存在人才不足的问题，这是制约行业发展的最大瓶颈。首先，熟悉设计、开发、生产、施工全过程的工程总承包管理人才缺

乏。建筑、结构、水暖电等专业的设计人才缺乏，很多设计院和施工企业都未做过装配式建筑项目。其次，人才队伍结构不合理，缺乏既懂技术和管理、又善经营的复合型人才，一线操作人员老龄化严重，高技能实用性人才严重短缺，传统建筑行业对新进年轻劳务人员缺乏吸引力。最后，系统性、权威性、实操型的培训有待加强。装配式施工现场管理人员和建筑工人的教育培训标准体系尚未建立，也缺少装配式建筑工人技能鉴定机构。特别是，装配式建筑"走出去"所需的既有国际视野又有民族自信的建筑师队伍、熟悉国际规则的建筑业高级管理人才等还很稀缺。

1.5.11 宣传力度不足，尚未形成广泛的社会共识

目前对装配式建筑的优良性能和节能环保优势宣传不足，全社会特别是住户还对装配式建筑在结构安全性、耐久性、防火、防腐性能方面存在认识误区。亟待通过组织装配式建筑技术研讨会、展览会、示范项目现场参观交流等推广活动，让更多人了解装配式建筑的优势。

更重要的是，众多开发、设计、部品生产、施工、监理、检测企业对即将到来的住宅建设方式转型认识不够，技术和生产能力储备严重不足。现阶段装配式建筑发展还难以吸引更多的设计、施工企业聚拢形成产业链条上企业相互配合、竞争有序的格局，有待于进一步加强宣传，形成广泛的社会共识。

2 政策扶持概况

近年来,国家和地方陆续出台了一系列推进装配式建筑发展的经济政策、技术政策和保障措施,营造了良好的政策氛围。同时,政府从制度层面支持供给和需求的发展,加快企业转型创新步伐,促进技术成熟和规模推广,为装配式建筑发展提供了良好市场环境。

2.1 装配式建筑总体政策分析

2.1.1 国家层面装配式建筑政策分析

近年来,党中央、国务院高度重视装配式建筑的发展,党的十八大提出"走新型工业化道路",《中华人民共和国国民经济和社会发展第十二个五年规划纲要》《绿色建筑行动方案》都明确提出推进建筑业结构优化,转变发展方式,推动装配式建筑发展。

2015年12月20日,时隔37年之后,中央城市工作会议在北京召开,奠定了未来我国城市建设和发展的思路。会议提出:要大力推动建造方式创新,以推广装配式建筑为重点,通过标准化设计、工厂化生产、装配化施工、一体化装修、信息化管理、智能化应用,促进建筑产业转型升级。随后关于装配式建筑的相关政策密集出台,营造了促进装配式建筑发展的政策环境和氛围(表2-1)。国家和地方政府频频发力,装配式建筑迎来了全新的发展机遇期。2016年2月6日,《中共中央 国务院关于进一步加强城市规划建设管理工作的若干意见》强调,要发展新型建造方式,大力推广装配式建筑,力争用10年左右时间,使装配式建筑占新建建筑面积的比例达到30%。2016年3月的两会上,李克强总理在《政府工作报告》中进一步强调,大力发展钢结构和装配式建筑,加快标准化建设,提高建筑技术水平和工程质量。

2016年9月27日,国务院办公厅印发《关于大力发展装配式建筑的指导意见》(国办发〔2016〕71号)文件,明确了发展装配式建筑是建造方式的重大变革,是推进供给侧结构性改革和新型城镇化发展的重要举措,并提出了八项重点任务,是今后一段时间推进装配式建筑的纲领性文件。这些政策从国家层面为装配式建筑发展奠定了良好基础。

2016年装配式建筑国家主要政策和领导讲话　　　　　　　表2-1

时间	文件/会议	主要内容
2015年12月20日	中央城市工作会议	要大力推动建造方式创新，以推广装配式建筑为重点，通过标准化设计、工厂化生产、装配化施工、一体化装修、信息化管理、智能化应用，促进建筑产业转型升级
2016年2月2日	国务院印发《关于深入推进新型城镇化建设的若干意见》	积极推广应用绿色新型建材、装配式建筑和钢结构建筑
2016年2月6日	中共中央国务院发布《关于进一步加强城市规划建设管理工作的若干意见》	时隔37年重启的中央城市工作会议的配套文件，勾画了"十三五"乃至更长时间中国城市发展的"路线图"。其中，第四条明确了推广装配式建筑的时间表：大力推广装配式建筑，建设国家级装配式建筑生产基地；加大政策支持力度，力争用10年左右时间，使装配式建筑占新建建筑的比例达到30%
2016年3月5日	李克强总理《2016年政府工作报告》	大力发展钢结构和装配式建筑，加快标准化建设，提高建筑技术水平和工程质量
2016年9月14日	李克强总理主持召开国务院常务会议	决定大力发展装配式建筑，推动产业结构调整升级
2016年9月27日	《国务院办公厅关于大力发展装配式建筑的指导意见》	我国发展装配式建筑的纲领性文件，明确了指导思想、基本原则、工作目标等总体要求；列出了八项重点任务；提出了加强组织领导、加大政策支持、强化队伍建设、做好宣传引导等保障措施
2016年9月30日	国务院新闻办公室举行国务院政策例行吹风会	住房城乡建设部总工程师陈宜明、建筑节能与科技司司长苏蕴山介绍了我国发展装配式建筑有关情况，对发展装配式建筑的概念、必要性、优越性、主要任务、实施步骤、需要注意和研究解决的问题等相关政策进行了解读
2016年11月19日	全国装配式建筑工作现场会（上海）	时任住房城乡建设部党组书记、部长陈政高出席会议并讲话。陈政高指出，装配式建筑是建造方式的重大变革，要充分认识发展装配式建筑的重大意义。陈政高要求，下一步重点抓好七项工作，努力实现装配式建筑发展的新突破

总之，2016年是我国装配式建筑顶层制度发展历程中具有里程碑意义的一年，国家层面政策体系的不断完善将为各地大力发展装配式建筑提供有力的保障。

2.1.2　各地出台政策情况

随着国家政策的出台，各地政府也积极响应，密集出台了一系列政策文件，营造了大力推动装配式建筑发展的良好政策氛围。据不完全统计，截至2017年8月，全国共有

28个省（自治区、直辖市）和57个地级市出台了150余份装配式建筑相关政策（表2-2、表2-3）。

从发展目标看，各地装配式建筑的发展目标大多为分阶段、分重点的目标，主要涵盖以下十个方面：建立装配式建筑技术体系；完善装配式建筑标准体系；规模化推广装配式建筑；推广成品住宅；发展住宅部品；开展试点示范项目；提升住宅质量和性能，协同推广绿色节能建筑、住宅性能认定等；培育试点城市及龙头企业；开展化宣传培训；提升四节一环保水平。其中，省级层面推进思路较为宏观，强调技术体系、质量和性能等；城市层面推进目标较为具体和操作性强，强调装配式建筑发展规模和龙头企业支撑。

从政策措施看，主要包括六个方面：一是在土地出让环节明确装配式建筑面积的比例要求，如规定一定规模以上的新建建筑全部采用装配式建造方式或在年度土地供应计划中必须确保一定比例采用装配式建造方式。二是多种财政补贴方式支持装配式建筑试点项目，包括科技创新专项资金扶持装配式建筑项目等；对于引进大型装配式建筑专用设备的企业享受贷款贴息政策，利用节能专项资金支持装配式建筑示范项目；享受城市建设配套费减缓优惠等。三是对装配式建筑项目建设和销售予以优惠鼓励，如将装配式建筑成本同步列入建设项目成本；在商品房预售环节给予支持；对于装配式建筑方式建造的商品房项目给予面积奖励。四是通过税收金融政策予以扶持，如将构配件生产企业纳入高新技术产业，享受相关财税优惠政策；部分城市还提出对装配式建筑项目给予贷款扶持政策。五是大力鼓励发展成品住宅；各地积极推进新建住宅一次装修到位或菜单式装修，开发企业对全装修住宅负责保修，并逐步建立装修质量保险保证机制。六是以政府投资工程为主大力推进装配式建筑试点项目建设，如北京、上海、重庆、深圳等地都提出了鼓励保障性住房采用装配式技术和成品住宅的支持政策。

中发［2016］6号文件发布后部分省、自治区和直辖市出台的装配式建筑相关政策　　表2-2

省、自治区、直辖市	政策文件
上海市	关于推进本市装配整体式混凝土结构保障性住房工程总承包招投标的通知
	关于印发《上海市建筑节能和绿色建筑示范项目专项扶持办法》的通知
	关于本市装配式建筑单体预制率和装配率计算细则（试行）的通知
	上海市装配式建筑2016—2020发展规划
北京市	关于加快发展装配式建筑的实施意见
	北京市发展装配式建筑2017年工作计划

续表

省、自治区、直辖市	政策文件
江苏省	关于印发《江苏省装配式建筑（混凝土结构）项目招标投标活动的暂行意见》的通知
	关于组织申报2016年度省级建筑产业现代化（抗震）专项引导资金项目的通知
	关于发布《江苏省装配式建筑预制装配率计算细则（试行）》的通知
	关于在新建建筑工程中推广应用预制内外墙板预制楼梯板预制楼板的通知
	关于印发江苏省"十三五"住宅产业现代化发展规划的通知
天津市	天津市人民政府办公厅关于大力发展装配式建筑的实施方案
	关于在天津市建筑产业现代化项目规划条件中提供相关建设指标的通知
	关于印发《天津市装配整体式建筑预制装配率计算细则（试行）》的通知
	关于加快推进我市建筑产业现代化发展实施意见
河北省	加快推进钢结构建筑发展方案
	河北省人民政府关于大力发展装配式建筑的实施意见
	河北省装配式建筑"十三五"发展规划
山西省	山西省人民政府办公厅关于大力发展装配式建筑的实施意见
吉林省	关于推进木结构建筑产业化发展的指导意见
	吉林省人民政府办公厅关于大力发展装配式建筑的实施意见
浙江省	关于推进绿色建筑和建筑工业化发展的实施意见
	浙江省建筑产业现代化"十三五"规划
安徽省	关于印发安徽省建筑产业现代化"十三五"发展规划的通知
	关于加快推进钢结构建筑发展的指导意见
	关于大力发展装配式建筑的通知
	关于印发《2017年全省建筑节能与科技工作要点》的通知
福建省	关于印发《福建省建筑业"十三五"发展规划》和《福建省装配式建筑"十三五"专项规划》的通知
	关于大力发展装配式建筑的实施意见
江西省	关于推进装配式建筑发展的指导意见

续表

省、自治区、直辖市	政策文件
山东省	关于贯彻国办发〔2016〕71号文件大力发展装配式建筑的实施意见
湖北省	关于加快推进建筑产业现代化发展的实施方案
	湖北省人民政府办公厅关于大力发展装配式建筑的实施意见
	湖北省装配式建筑装配率计算规则(试行)
广东省	广东省人民政府办公厅关于大力发展装配式建筑的实施意见
广西壮族自治区	关于大力推广装配式建筑促进我区建筑产业现代化发展的指导意见
海南省	关于印发海南省促进建筑产业现代化发展指导意见的通知
四川省	关于推进建筑产业现代化发展的指导意见
	四川省人民政府办公厅关于大力发展装配式建筑的实施意见
云南省	云南省人民政府办公厅关于大力发展装配式建筑的实施意见
陕西省	陕西省装配式建筑发展"十三五"规划
	关于大力发展装配式建筑的实施意见
内蒙古自治区	关于推荐采用装配式建造建筑工程项目通知

中发〔2016〕6号文件发布后部分地市出台的装配式建筑相关政策　　表2-3

城市	政策文件
深圳市	关于加快推进装配式建筑的通知
	深圳市装配式建筑(住宅产业化)项目建筑面积奖励实施细则
石家庄市	关于加快推进我市建筑产业化的实施意见
	关于加快推进钢结构建筑发展的意见
沈阳市	关于建筑产业化示范工程补贴资金实施办法
南京市	南京市政府办公厅关于进一步推进装配式建筑发展实施意见的通知
杭州市	关于印发《2016年杭州市新型建筑工业化项目实施计划》的通知
郑州市	关于大力推进装配式建筑发展的实施意见
武汉市	关于进一步加快发展装配式建筑的通知

续表

城市	政策文件
成都市	关于加快推进装配式建设工程发展的意见
	关于进一步明确土地出让阶段绿色建筑和装配式建筑建设要求的通知
唐山市	关于加快推进住宅产业现代化发展的实施意见
承德市	关于改进国有资金投资装配式建筑发包方式和项目管理工作的通知
大同市	关于加快推进建筑工业化发展的意见
大连市	关于2016年度大连市建筑产业现代化项目建设要求的通知
	关于推进建筑产业现代化工作的若干规定（暂行）
苏州市	关于印发关于加快推进建筑产业现代化发展的实施意见的通知
徐州市	关于印发徐州市加快推进建筑产业现代化、促进建筑产业转型升级的实施意见的通知
海门市	关于印发海门市建筑产业现代化推进工作方案的通知
温州市	关于推进新型建筑工业化的实施意见（试行）
滁州市	关于印发《滁州市建筑产业现代化示范项目和资金管理暂行办法》的通知
泉州市	关于印发泉州市推进建筑产业现代化试点实施方案的通知
淄博市	淄博市人民政府办公厅关于贯彻鲁政发〔2017〕28号文件大力发展装配式建筑的实施意见
泰安市	关于加快推进建筑产业化的实施意见
滕州市	关于加快推进建筑产业现代化发展的指导意见（试行）
湘西自治州	关于加快推进住宅产业化的实施意见
乌鲁木齐市	加快推进乌鲁木齐市装配式建筑发展实施方案

2.1.3 钢结构建筑政策分析

2013年，国务院《关于化解产能严重过剩矛盾的指导性意见》（国发〔2013〕41号）明确提出，在建筑领域应优先采用、优先推广钢结构建筑。2016年，中共中央、国务院《关于进一步加强城市规划建设管理工作的若干意见》（中发〔2016〕6号）和《国务院关于钢铁行业化解过剩产能实现脱困发展的意见》（国发〔2016〕6号）也都明确提出发展钢结构建筑，我国钢结构建筑将迎来在充足材料供给和较好技术基础上的新发展（表2-4、表2-5）。

近年来国家层面的钢结构建筑相关政策　　　　　　　　　　　　　　　　　表2-4

发布单位	政策名称和发布时间	主要内容
国家发展和改革委员会、住房和城乡建设部	2013年1月1日，《绿色建筑行动方案》	提出"推广适合工业化生产的预制装配式混凝土、钢结构等建筑体系，加快发展建设工程的预制和装配技术，提高建筑工业化技术集成水平。"
国务院	2013年10月6日，《国务院关于化解产能严重过剩矛盾的指导意见》	指出"推广钢结构在建设领域的应用，提高公共建筑和政府投资建设领域钢结构使用比例，在地震等自然灾害高发地区推广轻钢结构集成房屋等抗震型建筑。"
工业和信息化部、住房城乡建设部	2015年8月31日，《促进绿色建材生产和应用行动方案》	提出"发展钢结构建筑和金属建材。在文化体育、教育医疗、交通枢纽、商业仓储等公共建筑中积极采用钢结构，发展钢结构住宅。工业建筑和基础设施大量采用钢结构。在大跨度工业厂房中全面采用钢结构。推进轻钢结构农房建设""推广预拌砂浆，研发推广钢结构等装配式建筑应用的配套墙体材料。""研究制定建材下乡专项财政补贴和钢结构部品生产企业增值税优惠政策。"
国务院	2015年11月4日，国务院常务会议	提出结合棚改和抗震安居工程等，开展钢结构建筑试点

近年来部分省市发布的钢结构建筑相关政策　　　　　　　　　　　　　　表2-5

发布单位	文件名称和发布时间	主要内容
杭州市	2013年3月，《杭州市钢结构产业创新发展三年行动计划（2013—2015）》	指出"突破重大关键技术，着力推进大跨度钢结构、中高层（超高层）钢结构建筑（含住宅）、桥梁钢结构（含高架桥）、海洋钢结构等领域产业化进程。到2015年，全市钢结构产业规模以上企业实现销售产值达到210亿元，年平均增长10%左右，产值利税率达8%，形成3~4家创新能力强、具有自主品牌和总承包资质、年销售产值近百亿元的行业龙头企业。"
云南省	2015年7月，《关于加快发展钢结构建筑的指导意见》	提出在全省城乡建设中大力推广使用钢结构建筑，把云南省的钢结构建筑产业打造成为西南领先、具有辐射周边国家能力的新兴建筑产业。用3~5年的时间，建立健全钢结构建筑主体和配套设施从设计、生产到安装的完整产业体系。"十三五"期间，力争新建公共建筑选用钢结构建筑达15%以上，不断提高城乡住宅建设中钢结构使用比例

续表

发布单位	文件名称和发布时间	主要内容
重庆市	2016年1月,《关于加快钢结构推广应用及产业创新发展的指导意见》	提出到2020年,全市钢结构产业集群基本形成,规模以上钢结构企业销售产值突破200亿元,形成1~2家创新能力强、有核心竞争力和总承包资质、年销售产值超过50亿元的行业龙头企业,成为国家钢结构推广应用示范区和重要的钢结构产业基地;全市钢结构产值占建筑业总产值比重达到8%以上,政府投资新建的公共、公益性建筑应用钢结构比重达到50%,社会投资新建的公共建筑应用钢结构比重达到15%,新建市政建筑钢结构比重达到50%;每年推进不少于10项试点项目,钢结构用钢本地采购率提高到70%,每年化解本地钢铁产能150万t以上
甘肃省	2016年2月,《关于推进建筑钢结构发展与应用的指导意见》(甘建科〔2016〕31号)	提出通过持续不断地努力,争取在"十三五"期间,甘肃省建筑钢结构产业快速发展,培育形成1~2家具有较强实力的钢结构产业集团,并初步形成具有一定规模的建筑钢结构配套产业集群,在大跨、超高建筑采用钢结构或钢-混凝土混合结构的比例超过70%,钢结构住宅得到一定程度应用
湖南省	2016年6月4日,湖南省正式发布三项关于装配式钢结构的地方标准	分别是《装配式钢结构集成部品主板》《装配式钢结构集成部品撑柱》和《装配式斜支撑点钢框架结构技术规程》
河北省	2016年6月,《加快推进钢结构建筑发展方案》	明确提出把钢结构建筑作为河北省发展装配式建筑的主攻方向。坚持分类施策:在大跨度工业厂房、仓储设施中要全力推广钢结构;在适宜的市政基础设施中优先采用钢结构;在公共建筑中大力推广钢结构;在住宅建设中积极稳妥地推进钢结构。对新开工建设的城镇钢结构商品住宅和农村居民自建钢结构住房项目,予以100元/m^2的补贴,弥补增量成本;钢铁生产企业进行钢结构建筑技术改造享受技改资金支持
	2017年1月13日,《关于大力发展装配式建筑的实施意见》	提出力争用10年左右的时间,使全省装配式建筑占新建建筑面积的比例达到30%以上,形成适应装配式建筑发展的市场机制和环境,建立完善的法规、标准和监管体系,培育一大批设计、施工、部品部件规模化生产企业、具备现代装配建造技术水平的工程总承包企业以及与之相适应的专业化技能队伍。张家口、石家庄、唐山、保定、邯郸、沧州市和环京津县(市、区)率先发展,其他市、县加快发展

续表

发布单位	文件名称和发布时间	主要内容
安徽省	2016年10月,《关于加快推进钢结构建筑发展的指导意见》	提出在全省城乡建设中大力推广钢结构建筑发展,把安徽省的钢结构建筑产业打造成为中部领先、辐射周边的新兴建筑产业。用3~5年时间,逐步完善政策制度、技术标准和监管体系,培育5~8家具有较强实力的钢结构产业集团,并初步形成具有一定规模的建筑钢结构配套产业集群,建立健全钢结构建筑主体和配套设施从设计、生产到安装的完整产业体系,实现全省规模以上钢结构企业销售产值突破300亿元。"十三五"期间,力争新建公共建筑选用钢结构建筑比例达20%以上,不断提高城乡住宅建设中钢结构使用比例

2.1.4　木结构建筑政策分析

我国国家层面关于木结构建筑的相关政策以2015年为界,大致划分为两个阶段。2015年以前属于自发式低水平徘徊阶段;2015年,国家层面的政策文件中第一次提到了木结构建筑,这标志着木结构开始进入国家政策视野。

2015年以前我国没有专门针对木结构建筑的政策。2010年住房和城乡建设部与加拿大签订木结构建筑合作框架并成立领导小组,但并未出台正式政策文件,市场推动作用有限。2012年,海南省发布的《海南省旅游业发展"十二五"规划》(琼府办〔2012〕50号)专门指出,为保护当地原生态结构的特点,景区可发展以木结构为主的避暑山庄;海南乡村旅游项目中的示范项目、养生项目、文明示范村都可建设木结构住宅;部分旅游景区的低层建筑也可建设为木结构。

2015年以来,木结构建筑越来越受到政府的重视。现代木结构建筑作为绿色建筑的一种新形式,顺应生态文明和可持续发展潮流,其关注度、影响力正不断提高,其发展对于我国降低二氧化碳气体排放、减少建筑运行能耗具有重要的现实意义。

2015年8月31日工业和信息化部、住房城乡建设部联合印发《促进绿色建材生产和应用行动方案》(工信部联原〔2015〕309号)(以下简称"行动方案"),提出,要"发展木结构建筑。促进城镇木结构建筑应用,推动木结构建筑在政府投资的学校、幼托、敬老院、园林景观等低层新建公共建筑,以及城镇平改坡中使用。推进多层木—钢、木—混凝土混合结构建筑,在以木结构建筑为特色的地区、旅游度假区重点推广木结构建筑。在经济发达地区的农村自建住宅、新农村居民点建设中重点推进木结构农房建设"。

2016年2月,国家发展改革委、住房城乡建设部《关于印发城市适应气候变化行动方案的通知》（发改气候〔2016〕45号）中提出，"政府投资的学校、幼托、敬老院、园林景观等新建低层公共建筑采用木结构。"

2016年9月27日，国务院办公厅出台《关于大力发展装配式建筑的指导意见》（国办发〔2016〕71号），提出在具有条件的地区倡导发展现代木结构建筑。2017年3月23日，住房城乡建设部印发《"十三五"装配式建筑行动方案》（建科〔2017〕77号）提出"制定全国木结构建筑发展规划，明确发展目标和任务，确定重点发展地区，开展试点示范。具备木结构建筑发展条件的地区可编制专项规划。"

与此同时，各地也积极响应，如吉林省提出了建设全国木结构建筑产业化发展试点省，出台了《吉林省政府办公厅关于推进木结构建筑产业化发展的指导意见》（吉政办发〔2017〕12号）。一系列政策的出台表明我国木结构建筑发展的政策氛围逐步形成。

2.2 经济激励政策分析

2.2.1 土地支持政策

2.2.1.1 各地政策

北京、上海、深圳、沈阳、济南等城市都已出台相关政策，将装配式建筑相关政策要求纳入土地出让前置条件或将装配式建筑列入土地竞拍评分项（表2-6）。实践证明，将装配式建筑要求纳入土地招拍挂是现阶段推进装配式建筑较为有效的政策之一。

土地支持政策　　　　　　　　　　　　　　　表2-6

政策特点	部分省市做法
将装配式建筑要求纳入土地出让条件	北京提出2017年3月15日起，通过招拍挂文件设定相关要求，对以招拍挂方式取得城六区和通州区地上建筑规模5万m^2（含）以上国有土地使用权的商品房开发项目应采用装配式建筑；在其他区取得地上建筑规模10万m^2（含）以上国有土地使用权的商品房开发项目应采用装配式建筑
	上海提出"十三五"期间，全市符合条件的新建建筑原则上采用装配式建筑。外环线以内采用装配式建筑的新建商品住宅、公租房和廉租房项目100%采用全装修，实现同步装修和装修部品构配件预制化
	沈阳将"采用现代建筑产业化装配式建筑技术实施建设"作为土地出让条件，并在土地出让合同和其他规范性文件中注明
	成都经市经信委、市建委认定的重大装配式建设工程部品部件生产项目，可优先安排年度建设用地计划指标，土地出让价款可约定分期缴纳（首次缴纳比例不低于全部土地出让价款的50%，缴纳期限不超过1个月，其余部分在6个月内全部缴清）

续表

政策特点	部分省市做法
将装配式建筑要求纳入土地出让条件	济南对以招、拍、挂方式供地的建设项目,每年底提出下一年度的建筑产业化技术要求,并将该技术要求列入土地出让文件和土地出让合同
将装配式建筑列入土地竞拍评分项	北京在土地竞标中采用限房价、竞地价、竞自持面积、竞高标准建设方案的模式,土地出让方组织专家组成评选委员会对竞买人投报的高标准商品住宅建设方案进行评分,其中"装配式建筑实施比例"占25分(满分100分)
对享受土地政策后未达到规定要求的企业进行惩罚	宁夏要求开发商在产业化工程建设过程中及时上报相关材料接受监督。达不到规定要求的,要缴纳一定比例的违约金,2年内不得参与土地竞买

2.2.1.2 实施效果分析

(1)可操作性强,企业接受度高

目前多个城市实践表明,此项措施在操作层面具备较强可行性,且实际上隐含了用地价补贴装配式建筑增量成本,由于地价高,容易被政府、企业和社会接受。

(2)合理协调,避免机械执行

有些城市提出装配式建筑的比例或预制率要求不小于30%。在将此比例落实到单个地块中出现了开发商单纯追求完成指标任务,而忽视了装配式建筑追求效率和效益这一核心目的的现象,导致现浇与预制两种作业方式在现场并存的状况,造成成本上升、难以管理等问题。

2.2.2 建筑面积奖励政策

2.2.2.1 各地政策

2010年3月,北京市率先出台了建筑面积奖励政策,规定装配式建筑项目可以给予3%以内的建筑面积奖励。继北京之后,上海、沈阳、深圳、济南、长沙等地陆续出台了外墙预制部分不计入建筑面积、给予容积率奖励等政策。该政策从企业、市场积极性激发等方面,产生了较好的激励效果(表2-7)。

规划支持政策　　　　　　　　　　　　　　　　表2-7

政策特点	部分省市做法
外墙预制部分不计入建筑面积	北京对实施范围内的装配式建筑项目,在计算建筑面积时,建筑外墙厚度参照同类型建筑的外墙厚度。建筑外墙采用夹心保温复合墙体的,其夹心保温墙体外叶板水平投影面积不计入建筑面积

续表

政策特点	部分省市做法
外墙预制部分不计入建筑面积	河北对主动采用住宅产业现代化建设方式且预制装配率达到30%的商品住房项目，其外墙预制部分可不计入建筑面积，但不超过该栋住宅地上建筑面积的3%
	沈阳对开发建设单位主动采用装配式建筑技术建设的房地产项目，其外墙预制部分建筑面积可不计入成交地块的容积率核算，但不超过规划总建筑面积的3%
	长沙对使用"预制夹心保温外墙"或"预制外墙"技术的两型住宅产业化项目，其"预制夹心保温外墙"或"预制外墙"不计入建筑面积
给予容积率奖励	北京对于未在实施范围内的非政府投资项目，凡自愿采用装配式建筑并符合实施标准的，给予实施项目不超过3%的面积奖励
	上海对自愿实施装配式建筑的项目给予不超过3%的容积率奖励；装配式建筑外墙采用预制夹心保温墙体的，给予不超过3%的容积率奖励
	宁夏对产业化部分面积占到项目建筑面积10%以上的，容积率可以提高1%；占到50%的，容积率可以提高2%；占到100%的，容积率可以提高3%
	深圳对建设单位在自有土地自愿采用产业化方式建造的，奖励的建筑面积为采用产业化方式建造的规定住宅建筑面积的3%，功能仍为住宅

2.2.2.2 实施效果分析

以北京市为例，建筑面积奖励政策自2010年实施至2015年底，5年间北京市共有9个商品房项目和1个保障房项目享受了此项政策，开发企业包括北京万科、中国铁建、北京城建、首开住总。政策实施初期，受现有工作程序与实施建筑面积奖励调整规划的冲突影响的制约，一度执行困难。经过各部门沟通协调，目前已形成了较为顺畅工作流程，可以畅通地完成项目的各项手续。

自北京2010年率先发布面积奖励政策以来，全国有多个城市效仿跟进，深圳、上海、沈阳等多地出台奖励政策。由于装配式建筑在我国处于发展初期阶段，在标准化缺失、产业链条不完善、企业能力不足、管理体制不配套的情况下，实施装配式建筑必将带来成本增加。建筑面积奖励政策制定的初衷旨在现有政策框架下，努力平衡由于实施装配式建筑带来的增量成本，进而激发开发企业实施装配式建筑的积极性和主动性，充分发挥企业的活力和创造力。

从政策实施效果看，在北京市，万科共有7个项目约50万m^2，获得面积奖励1.35余万m^2，其余三家企业各有1个项目共约12万m^2，获得面积奖励0.36余万m^2。已竣工交付6个项目。根据住房和城乡建设部科技与产业化发展中心开展的《建筑产业现代化工程项目成本效益和节能减排效益分析研究》相关成果，按北京市相关计算方法，以某10万m^2左右的装配式混凝土建筑假定测算对象,假定给予该项目3%的容积率奖励。不考虑因申请面积奖励带来的开盘时间滞后等因素,经测算,当房屋售价大于1.8万元/m²时,该政策可弥补约300元/m²的建造阶段增量成本。因此,面积奖励政策极大地鼓舞了开发企业推进装配式建筑的信心,加快了装配式建筑的研发和实践,促进了相关标准的出台,带动了全产业链发展。

2.2.3 财政支持政策

2.2.3.1 各地政策

财政方面的扶持政策包括:一是政府投资项目的增量成本纳入建设成本;二是设立专项资金补贴项目;三是利用原有建筑节能资金等优惠政策,将项目纳入资金补贴使用范围;四是加大科研资金投入支持装配式建筑相关研究工作;五是给予装配式建筑相关企业财政补助;六是给予装配式建筑购房者直接补贴;七是在社保费、安全措施费、质量保证金、城市建设配套费等方面给予优惠(表2-8)。

财政支持政策　　　　表2-8

政策特点	部分省市做法
建造增量成本纳入建设成本	上海市考虑实施装配式住宅方式而增加的成本,经核算后计入该基地项目的建设成本
	深圳市提出自愿使用保障性住房标准化设计图集的产业化项目,增量成本计入建安成本,所需投资在项目审批时纳入项目总投资
设立专项资金补贴装配式建筑项目	北京市对于未在实施范围的非政府投资项目,凡自愿采用装配式建筑并符合实施标准的,按增量成本给予一定比例的财政奖励
	上海市对总建筑面积达到3万m²以上,且预制装配率达到45%及以上的装配式住宅项目,每平方米补贴100元,单个项目最高补贴1000万元
	重庆市财政设立专项资金,对建筑产业现代化房屋建筑试点项目每立方米混凝土构件补助350元,用于补贴深化设计、生产、运输、吊装等环节产生的增量成本
	沈阳市对符合条件的建筑产业化示范工程项目,建设单位享受100元/m²的补助,同一项目最高补贴500万元
利用原有专项资金政策,扩大使用范围	江苏省拓展省级建筑节能专项引导资金支持范围,对省级建筑产业现代化示范城市中省辖市补助不超过5000万元/个,县(市、区)不超过3000万元/个。示范基地补助不超过100万元/个,示范项目补助不超过250万元/个
	河北省提出拓展省建筑节能专项资金、新型墙体材料专项基金、省科技创新项目扶持资金使用范围,优化省保障性住房建设引导资金使用结构

续表

政策特点	部分省市做法
利用原有专项资金政策，扩大使用范围	济南市符合市工业产业引导资金规定的建筑部品（件）生产企业、装配式建筑装备制造企业，可申请市工业产业引导资金及节能专项扶持资金
资金支持相关研究工作	河北省扩大科技创新项目扶持资金支持范围，将装配式建筑发展列入各级科技计划指南重点支持领域。支持钢铁生产企业进行钢结构建筑生产技术改造，优先列入省工业企业技术改造项目库，对符合条件的项目，给予一定的技改资金支持。支持装配式建筑标准编制工作，对参与编制省级及以上标准的给予资金支持
	深圳市在市建筑节能发展资金中重点扶持装配式建筑和BIM应用，对经认定符合条件的示范项目、研发中心、重点实验室和公共技术平台给予资助，单项资助额最高不超过200万元
	长沙市将两型住宅产业化技术研究列为科技重点攻关方向，加大对研发机构和发明专利的扶持与奖励
给予企业租金补贴等补助	青岛市对装配式建筑生产企业在园区内租用标准化厂房的，园区所在地政府给予2年以上的租金补贴；在园区之外生产经营的，给予一定的经济和服务支持
社保费、安全措施费、质量保证金、城市建设配套费等优惠政策	沈阳市对采用装配式建筑技术的开发建设项目，社保费的计取按工程总造价扣除工厂生产的预制构件成本作为计费基数，安全措施费按1%缴纳，土建工程的质量保证金计取按施工成本扣除预制构件成本作为计费基数
	济南市满足一定条件的产业化项目可申请城市建设配套费缓交半年；开发企业支付部品（件）生产企业的产品订货资金额达到项目建安总造价的60%以上的，可提前一个节点返还预售监管资金

2.2.3.2 实施效果评估

部分省市的财政政策极大鼓舞了企业积极性，有利于缓解企业因增量成本带来的畏难情绪，效果较好。由于实际项目的增量成本受装配式建筑技术体系、管理水平等多种因素影响，导致不同项目差异性较大，因此各地在实施该政策时应针对不同的建筑技术体系制定科学合理的补贴标准。

2.2.4 税收支持政策

2.2.4.1 各地政策

税收政策主要分为三类：一是将装配式建筑纳入高新技术产业，享受高新技术产业政策及相关财税优惠政策；二是对部品生产和施工环节分别核算税收；三是将装配式建筑纳入西部大开发税收优惠范围。河南、宁夏、陕西省等均制定了相关的税收政策（表2-9）。

税收支持政策　　　　　　　　　　　　　　　　　　　表2-9

政策特点	部分省市做法
部品生产和施工环节分别核算税收	长沙市对企业在产业化项目建设中同时提供建筑安装和部品部件销售业务的，分开核算给予税收优惠，即部品部件销售部分征收增值税，建筑安装业务部分征收营业税
纳入高新技术产业，享受高新技术产业政策及相关税收优惠政策	北京市对于符合新型墙体材料目录的部品部件生产企业，可按规定享受增值税即征即退优惠政策。符合高新技术企业条件的装配式建筑部品部件生产企业，经认定后可依法享受相关税收优惠政策
	河北省提出符合条件的住宅产业现代化园区、基地和企业享受战略性新兴产业、高新技术企业和创新性企业扶持政策
	济南市提出鼓励产业化企业申请高新技术企业认定，经省科技厅认定的高新技术企业，按照15%税率缴纳企业所得税
纳入西部大开发税收优惠范围	重庆市对建筑产业化部品构件仓储、加工、配送一体化服务企业，符合西部大开发税收优惠政策条件的，依法按减15%税率缴纳企业所得税。符合条件的钢结构企业，可按国家规定享受西部大开发企业所得税优惠、资源综合利用增值税优惠、企业研发费用加计扣除、研发设备加速折旧等税收优惠政策

2.2.4.2　实施效果分析

河北、济南、长沙、重庆等地探索推行了与装配式建筑相关的企业可享受高新技术企业优惠政策，取得了较好效果。许多企业反映，纳入高新技术产业、享受高新技术产业政策及相关财税优惠政策的实施效果最为显著。

2.2.5　金融支持政策

2.2.5.1　各地政策

金融政策主要有四类：一是对装配式建筑项目、企业优先放贷；二是对装配式建筑项目进行贷款贴息；三是对装配式住宅建筑项目的消费者增加贷款额度和贷款期限（表2-10）。

金融支持政策　　　　　　　　　　　　　　　　　　　表2-10

政策特点	部分省市做法
优先放贷	河北省对建设住宅产业现代化园区、基地、项目及从事技术研发等工作且符合条件的企业，开辟绿色通道，加大信贷支持力度
	宁夏金融部门对符合住宅产业化发展政策的开发建设项目实行优先优惠放贷
	云南省鼓励各类金融机构对达到低耗能和绿色建筑的钢结构房地产开发企业给予信贷优惠支持

续表

政策特点	部分省市做法
贷款贴息	济南市通过采取贷款贴息、财政补贴等扶持方式，加快住宅产业化项目示范和推广
增加贷款额度和贷款期限	河北省对购买住宅产业现代化项目或全装修住房且属于首套普通商品住房的家庭，按照差别化住房信贷政策积极给予支持
	山东省对使用按揭贷款购买全装修商品住宅的，房价款计取基数包含装修费用。使用住房公积金贷款购买装配式住宅，按照差别化住房信贷政策积极给予支持，最高贷款额度可上浮20%，具体比例由各地确定

2.2.5.2 金融政策的实施效果分析

宁夏、河北等地发布了有关金融优先放贷、贷款贴息等政策，对降低装配式建筑相关企业的融资难度起到一定的作用，但总体来看此项政策由于受宏观金融政策影响较大，落地实施的难度较大。

2.2.6 建设环节支持政策

北京、山东、深圳、沈阳、长沙等地探索了投标政策倾斜、提前办理《房地产预售许可证》、开辟绿色通道、构配件管理相关支持政策、鼓励科技创新与评奖评优、为构配件运输提供交通支持等大量工程项目建设环节的支持政策（表2-11）。

建设行业的支持政策　　　　表2-11

政策特点	部分省市做法
投标政策倾斜	北京市对装配式建筑原则上应采用工程总承包模式，可按照技术复杂类工程项目招投标。工程总承包企业要对工程质量、安全、进度、造价负总责
	河北省提出在施工当地没有或只有少数几家住宅产业现代化生产施工企业的，国有资产投资项目招标时可以采用邀请招标方式进行
	重庆市对建筑产业现代化项目的建设、设计、施工和监理等企业在诚信评价中予以加分。对保障性住房和预制装配率达到15%的城市道桥、轨道交通等市政基础设施工程建筑产业现代化试点项目，可以采用邀请招标方式进行招标
	深圳市装配式建筑项目优先采用设计-采购-施工（EPC）总承包、设计-施工（D-B）总承包等项目管理模式。具有工程总承包管理能力和经验的企业（包括设计、施工、开发、生产企业单独或组成联合体），可以承接EPC工程总承包、设计—施工总承包项目，实施时具体的设计、施工任务由有相应资质的单位承担。招标人可采用竞价预选招标或竞价批量招标方式，择优选择工程总承包单位

续表

政策特点	部分省市做法
提前办理《房地产预售许可证》	河北省对投入开发建设资金达到工程建设总投资的25%以上、施工进度达到正负零，可申请办理《商品房预售许可证》。采用钢结构方式建设的商品住房项目，在办理《商品房预售许可证》时，允许将预制构件投资计入工程建设总投资额，纳入进度衡量
	深圳市提出施工进度达到七层以下（含本数）的已封顶、七层以上的已完成地面以上三分之一层数的，可提前办理《房地产预售许可证》
	武汉市按照装配式建造方式开发建设的商品房项目，其预售资金监管比例按照15%执行；小高层及以上建筑结构主体施工达到总层数三分之一以上，且已确定施工进度和竣工交付日期的，即可办理预售许可证
	济南市提出采用建筑产业化技术开发建设的房地产项目，依据建筑部品（件）订货合同和生产进度，订货投入额计入项目总投资额，经市城乡建设委认定后，可在项目施工进度到正负零时提前申领《商品房预售许可证》
	长沙市提出两型住宅产业化项目预制构件生产投资计入项目投入的开发建设资金，项目投入开发建设的资金达到工程建设总投资的25%以上，多层建筑施工进度达到正负零，高层建筑施工进度达到六层以上（含六层），并已确定施工进度和竣工交付日期（含环境和配套设施建设），可办理《商品房预售许可证》
开辟绿色通道	河北省对主动采用住宅产业现代化建设方式且预制装配率达到30%的商品住房项目，报建手续开辟绿色通道，可以采用平方米包干价方式确定工程总造价预算进行施工图合同备案
	深圳市提出产业化住宅项目在办理报建、审批、预售、验收相关手续时开辟绿色通道
	青岛市对装配式建筑生产企业在青岛市扩大投资和生产能力的，提供一站式审批、开辟绿色通道等服务支持
	长沙市提出两型住宅产业化项目可参照重点工程报建流程纳入行政审批绿色通道
构配件管理相关支持政策	长沙市提出将两型住宅产业化部品部件纳入建设工程材料目录管理，定期或不定期发布两型住宅产业化部品部件推荐目录
	重庆市提出混凝土构件在材料管理、生产管理、工厂监造、备案管理等方面有可查实的质量控制文件和质量证明文件的，可以免除结构构件性能进场检测
鼓励科技创新与评奖评优	重庆市提出鼓励建筑产业现代化项目参与评奖评优
	济南市鼓励企业科技创新，加快建设工程预制和装配技术研究，并优先列入市城乡建设委科技项目专项计划，优先给予成果奖励，优先推荐上报更高层次科技计划和奖励
为构配件运输提供交通支持	河北省提出各级公安和交通运输部门在职能范围内，对运输超大、超宽部品部件（预制混凝土及钢构件等）运载车辆，在运输、交通通畅方面给予支持
	山东省研发推广专用运输车辆，优化物流管理，合理组织配送

2.2.6.1 提前预售政策

上海和深圳等地相继出台关于"放宽采用装配式技术的商品房预售条件"政策，提前预售政策对于大城市降低开发企业资金成本效果明显，且操作性强，政策效果很好。放宽商品房预售条件，主要是对商品房预售工程进度调整，操作性强，对开发企业吸引力尤为明显。建筑业的特点是资金需求量大，建造周期长，目前我国商品房中大都采用预售方式，很大程度上解决了房地产开发企业资金不足的问题。

一般的房屋预售条件为项目投入开发建设的资金达到工程建设总投资的25%以上，7层以上的商品房项目已完成地面以上三分之二层数。而深圳等城市的鼓励政策中提出，对于装配式建筑，已完成地面以上三分之一层数即可提前办理房屋预售。根据住房和城乡建设部科技与产业化发展中心开展的《建筑产业现代化工程项目成本效益和节能减排效益分析研究》相关成果，以深圳市某10万m^2左右的住宅项目为例，按此预售政策，当房屋售价大于2.2万元/m^2时便可弥补其300元/m^2的建造部分增量成本。

深圳市曾在2015年5月20日举行的"建筑产业化座谈会"上进行现场调研，对比建筑面积奖励，由于现阶段后者实际操作起来复杂，难度较大，开发企业更欢迎"1/3提前预售"措施，认为缩短周期、加大资金周转、减小资金成本等收益具有极强吸引力。目前，深圳已有数个项目享受到该项措施。鹿丹村项目，2015年2月6日中标，12月26日满足条件后便开盘预售，一年不到的时间里完成了拍—建—售全过程，对开发商的激励作用很大。

因此，提前预售的鼓励政策对于房价较高的城市能够在很大程度上弥补装配式混凝土建筑的增量成本，提前预售的时间越长，给开发企业带来的收益会越大。建议加大对装配式建筑项目销售的扶持力度，在政策规定范围内，装配式建筑的构件生产投资可作为办理《商品房预售许可证》的依据，可提前办理预售，同时在商品房预售资金监管上给予支持。

2.2.6.2 招投标倾斜政策

河北、重庆、济南、长沙等地，都有明确的投标倾斜政策，也都有一定的倾斜条件。对于装配式建筑发展初期，为试点示范过程中的装配式建筑提供了项目资源，促进了装配式建筑的发展，实施效果明显。一是明确提出对装配式建筑项目采取邀请招标方式的政策。如河北省提出在施工当地没有或只有少数几家住宅产业现代化生产施工企业的，国有资产投资项目招标时可以采用邀请招标方式进行。又如重庆市对保障性住房和预制装配率达到15%的城市道桥、轨道交通等市政基础设施工程试点项目，可以采用邀请招标方式进行招标。二是明确装配式建筑应采用工程总承包模式。如北京市规定装配式建筑原则上应采用工程总承包模式，可按照技术复杂类工程项目招投标；深圳市规定装配式建筑项目优先采用设计-采购-施工（EPC）总承包、设计-施工（D-B）总承包等项目管理模式。

三是制定装配式建筑招投标加分政策。如重庆市对装配式建筑项目的建设、设计、施工和监理等企业在诚信评价中予以加分；济南市对具有构件生产能力且总投资达到一定规模的工程总承包企业，在招投标时给予加分奖励。

2.2.6.3 开辟绿色通道

对于装配式建筑发展初期，开辟绿色通道，可以为相关市场主体节约时间成本和资金成本。随着装配式建筑信息化管理体系的建设，将对所有的装配式建筑的快速审批形成技术支撑。建议装配式建筑工程可参照重点工程报建流程纳入行政审批绿色通道。

装配式建筑发展概况

3.1 技术和标准体系发展情况

发展装配式建筑是建筑行业意义深远的重大变革,而技术体系和标准规范是引领这场变革的重要技术支撑。装配式建筑的健康发展离不开技术体系和标准规范的有力支持。目前我国已基本建立了相关标准体系,各种新型技术体系的标准规范也正在编制完善之中。

"十二五"期间国家科技支撑项目开始支持装配式建筑技术研发,实施了"新型预制装配式混凝土建筑技术研究与示范"等项目的研发工作。"十三五"国家重点研发计划支持了重点专项"绿色建筑与建筑工业化",2016年已批复了21个项目,开展了近200个课题研究工作。这些项目的研发将为装配式建筑发展提供重要的技术和标准支撑。

3.1.1 装配式混凝土建筑方面

3.1.1.1 装配式混凝土建筑技术体系

装配式混凝土建筑的主要结构体系包括剪力墙结构、框架结构、框架—剪力墙结构、框架—核心筒结构等。当装配式混凝土结构中承重预制构件连接节点采用强度等级高于构件的后浇混凝土、灌浆料或坐浆材料,竖向承重预制构件受力钢筋采用套筒灌浆、浆锚搭接等可靠的连接接头,使整个结构的力学性能等同或者接近于现浇结构,可称其为装配整体式混凝土结构,此时可参照现浇混凝土结构的力学模型对其进行结构分析。承重预制构件采用干式连接的装配式混凝土结构,安装简单方便,但对其在地震区,特别是在高烈度地震区的高层建筑的应用技术,还有待进一步的科研成果。

(1)装配整体式混凝土剪力墙结构体系

1)技术特点

装配整体式混凝土剪力墙结构是目前我国高层装配式混凝土结构的主流体系。除底部加强区以外,根据结构抗震等级的不同,其竖向承重构件可部分采用预制剪力墙(如外墙),或全部采用预制剪力墙。根据我国当前技术水平的发展现状,同时能综合满足结构力学性能和建筑防水、保温等物理功能的要求,目前已建高层装配整体式居住建筑,大多数采用了现浇和预制相结合的方式,即外墙采用预制夹心保温外墙板,内墙和楼电梯间墙体采用现浇剪力墙,楼板采用带桁架钢筋的叠合楼板。通过节点区域以及叠合楼板的后浇混凝土,将整个结构连接成为具有良好整体性、稳定性和抗震性能的结构体系。

2)技术简介

装配整体式混凝土剪力墙结构体系的工法应首先根据已完成的项目施工图的设计情况进行预制构件设计。设计过程中重点考虑构件连接构造、水电管线预埋、门窗、吊装件的预埋件,以及制作、运输、施工必需的预埋件、预留孔洞等,按照建筑结构特点和预制构件生产工艺的要求,将原传统意义上现浇剪力墙结构分为带装饰面及保温层的预制混凝土墙板,带管线应用功能的内墙板、叠合梁、叠合板、带装饰面及保温层的阳台等部件,同时考虑方便模具加工和构件生产效率、现场施工吊运能力限制等因素。

设计完成后,进行构件的模具设计和制造,工厂化预制构件采用标准化设计模板,形成标准模具。在分解构件单元设计图的基础上,将模具设计成统一的组合卧式钢模具。在外墙板制作过程中,由于采用卧式平模加工,构件预制工艺置入外饰面层、粘贴层、保温层与结构层,同时整体预制加工。粘贴层、保温层与结构层之间设置受力可靠的拉结件,并通过合理的蒸汽养护,形成结构、保温、装饰一体化预制外墙板。

在预制楼梯加工过程中,采用工具式模具一次成型,也可同时完成装饰面。楼梯平台可采用现浇,也可与楼梯整体预制。预制楼梯与支承构件之间,可采用简支连接。此时,可一端设置固定铰,另一端设置滑动铰。

在叠合楼板预制过程中,在保证钢筋位置准确度的前提下,加入各种功能管线,且预制部分的楼板可以作为后浇楼板的模板,为增加预制部分楼板的刚度可以使用钢筋桁架,确保预制楼板运输吊装过程中的安全。

预制构件运输到工地现场后,使用起重机械进行吊装,完成内外墙体和各种连梁的安装后,进行墙体灌浆和叠合板安装,水电安装队伍对工厂预制的水电线路进行整体连接安装,然后进行支模板和负筋等绑扎,最后浇筑混凝土。

(2)装配整体式混凝土框架结构技术体系

1)技术特点

装配整体式框架结构已在我国得到越来越广泛的应用。目前,大多数已建装配整体式框架结构,柱采用了预制柱或现浇柱,水平构件中的梁采用叠合梁,楼板采用带桁架钢筋的叠合楼板。通过梁柱节点区域以及叠合楼板的后浇混凝土,将整个结构连接成为具有良好整体性、稳定性和抗震性能的结构体系。今后随着我国装配式混凝土建筑的各种技术和配套设备的发展,以及对大跨度框架结构需求的增加,大跨度的预应力水平构件也将会得到推广应用。

2）技术简介

将结构分成不同种类的构件（如梁、板、楼梯等）并绘制结构图。尽量将相同类型构件的截面尺寸和配件等统一成一个或少数几个种类，同时对钢筋进行逐根的定位，并绘制构件图，以便于标准化的生产、安装和质量控制。

梁、板等水平构件采用叠合形式，即构件底部（包含底筋、箍筋、底部混凝土）采用工厂预制，面层和深入支座处（包含面筋）采用后浇混凝土。应在现场每施工段构件全部安装完成后，统一进行浇筑，以便有效地解决安装工程整体性差，影响结构抗震性能等问题。同时也减少现场钢筋、模板、混凝土的材料用量，简化了现场施工。

构件的加工计划、运输计划和每辆车构件的装车顺序紧密地与现场施工计划和吊装计划相结合，确保每个构件严格按实际吊装时间进场，以保证安装的连续性。构件设计和生产的统一性保证了安装的标准化和规范性，大大提高了工人的工作效率和机械利用率，有利于缩短施工周期和减少劳动力数量，满足社会和行业对工期的要求，并解决劳动力短缺的问题。

外墙可采用非承重预制混凝土外墙板，其面层的涂料或瓷砖、外墙上的窗框等均可在构件厂与外墙同步完成，在很大程度上解决了窗框漏水和墙面渗水的质量通病，并大大减少了外墙装修的工作量，缩短了工期（现场只需进行局部补修工作）。

（3）预制混凝土构件设计要点

预制混凝土构件在工厂采用钢模具生产，考虑到经济性原则，设计过程中需考虑如下几点：

1）模数协调设计

预制混凝土构件的工厂化率很高，生产时钢模板规格数量、利用率直接影响装配式混凝土建筑的生产成本。因此，应按照模数化、标准化的原则进行设计，并尽量在构件的设计中统筹考虑相似构件的统一性，如外墙的门窗洞口统一，梁、柱的截面统一，阳台构件的外观尺寸统一等。

2）各专业精细化协同设计

预制混凝土构件作为定型成品与结构主体组装，与此相关的各专业预留洞口、预埋管线等与构件生产同步，所以要求土建、设备各专业进行精细化、一体化协同设计。各专业设计图纸要表达精细、准确，即互为条件，又互相制约。

比如一个预制构件与栏杆、空调板、百叶、雨篷等构件相连时，以及一些设备管道的预留洞口、管线吊点埋件等，在预制构件上都需要精确定位，以防止和此预制构件相连的构件定位冲突。

3）构件编号定位

由于一栋建筑部分或接近全部都已分解为预制构件在工厂生产，因此需要对构件进行编号并定位好在整栋建筑中的位置，以确保后期的安装工序准确无误。

4）连接方法的简单有效

因为每个构件需要在现场组装在一起才能形成一个完整的、符合建筑功能要求的整体，构件之间的连接方式直接影响到组装后的效果和安装时工人的劳动强度，所以对构件的连接件设计应尽可能做到简单而有效。

3.1.1.2 装配式混凝土建筑标准规范

20世纪70~80年代，特别在改革开放初期，装配式建筑的发展曾经历一个快速发展时期，大量的住宅建筑和工业建筑采用了装配式混凝土结构技术，国家标准《预制混凝土构件质量检验评定标准》、行业标准《装配式大板居住建筑设计和施工规程》以及协会标准《钢筋混凝土装配整体式框架节点与连接设计规程》等先后出台。之后，由于种种原因，装配式建筑的应用，尤其是在民用建筑中的应用逐渐减少，迎来了一个相对低潮阶段。

近几年来，随着国民经济的快速发展、工业化与城镇化进程的加快、劳动力成本的不断增长，我国在装配式建筑领域的研究与应用逐渐升温，部分地方政府积极推进，一些企业积极响应，开展相关技术的研究与应用，形成了良好的发展态势。特别是，为了满足我国装配式建筑应用的需求，编制和修订了国家标准《装配式混凝土建筑技术标准》《工业化建筑评价标准》《混凝土结构工程施工质量验收规范》；行业标准《装配式混凝土结构技术规程》《钢筋套筒灌浆连接应用技术规程》；产品标准《钢筋连接用套筒灌浆料》等。上海、北京、深圳、辽宁、安徽以及江苏省等许多省市也相继出台了相关的地方标准。

目前与装配式混凝土建筑相关的标准梳理汇总如表3-1所示。

国内装配式混凝土结构主要标准及标准图集　　　　　表3-1

类别	名称	编号
有关模数基础标准	建筑模数协调统一标准	GB 50002-2013
	厂房建筑模数协调标准	GB 50006-2010
主要部品模数协调标准	建筑模数协调标准	GB/T 50002-2013
	建筑楼梯模数协调标准（已废止）	GBJ 101-1987
	住宅厨房及相关设备基本参数	GB/T 11228-2008
	住宅卫生间功能和尺寸系列	GB/T 11977-2008
	建筑门窗洞口尺寸系列	GB/T 5824-2008

续表

类别	名称	编号
主要部品模数协调标准	住宅厨房模数协调标准	JGJ/T 262-2012
	工业化住宅尺寸协调标准	正在编制
主要相关国家标准	装配式混凝土建筑技术标准	GB/T 51231-2016
	混凝土结构设计规范	GB 50010-2010
	工业化建筑评价标准（正在修订）	GB/T 51129-2015
	混凝土结构工程施工规范	GB 50666-2011
	混凝土结构工程施工质量验收规范	GB 50204-2015
	建筑结构荷载规范	GB 50009-2012
	建筑抗震设计规范	GB 50011-2010
	预制混凝土构件质量检验评定标准（已废止）	GBJ 321-1990
	钢筋混凝土升板结构技术规范	GBJ 130-1990
	预应力混凝土空心板	GB/T 14040-2007
行业标准	装配式混凝土结构技术规程	JGJ 1-2014
	装配式大板居住建筑设计和施工规程（已废止）	JGJ 1-1991
	高层建筑混凝土结构技术规程	JGJ 3-2010
	预制预应力混凝土装配整体式框架结构技术规程	JGJ 224-2010
	预制带肋底板混凝土叠合楼板技术规程	JGJ/T 258-2011
	工业厂房墙板设计与施工规程（已废止）	JGJ 2-79
	钢筋套筒灌浆连接应用技术规程	JGJ/T 355-2015
	装配式住宅建筑技术规程	正在报批
	工业化住宅建筑尺寸协调标准	正在编制
	预制墙板技术规程	正在编制
产品标准	钢筋连接用灌浆套筒	JG/T 398-2012
	钢筋连接用套筒灌浆料	JG/T 408-2013
协会标准	混凝土及预制混凝土构件质量控制规程（已废止）	CECS 40-1992
	钢筋混凝土装配整体式框架节点与连接设计规程	CECS 43-1992
	整体预应力装配式板柱结构技术规程	CECS 52-2010

续表

类别	名称	编号
协会标准	约束混凝土柱组合梁框架结构技术规程	（报批稿）
标准图集	预制混凝土剪力墙外墙板	GJBT-15G365-1
	预制混凝土剪力墙内墙	GJBT-15G365-2
	桁架钢筋混凝土叠合板（60mm厚底板）	GJBT-15G366-1
	预制钢筋混凝土板式楼梯	GJBT-15G367-1
	预制钢筋混凝土阳台板、空调板及女儿墙	GJBT-15G368-1
	装配式混凝土结构住宅建筑设计示例（剪力墙结构）	GJBT-15J939-1
	装配式混凝土结构表示方法及示例（剪力墙结构）	GJBT-15G107-1
	装配式混凝土结构连接节点构造（楼盖结构和楼梯）	GJBT-15G310-1
	装配式混凝土结构连接节点构造（剪力墙结构）	GJBT-15G310-2

3.1.2 钢结构建筑方面

3.1.2.1 钢结构建筑技术体系

钢结构建筑主要承重构件由型钢、钢板等钢材通过焊接、螺栓连接或铆接而制成，根据结构受力特点大致分为门式刚架结构、空间桁架结构、张弦梁结构、弦支穹顶结构、网架结构及多高层结构等。钢结构建筑可广泛应用于工业建筑、公共建筑、商业建筑、住宅建筑等领域。

钢结构住宅是钢结构建筑的重要类别，其具有钢结构建筑的一系列特性，同时又具备一般住宅建筑的共性。钢结构住宅建筑体系一般包括结构体系和围护体系，其中围护体系又分为外墙、内隔墙及楼板结构等。

（1）结构体系

钢结构住宅建筑常用的结构体系主要可分为轻钢龙骨体系、钢框架体系、钢框架—支撑体系、钢框架—剪力墙体系、钢框架—核心筒体系、错列桁架体系等。不同的结构体系有不同的适用范围，虽然有些结构体系应用范围较广，但通常会受到经济等因素的限制。

① 轻钢龙骨体系

我国在20世纪80年代末开始引进欧美及日本的轻型装配式小住宅。此类住宅以镀锌轻钢龙骨作为承重体系，板材起围护结构和分隔空间作用。在不降低结构可靠性及安全度的前提下，可以节约钢材用量约30%。该体系具有构件尺寸较小，可将其隐藏在墙体内部，有利于建筑布置和室内美观；结构自重轻，地基费用较为节省；梁柱均为铰接，省却了现场焊接及高强螺栓的费用；受力墙体可在工厂整体拼装，易于实现工厂化生产；易于装卸，加快施工进度；楼板采用楼面轻钢龙骨体系，上覆刨花板及楼面面层，下部设置石膏板吊顶，既可便于管线的穿行，又满足了隔声要求等优点。但该体系梁柱之间铰接，抗震性能不好，抗侧能力也较差，同时国内冷弯型钢品种相对较少，与国外冷弯轻钢骨架材料性能差异较大。该体系较适用于1~3层的低层住宅，不适用于强震区的高层住宅。

② 钢框架体系

钢框架体系受力特点与混凝土框架体系相同，竖向承载体系与水平承载体系均由钢构件组成。钢框架结构体系是一种典型的柔性结构体系，其抗侧移刚度仅有框架提供。该体系具有开间大、使用灵活，充分满足建筑布置上的要求；受力明确，建筑物整体刚度及抗震性能较好；框架杆件类型少，可以大量采用型材，制作安装简单，施工速度较快等优点。但该体系在强震作用下，抵抗侧向力所需梁柱截面较大，导致其用钢量大；相对于围护结构梁柱截面较大，导致室内出现柱棱，影响美观和建筑功能。因此，该体系一般适用于6层以下的多层住宅，不适用于强震区的高层住宅；并且用于高层住宅时经济性相对较差。

③ 钢框架—支撑体系

在钢框架体系中设置支撑构件以加强结构的抗侧移刚度，形成钢框架—支撑结构。

支撑形式分为中心支撑和偏心支撑。中心支撑根据斜杆的布置形式可分为十字交叉斜杆、单斜杆、人字形斜杆、K形斜杆体系。与框架体系相比，框架—中心支撑体系在弹性变形阶段具有较大的刚度，但在水平地震作用下，中心支撑容易产生侧向屈曲。偏心支撑中每一根支撑斜杆的两端，至少有一端与梁相交（不在柱节点处），另一端可在梁与柱交点处进行连接，或偏离另一根支撑斜杆一段长度与梁连接，并在支撑斜杆杆端与柱子之间构成一耗能梁段，或在两根支撑斜杆的杆端之间构成一耗能梁段。偏心支撑框架与剪力墙结构相比在达到同样的刚度重量要小，用于高层住宅结构时经济性好。但该体系结构层高较低，构件节间尺寸较小，导致支撑构件及节点数量均较多；传力路线较长，抗侧力效果较差。

④ 钢框架—剪力墙结构体系

钢框架—剪力墙体系可细分为框架—混凝土剪力墙体系、框架—带竖缝混凝土剪力墙体系、框架—钢板剪力墙体系及框架—带缝钢板剪力墙体系等。框架—混凝土剪力墙体系常在楼梯间或其他适当部位（如分户墙）采用现浇钢筋混凝土剪力墙作为结构主要抗侧力体系，由于钢筋混凝土剪力墙抗侧移刚度较强，可以减少钢柱的截面尺寸，降低用钢量，并能够在一定程度上解决钢结构建筑室内空间的露梁露柱问题。

该体系将钢材的强度高、重量轻、施工速度快和混凝土的抗压强度高、防火性能好、抗侧刚度大的特点有机地结合起来，但现场安装比较困难，制作比较复杂。

⑤ 钢框架—核心筒结构体系

钢框架—核心筒体系是由外侧的钢框架和混凝土核心筒构成。钢框架与核心筒之间的跨度一般为8~12m，并采用两端铰接的钢梁，或一端与钢框架柱刚接相连、另一端与核心筒铰接相连的钢梁。核心筒的内部应尽可能布置电梯间、楼梯间等公用设施用房，以扩大核心筒的平面尺寸，减小核心筒的高宽比，增大核心筒的侧向刚度。体系中的柱子可采用箱形截面柱或焊接的H型钢，钢梁可采用热轧H型钢或焊接H型钢。

钢框架—核心筒体系的主要优点：a. 侧向刚度大于钢框架结构；b. 结构造价介于钢结构和钢筋混凝土结构之间；c. 施工速度比钢筋混凝土结构有所加快，结构面积小于钢筋混凝土结构。

⑥ 错列桁架结构体系

该体系是在钢框架结构的基础上演变而来的，它无论是在建筑功能方面还是在力学特性上都有着胜过普通钢框架的优点，其基本组成为柱、钢桁架梁和楼面板。主要适用于15~20层住宅。

交错桁架体系是由高度为层高、跨度为建筑全宽的桁架，两端支承在房屋外围纵列钢柱上，所组成的框架承重结构不设中间柱，在房屋横向的每列柱的轴线上，这些桁架隔一层设置一个，而在相邻柱轴线则交错布置。在相邻桁架间，楼板的一端支承在相邻桁架的下弦杆。垂直荷载则楼板传到桁架的上下弦，再传到外围的柱子。该体系利用柱子、平面桁架和楼面板组成空间抗侧力体系，具有住宅布置灵活、楼板跨度小、结构自重轻的优点。

优点：a. 腹杆可采用斜杆体系和华伦式空腹桁架相结合，便于设置走廊，房间在纵向必要时也可连通；b. 交错桁架体系可采用小柱距获得大空间；c. 桁架与柱连接均为铰接连接，进一步简化了节点的构造；d. 该体系的构件主要承受轴力，可以使结构材料的强度得到充分利用，经济性好。

缺点：交错桁架体系在大的地震力作用下，结构的抗震性能很差，桁架腹杆提前屈曲或较早进入非弹性变形，造成刚度和承载力的急剧下降。

（2）围护结构体系

① 围护墙体

为了减轻结构自重，充分发挥钢结构的优势，围护墙体宜采用轻质复合材料。外墙材料主要采用蒸压轻质加气混凝土板、预制钢筋混凝土墙板、钢丝网架聚苯夹心板、纤维水泥外墙挂板、聚氨酯复合外墙板、金属面压花复合板等。

钢结构住宅的围护墙体材料应该具有以下特点：

a. 从传统的既围护又承重体系变为纯围护体系，钢框架建筑的荷载由梁柱传递，墙体不起承重作用，这是钢结构住宅墙体与传统的砖混或内浇外砌剪力墙住宅的根本区别。这一特点使钢结构住宅墙体成为纯围护结构，不再受结构空间的限制，可以根据居住空间的要求灵活分隔。

b. 墙体材料应具有质量轻、强度高等物理化学特性和良好的保温隔热性。钢结构的特征之一是轻质高强，钢结构建筑的墙体材料也应具备这一特质，否则重型墙体增加结构的荷载，丧失了钢结构的优势。此外，重型墙体对于负担其重量的结构体系要求也较高，必须有结构梁的支撑，无法达到灵活布置的要求。良好的保温隔热、防火防渗漏和隔声性能是达到居住环境健康舒适的必要条件。

c. 墙体类型适宜于工厂化生产，现场装配化建造。建筑材料工业化生产是住宅产业化的重要标志。钢结构住宅属于高度工业化生产制作和安装，通常一栋几千平方米的多层住宅，钢结构吊装只需一到两个月。钢结构住宅也因此具备装配式建筑的基本条件。墙体材料是住宅建筑的重要组成部分，数量多、作用大，只有采用高度工业化生产制作和现场装配式施工，才能真正发挥钢结构住宅的工业化优势。

d. 连接部位的构造节点处理变得尤为重要。工业化定型生产的墙体材料，在施工安装过程中的节点构造类型比传统砌筑式墙体复杂得多。居住建筑对于墙体材料物理性能方面的较高要求使得节点构造的妥善处理成为解决问题的关键。一种成熟的可大量投产使用的墙体建材产品必须在材料本身和连接构造上都有令人满意的效果。

② 楼板、屋盖系统

钢结构住宅结构体系除了具有重量较轻、挠度变形较大的特点外，还具有抗侧向应力较差的特点，故而需要楼板、屋盖系统能够较好地传递侧向力。因此钢结构住宅常采用力学性能较好的轻质现浇、半现浇楼板、屋盖系统。目前我国钢结构住宅基本采用各类压型钢板组合楼板、钢筋桁架楼承板、混凝土叠合楼板。同时也在开发新型全预制楼板、屋面板，以提高楼板、屋盖系统的受力、耐火性能及施工的便捷性。对于国外的一些适用于钢结构住宅体系的新型楼、屋盖系统，近年来结合我国国情及使用习惯也渐渐有所应用，例如在日本应用较广泛的蒸压加气混凝土楼板、屋盖系统等。

钢结构住宅屋面系统的防水及保温隔热性能也是钢结构住宅研究的重点，因为这些内容除了对使用功能影响较大以外，还会对钢结构住宅结构体系造成一定影响（例如屋面雨水渗透会腐蚀钢结构），我国目前对于住宅屋面系统的防水及保温隔热方面已经有了较多的研究，也已经开发出很多新型的构造处理方式，例如倒置式防水构造处理、屋顶架空及蒸发冷却隔热等。

3.1.2.2 钢结构建筑标准规范

从技术标准方面看，近年来，我国钢结构工程建设与应用技术迅猛发展，极大地促进了钢结构技术标准化工作的推进。据不完全统计，现有与钢结构设计、制造、施工相关的国家及行业标准、技术规范、规程近140余项，较20世纪80年代增加了两倍以上。相关钢结构标准规范基本齐备，基本可以满足现有工程需求。但现有标准规范仍然需要结合技术进步和各地特点不断完善、补充和修编。结合国外的发展情况，钢结构产品标准化、通用化已成为主流，这也将成为我国钢结构行业技术和标准的发展趋势。目前与钢结构建筑相关的现行标准梳理汇总如下表3-2所示。

钢结构建筑相关标准　　　　　　　　　　　表3-2

序号	名称	编号
1	装配式钢结构建筑技术标准	GB/T 51232-2016
2	钢结构设计规范	GB 50017-2003
3	冷弯薄壁型钢结构技术规范	GB 50018-2002
4	建筑钢结构防腐蚀技术规程	JGJ/T 251-2011
5	建筑用钢结构防腐涂料	CJ/T 224-2007
6	高层民用建筑钢结构技术规程	JGJ 99-2015
7	高耸结构设计规范	GB 50135-2006
8	建筑设计防火规范	GB 50016-2014
9	轻型钢结构住宅技术规程	JGJ 209-2010
10	网架结构设计与施工规程（已废止）	JGJ 7-1991
11	交错桁架钢结构设计规程	JGJ/T 329-2015
12	网壳结构技术规程（已废止）	JGJ 61-2003
13	门式刚架轻型房屋钢结构技术规程	GB 51022-2015
14	门式刚架轻型房屋钢构件	JG 144-2016
15	钢管混凝土结构技术规程	CECS 28-2012
16	矩形钢管混凝土结构设计规程	CECS 159-2004
17	混凝土钢管叠合柱结构技术规程	CECS 188-2005
18	组合结构设计规范	JGJ 138-2016
19	建筑钢结构焊接与验收规程（已废止）	JGJ 81-2002

续表

序号	名称	编号
20	铸钢节点应用技术规程	CECS 235-2008
21	钢结构工程施工质量验收规范	GB 50205-2001
22	钢结构工程施工规范	GB 50755-2012
23	钢结构工程质量检验评定标准（已废止）	GB 50221-1995
24	钢结构高强度螺栓连接技术规程	JGJ 82-2011

3.1.3 木结构建筑方面

3.1.3.1 木结构建筑结构体系

现代木结构建筑是在建筑的全寿命期内，能最大限度地节约资源、保护环境和减少污染，为人们提供健康、适用和高效的使用空间，是与自然和谐共生的建筑。现代木结构系统可以分为轻型木结构和重型木结构。此两种类型的结构具有较大区别，所采用的结构类型取决于建筑物大小和用途。建筑物通常按住户数、建筑物高度和面积进行分类，木结构最常见的运用是在房屋建造中，包括从独户木屋到3~5层的现代化房屋（可作住宅，商业设施，工业设施使用）（表3-3、表3-4）。

现代木结构建筑结构体系　　　　　　　　　　表3-3

建筑类型	结构体系
低层建筑	井干式木结构、轻型木结构、梁柱—支撑结构
多层建筑	轻型木结构、梁柱—支撑、梁柱—剪力墙、CLT剪力墙
高层建筑	梁柱—支撑、梁柱—剪力墙、CLT剪力墙、核心筒-木结构
大跨建筑	网壳结构、张弦结构、拱结构及桁架结构等

多高层木结构建筑允许层数（6度）　　　　　　表3-4

结构体系	轻型木结构	梁柱—支撑结构	梁柱—剪力墙结构	剪力墙结构	核心筒—木结构
层数	6层	6层	10层	12层	18层

注：摘自《多高层木结构建筑技术标准》GB/T 51226-2017。

（1）井干式木结构体系

井干式木结构体系（木刻楞）采用原木、方木或胶合原木等实体木料，逐层累叠、纵横叠垛而构成。该结构体系的特点包括连接部位采用榫卯切口相互咬合、木材加工量大、木材利用率不高等。该体系在国内外均有应用，一般在森林资源比较丰富的国家或地区比较常见，如我国东北地区就大量采用该结构形式。

（2）轻型木结构体系

轻型木结构体系是用规格材、木基结构板材及石膏板等制作的木构架墙体、楼板和屋盖系统构成的单层或多层建筑结构。该结构体系具有安全可靠、保温节能、设计灵活、建造快速、建造成本低等特点。该体系一般用于低层和多层住宅建筑和小型办公建筑等。

（3）梁柱—剪力墙木结构体系

梁柱—剪力墙木结构体系是在胶合木框架中内嵌木剪力墙的一种结构体系，既改善了胶合木框架结构的抗侧力性能，又比剪力墙结构有更高的性价比和灵活性。该体系可用于低层和多、高层木结构。

（4）梁柱—支撑木结构体系

梁柱—支撑木结构体系在胶合木梁柱框架中设置（耗能）支撑的结构体系，其体系简洁、传力明确、用料经济、性价比较高。该体系可用于多、高层木结构建筑。

（5）CLT剪力墙木结构体系

CLT剪力墙木结构体系是以正交胶合木作为剪力墙的结构体系，以CLT木质墙体为主承受竖向和水平荷载作用，保温节能、隔声及防火性能好，结构刚度较大，但用料不经济。该体系可用于多、高层木结构建筑。

（6）框架—核心筒木结构体系

框架—核心筒木结构体系是以钢筋混凝土或CLT核心筒为主要抗侧力构件，加外围梁柱框架的结构形式。该体系特点为以核心筒为主要抗侧力构件，木梁柱为主要竖向受力构件；结构体系分工明确，但需注意两种结构之间的协调性。主要用于多、高层木结构建筑。

（7）其他结构

现代木结构建筑结构体系还包括网架木结构、张弦结构、拱结构和桁架结构体系等（表3-5）。

大跨木结构建筑结构体系和一般设计　　　　　表3-5

结构体系	主要应用领域	一般设计跨度
网壳木结构	大跨木结构公共建筑	50~150m
张弦结构	大跨木结构建筑和桥梁	30~60m
拱结构	大跨木结构建筑和桥梁	20~100m
桁架结构	大跨木结构建筑和桥梁	20~60m

（8）现代木结构的连接类型

现代木结构连接主要有如下几种类型：钉连接、螺钉连接、螺栓连接、销连接、裂环与剪板连接、齿板连接和植筋连接等，其中前4类可统称为销轴类连接，也是现代木结构中最常见的连接形式。

3.1.3.2　木结构建筑标准规范

随着我国木结构的产业化进程加快，我国现已制订和完善了一系列与低层木结构建筑和木材产品相关的标准规范，已逐渐形成较完整的技术标准体系，具体涉及木结构设计相关标准、木结构用材料的产品标准与测试方法标准等内容（表3-6）。木结构相关标准规范处于快速发展期。

木结构相关标准规范列表　　　　　表3-6

序号	名称	编号
1	装配式木结构建筑技术标准	GB/T 51233-2016
2	多高层木结构建筑技术标准	GB/T 50226-2017
3	木结构设计规范	GB 50005-2003
4	木骨架组合墙体技术规范	GB/T 50361-2005
5	建筑设计防火规范	GB 50016-2014
6	单板层积材	GB/T 20241-2006
7	木结构覆板用胶合板	GB/T 22349-2008
8	防腐木材	GB/T 22102-2008
9	木材防腐剂	GB/T 27654-2011
10	防腐木材的使用分类和要求	GB/T 27651-2011
11	建筑用加压处理防腐木材	SB/T 10628-2011

续表

序号	名称	编号
12	结构用集成材	GB/T 26899-2011
13	木结构工程施工质量验收规范	GB 50206-2012
14	木结构工程施工规范	GB/T 50772-2012
15	木结构试验方法	GB 50329-2012
16	防腐木材工程应用技术规范	GB 50828-2012
17	建筑结构用木工字梁	GB/T 28985-2012
18	胶合木结构技术规范	GB/T 50708-2012
19	结构木材加压法阻燃处理	SB/T 10896-2012
20	轻型木桁架技术规范	JGJ/T 265-2012
21	结构用木质复合材产品力学性能评价	GB/T 28986-2012
22	结构用规格材特征值的测试方法	GB/T 28987-2012
23	结构用锯材力学性能测试方法	GB/T 28993-2012
24	轻型木结构用规格材目测分级规则	GB/T 29897-2013
25	轻型木结构 结构用指接规格材	LY/T 2228-2013
26	定向刨花板	LY/T 1580-2000
27	结构用竹木复合板	GB/T 21128-2007
28	木结构建筑	14J 924

（1）木结构现行主要规范和图集介绍

①《装配式木结构建筑技术标准》GB/T 51233-2016

本规范适用于抗震设防烈度为6度到9度的装配式木结构建筑的设计、制作、施工、验收、使用和维护。本标准的主要技术内容包括：总则；术语；材料；基本规定；建筑设计；结构设计；连接设计；防护；制作、运输和储存；安装；验收；使用和维护。

②《多高层木结构建筑技术标准》GB/T 50226-2017

本标准适用于多层木结构民用建筑、高层木结构住宅建筑和办公建筑的设计、制作、安装与维护。主要技术内容包括：总则；术语和符号；材料；作用；建筑设计；结构设计；防火设计；防护设计；制作、安装与验收；使用和维护等。

③《木结构设计规范》GB50005-2003（2005年版）

本规范适用于1~3层木结构建筑设计，共11章、16个附录，主要内容包括：木材产品和其他材料；基本设计规定；木结构构件连接计算；普通木结构；胶合木结构；轻型木结构；木结构防火和木结构防护等。该规范正在修订中。

④《木结构工程施工质量验收规范》GB50206-2012

本规范自2012年8月1日起正式实施，主要用于指导木结构建筑工程中木材、其他材料、木结构框架和防腐等施工质量的验收。规范新修编后，除了对木结构工程材料验收提出要求之外，重点完善了对木结构工程施工过程质量控制和对木结构建筑的质量验收要求。

⑤《木结构工程施工规范》GB/T50772-2012

本规范自2012年12月1日起正式实施，主要适用于木结构工程的制作、安装和木结构防护（防腐及防虫蛀）及防火施工，它对木结构工程的选材要求、质量要求、构造措施、施工程序和施工误差等都做出了规定，以确保木结构建筑的建造能够达到更高的质量、安全、耐用性和结构安全要求。

⑥《木结构试验方法》GB 50329-2012

为确保木结构试验的质量，正确评价木结构、木构件及其连接的基本性能，统一木结构的试验方法，制定标准《木结构试验方法》（GB 50329-2012）。本标准适用于房屋和一般构筑物中承重的木结构、木构件及其连接在短期荷载作用下的静力试验。木结构的试验方法除应符合本标准外，尚应符合国家现行有关标准的规定。

⑦《木结构建筑》14J924

《木结构建筑》14J924为国家建筑标准设计图集，于2015年出版，适用于3层及3层以下的轻型木结构建筑、胶合木结构建筑与原木结构建筑；不超过7层的木结构组合建筑（其中木结构部分不超过3层，且应设置在建筑上部）；多层民用建筑顶层木屋盖系统（含平屋面改坡屋面屋盖系统）；建筑高度不大于18m的住宅建筑、建筑高度不大于24m的办公建筑和丁戊类厂房（库房）的非承重外墙以及房间面积不超过100m^2、高度为54m以下普通住宅和高度为50m以下的办公楼的房间隔墙。

（2）其他相关国家规范和行业规范

①《木骨架组合墙体技术规范》GB/T 50361-2005

《木骨架组合墙体技术规范》GB/T 50361-2005于2005年颁布，是我国第一本有关木骨架组合墙体的技术规范，由住房和城乡建设部颁布。本规范适用于住宅建筑、办公楼和丁、戊类工业建筑的非承重墙体的设计、施工、验收和维护管理。规范拓宽了木结构在其他建筑体系中的应用范围，并为建筑节能提出了新的解决方案。规范对木骨架组合墙体用于6层及6层以下住宅建筑和办公楼的非承重外墙和房间隔墙,以及房间面积不超过100m²的7~18层普通住宅和高度为50m以下的办公楼的房间隔墙提出了技术要求。该规范正在修订中。

②《胶合木结构技术规范》GB/T50708-2012

《胶合木结构技术规范》GB/T50708-2012自2012年8月1日起正式实施。本规范是经过广泛的调查研究,参考国际先进标准,总结并吸收了国内外有关胶合木结构技术和设计、应用的成熟经验,结合中国的具体情况编写。有助于推动木结构在大跨度、大空间商业建筑和部分工业建筑中的应用。

③《轻型木桁架技术规范》JGJ/T265-2012

《轻型木桁架技术规范》JGJ/T265-2012自2012年8月1日起正式实施。适用于轻型木桁架结构体系的设计、施工、验收和维护管理。对木桁架的标准设计和生产流程提出要求从而确保木桁架的工程质量,同时也为木桁架的设计软件开发提供了技术基础,简化了相关的设计。

(3)木材产品标准

除工程规范外,还有一系列木材产品标准。这些标准对木材产品的加工制造和质量验收提出技术要求,这类标准共有100余项标准。表3-7仅列出主要木材产品标准。

主要木材产品标准列表　　　　　　　　　　表3-7

序号	名称	编号
1	单板层积材	GB/T 20241-2006
2	定向刨花板	LY/T 1580-2010
3	结构用集成材	GB/T 26899-2011
4	木结构覆板用胶合板	GB/T 22349-2008
5	结构用竹木复合板	GB/T 21128-2007
6	结构用集成材	GB/T 26899-2011
7	建筑结构用木工字梁	GB/T 28985-2012
8	建筑用加压处理防腐木材	SB/T 10628-2011
9	轻型木结构 结构用指接规格材	LY/T 2228-2013
10	木材防腐剂	LY/T 1635-2005
11	防腐木材工程应用技术规范	GB 50828-2012

续表

序号	名称	编号
12	防腐木材	GB/T 22102-2008
13	结构木材 加压法阻燃处理	SB/T 10896-2012
14	结构用木质复合材产品力学性能评价	GB/T 28986-2012
15	结构用规格材特征值的测试方法	GB/T 28987-2012
16	结构用锯材力学性能测试方法	GB/T 28993-2012
17	轻型木结构用规格材目测分级规则	GB/T 29897-2013
18	防腐木结构用金属连接件	JG/T 489-2015

3.1.4 装配化装修方面

3.1.4.1 装配化装修概念和内涵

我国现阶段基本采用传统湿作业为主的装修方式，以手工劳动为主，工作效率低下，质量参差不齐，造成大量的资源与能源的浪费，每年产生的数以亿万吨计的建筑垃圾对环境造成巨大污染，同时在装修中经常出现业主擅自敲掉承重墙和更改排水等管线等不顾房屋结构与安全的行为，给住宅的质量和抗震等方面带来一系列的隐患，影响着建筑物的使用寿命，劣质建材的使用对住户健康安全造成的损害更是难以预计，装修方式急需向采用干式工法施工的装修方式转变。

装配化装修是将工厂生产的部品部件在现场进行组合安装的装修方式，主要包括干式工法楼（地）面、集成式厨房、集成式卫生间、管线与结构分离等，是装配式建筑的重要组成部分。

"装配化装修"的内涵是工业化装修，《商品住宅装修一次到位实施导则》第1.1.5条指出"坚持住宅产业现代化的技术路线，积极推行住宅装修工业化生产，提高现场装配化程度，减少手工作业，开发和推广新技术，使之成为工业化住宅建筑体系的重要组成部分"，明确提倡要推行装修工业化。我国《关于大力发展装配式建筑的指导意见》提到"提高装配化装修水平"，在"推进建筑全装修"这项重要任务中，"实行装配式建筑装饰装修与主体结构、机电设备协同施工。积极推广标准化、集成化、模块化的装修模式，提高装配化装修水平。"

完整意义的装配化装修应包括三个关键环节：首先，标准化设计。建筑设计与装修设计一体化，模数化，更利于精准化装修，采用BIM模型协同设计，实现建筑、设备、管线与装修零冲突。设计中遵循模数化原则，对装修内装部品进行模数协调，符合现行国家标准《建筑模数协调标准》GB/T 50002的规定。部品的标准化、模块化、通用化及集成化设计有利于提高通用性和互换性，提升装修产业化水平。

其次，部品部件工厂化生产。装配化装修部品通过工厂生产，产品统一部品化、部品统一型号规格、部品统一设计标准，部品部件标准化、批量化生产，提高了装修的效率，减少了原材料的浪费；在工厂进行原材料控制，确保使用绿色环保材料，更利于保障室内装修环境；装配化装修部品、部件的精度提升，装修效果与品质可靠。

在工厂制造环节使用先进设备，利用柔性加工技术，实现标准化、模块化的产品与定制产品的系列规格组合，大小批量同步加工的均衡转换，部品部件配套供应，增强模块化、集成化部品的适用性。同时工业化与信息化相融合，通过大数据传递，实现设计、生产、物流配送、现场施工、后期维护等环节的全寿命期管理。

第三，装配化装修强调现场安装，施工干作业。与落后的手工作业施工工艺不同，装配式施工减少了大量现场手工作业，装配化装修通过工厂化管理规范装配动作和程序，由训练有素的产业工人完成标准化产品的现场安装。装修中60%以上的质量通病均来源于湿作业施工，采用干式工法不但可以避免许多质量通病，同时也使施工过程更加环保，质量可控。施工环节在装配式装修模式下更为简化，装配式装修在一次结构完成之后进场，可以实现与建筑结构、设备安装等施工工序同步穿插施工，提高整体项目进度。施工过程无噪声污染，无建筑垃圾，更加环保、快捷、高效。

此外，装配化装修可以实现信息化协同。部品的标准化、模块化、模数化，可以实现测量数据与工厂智造协同，现场进度与工程配送协同。

3.1.4.2 装配化装修技术发展情况

目前我国装配化装修的研究和实践主要是通过SI（Skeleton–Infill）集成技术体系以及部品集成技术体系来推动发展。SI体系是装配化装修技术的前提。SI集成技术体系是以保证住宅全寿命期内质量性能的稳定为基础，通过支撑体（Skeleton）和填充体（Infill）的分离来提高住宅的居住适应性和全寿命期内的综合价值。SI集成技术体系提出了填充体整体技术解决方案，通过设备管线分离技术以及部品集成技术的应用，促进了装配化装修的发展。SI集成技术体系实现了装修部品的标准化设计、工厂生产，施工现场采用干式工法进行装配，有利于实现建筑百年寿命，内装灵活调整。在我国，住宅建筑使用寿命至少为50年，而内装系统的寿命在20年以内，实际使用中十几年甚至三五年就有可能更换，传统建筑中内装管线与墙体、地面等建筑结构一体，装修中的剔凿、更改管线都会带来安全隐患，影响建筑结构使用寿命。装配式装修是基于填充体系的独立性，从设计阶段统筹装修与建筑结构、机电设备以及装配施工各个环节，管线与建筑结构分开，方便维修，利于内装空间灵活调整。

部品体系是装配化装修技术的支撑。我国于1995~1996年间就提出了"住宅部品"概念。在1999年的《关于推进住宅产业现代化提高住宅质量的若干意见》中进一步明确提出"建立住宅部品体系是推进住宅产业化的重要保证"的指导思想，同时也指出建立住宅部品体系的具体工作目标是："到2010年初步形成系列的住宅建筑体系，基本实现住宅部品的通用化和生产、供应的社会化。""住宅部品"一词正式在国家文件中提出，成为我国发展住宅产业化的重要内容。发展至今，住宅部品已经随着住宅产业化工作的推进逐渐得到大家的认可，住宅部品体系已经初步建立，但是仍存在部品标准化、模数化、模块化、集成化程度偏低以及生产效率不高等问题。

大力发展装配式装修，学习借鉴日本及其他发达国家的经验，推进我国住宅产业化和提高住宅质量，建立内装部品体系意义重大。通过推广应用主要部品模块，积极普及建筑内装部品与建筑结构相统一的模数协调体系，形成标准设计、系列开发、规模生产、配套供应、模数协调、技术集成的部品体系，可实现装修部品开发、生产和供应的标准化、通用化。

装配化装修具有多方面优势。一是质量稳定。部品在工厂制作，现场采用干式作业，可以全面保证产品质量和性能的稳定性，同时，施工过程中采用干式工法避免了传统湿作业带来的质量通病，保证装修质量；二是提升效率。经验数据表明，采用装配式装修简化了传统装修繁复的工序，60m^2装修3个工人10天完成，大幅缩短建设周期、节省大量人工和管理费用的同时提高劳动生产率，此外装配式装修与建筑结构穿插施工，提高整体项目进度，综合效益明显；三是促进产业化进程。采用集成部品装配化生产，有效解决施工生产的误差和模数接口问题，可推动产业化技术发展与工业化生产和管理提升，同时利于融入BIM等信息化技术，实现质量追溯，加速建筑业转型升级步伐；四是利于维护。装配化装修质量稳定可靠，维修率远远低于传统装修，同时由于部品部件标准化生产，工厂备有常用标准部件，更换便利，而且在设计中装修管线布置环节充分考虑了维修的方便性，降低了后期的运营维护难度，为维修更新创造了可能；五是节能环保。装配式装修节约原材料，装配化施工过程中无噪声、粉尘和建筑垃圾等环境污染因素。

装配化装修技术的应用领域不断拓展。我国装配化装修技术应用领域正在不断拓展，从集成式卫生间、集成式厨房等局部应用装配化装修，到在保障性住房中的全屋系统应用，在商品房领域装配化装修日益拓展。装配化装修已经拓展到办公建筑领域，2017年3月中国建筑设计研究院与北京和能人居科技有限公司共同研发的国内首个公共建筑的装配式装修样板在中国院创展中心推出，4月中国建筑标准设计研究院推出国内首个国际水准的装配式内装公建项目——标准院国际会议中心。此外，在以同济大学、清华大学为代表的国内高校、科研机构，以装配化装修在既有建筑改造中的应用为方向的课题研究也取得了一定的成果。

3.1.4.3 装配化装修标准规范

国家和地方政府出台了与全装修相关标准规范，内容涉及设计、施工、验收等方面。如2008年住房和城乡建设部住宅产业化促进中心编制《全装修住宅逐套验收导则》，对装修的分部分项工程明确验收标准，使开发商交付全装修住宅时有章可循。2013年住房和城乡建设部出台《住宅室内装饰装修工程质量验收规范》，着力破解了全装修领域有施工标准无验收标准的难题。2015年住房和城乡建设部颁布的《住宅室内装饰装修设计规范》不仅明确了住宅室内装饰装修设计内容，而且对设计深度也提出明确要求，为住宅全装修发展提供技术支撑。

但建筑行业中有关装配化装修的标准体系目前尚未形成。近日，从国家到地方政府积极响应国家及地方政策，相关重点部品的应用技术规程以及装配化装修的技术规程都处于在编状态。通过有关装配化装修方面标准体系的形成以及相关标准规范的制定，希望能够填补装配式建筑在装修方面的空白。

3.2 装配式建筑产业发展情况

3.2.1 企业发展总体情况

随着各级政府部门对装配式建筑发展的日益重视和行业的持续关注，包括万科集团、中建集团等大型企业相继投入装配式建筑的研发和建设中，为大力推动装配式建筑发展发挥了重要作用。根据住房和城乡建设部2016年开展的全国装配式建筑情况调查，截止到2015年底，全国从事装配式建筑设计、生产和施工类企业约1500家，其中设计单位129家、施工单位221家、生产企业1170家（各省一般未统计生产规模较小的钢结构生产企业）（图3-1）。

当前，我国装配式建筑相关企业的发展模式尚在探索阶段，基于企业情况不同，其发展模式有以下多种：以房地产开发企业为龙头的资源整合模式；以施工总承包为龙头的发展模式；工程总承包（EPC）全产业链发展模式；由设计、施工或构件生产企业发展成的集成企业；其他装配式建筑专业化相关企业，如设计类、PC构件类、建材部品类和机械制造与运输类企业。

装配式建筑带来建筑业生产方式的重大变革，它的发展是全产业链、全寿命周期、全系统的概念。根据装配式建筑不同的发展阶段，企业发展模式有不同的侧重点。在装配式

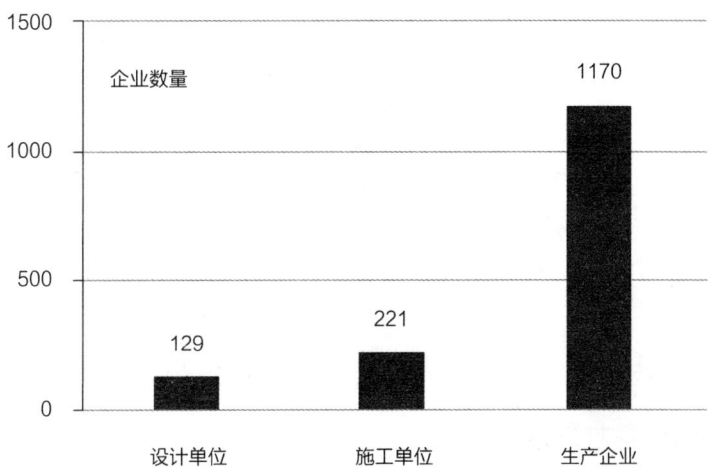

图3-1　全国从事装配式建筑设计、施工、生产企业数量情况

建筑发展初期，社会化程度较低，专业化分工未形成，应提倡工程总承包（EPC）模式，通过技术创新掌握成熟适用的技术与工法体系，通过管理创新提升企业现代化的经营管理水平，建立研发—设计—构件生产—施工装配—运营管理等环节一体化的现代企业发展模式。参照国际发展经验，随着装配式建筑的快速发展，社会化大生产和专业化分工将形成，促进企业向集团化、专业化快速发展。

3.2.2　设计能力方面

随着装配式建筑的发展，北京、上海、沈阳、深圳等地的设计单位不断进行科研投入，并承担了大量工程项目，积累了丰富的实践经验，设计能力和水平快速提升，为下一步装配式建筑规模推广奠定了行业基础。我国建筑行业的转型升级，需要升级的是行业思维模式和生产组织方式，更应该运用"产业化思维"来实现"专业化协同"。

装配式建筑符合建筑可持续发展的理念，是我国房屋建设发展的必然趋势。目前，装配式建筑项目实施过程中，项目相关方（投资方、设计方、生产方、施工方等）均已认识到协同工作的重要性，加强前期技术策划阶段的分析研究工作，注重建筑、结构、机电专业间的配合，持续优化构件类型，机电专业精确定位，为构件加工图的深化设计创造基础条件，同时现场服务工作也得到极大的加强。但是，应该清晰地看到，当前的装配式建筑设计工作仍处于探索阶段，整体从业人员专业化水平有待提高，装配式建造体系有待进一步完善，受传统思维和建造成本提高的影响，机电专业管线敷设仍未摆脱传统现浇结构的安装方式。除北京市外，其他城市尚未出台成品住宅交付的规定，导致土建与装修严重脱节，不能充分发挥装配式建筑的技术、效率、环保、节材以及运行维护方面的技术优势。

对于装配式建筑而言，前期的设计环节会直接影响到设计优化、构件成本、运输成本、现场建造速度以及建筑质量，这些都将由前期的思维和工作模式决定。但近十几年来建筑行业的分工条块化，导致设计与项目策划和组织实施、生产和施工结合、技术和产品运用、质量和品质保证等方面的脱节现象愈来愈严重。设计方面存在的主要问题包括：设计能力不足，设计分包现象普遍存在，总体把控缺位；施工图、超限审查制度缺陷；基于建筑品质的评价标准体系缺失；然后，设计行业从业的建筑师和工程师对预制混凝土技术及其特点的了解程度普遍较低；设计的标准化程度低、模块化设计应用少等。

3.2.3 生产能力方面

混凝土预制构件行业发展与装配式建筑发展密切相关，发达国家装配式建筑推进过程中，配套部品部件生产行业也得到同步发展。根据住房和城乡建设部2016年开展的全国装配式建筑情况调查，截至2015年底，全国装配式建筑构件生产企业约611个，生产线共计1786条（图3-2），钢筋混凝土预制构件产能约为1亿m^2，钢结构构件产能约6000万t。

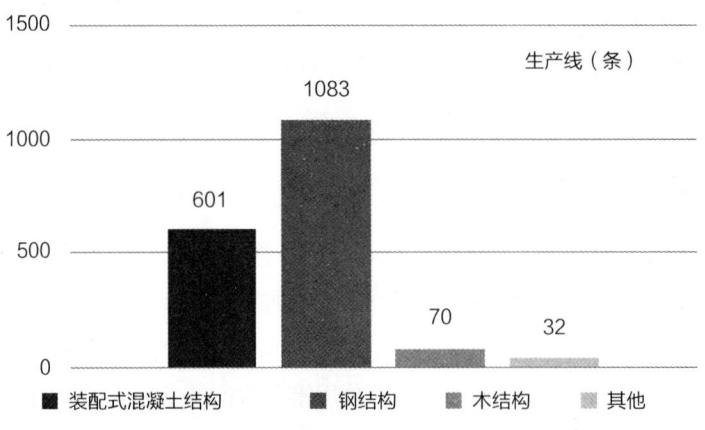

图3-2 装配式建筑预制构件生产线分布情况

截至2015年底，装配式建筑配套部品生产企业约468个，总生产线约有762条。其中，整体墙板产能约6000多万平方米，结构保温装饰一体化外墙产能约5000多万平方米，预制楼梯产能约2000万m^2，整体厨房产能为8.4万台套/年，整体卫生间产能约30万台套/年，整体内装体系产能约9000万m^2（图3-3、图3-4）。

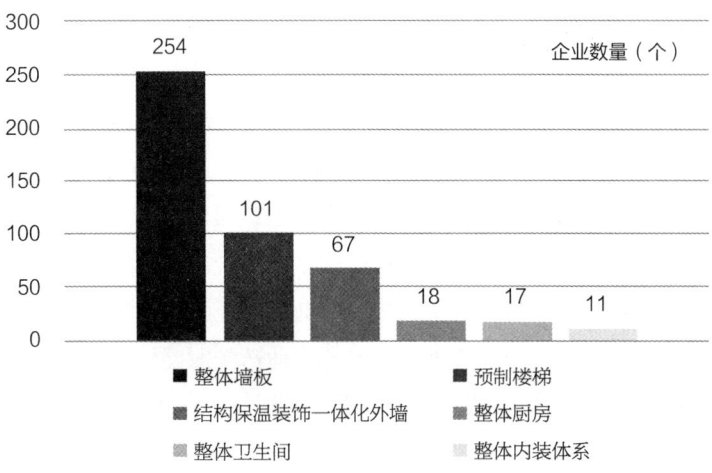

图3-3 装配式建筑配套部品生产企业数量

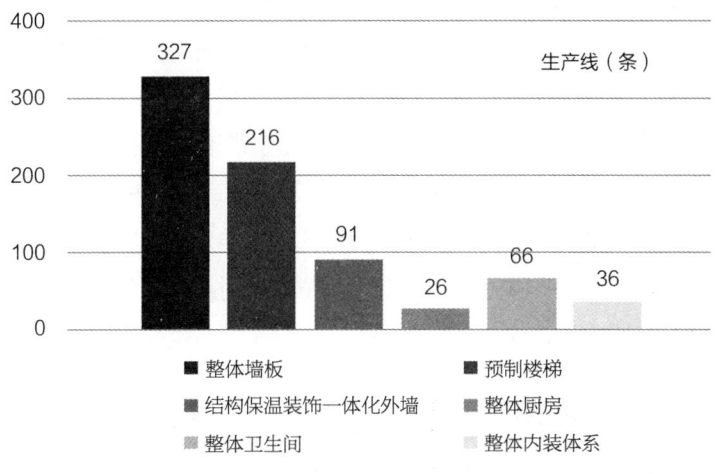

图3-4 装配式建筑配套部品生产线情况

但我国装配式建筑发展处于初期阶段，装配式建筑配套部品部件市场还不成熟。很多厂家缺乏对市场的认知与判断，盲目建厂、扩大生产规模，而目前装配式建筑发展规模较小，市场需求不足，有些区域的生产企业生产任务严重不足，面临产能过剩的压力，个别地区工厂处于待产状态，致使工厂亏损甚至倒闭。同时，产能过剩压力导致市场竞争加剧，在个别地区甚至出现恶性竞争带来质量安全隐患和价格低走的恶性循环。

面对目前存在的问题，各级政府与相关企业应保持清醒的认识，因地制宜地确定装配式建筑配套部品部件生产的发展路径，提前规划布局，做好信息发布，不断总结经验，吸取教训，脚踏实地地推进我国装配式建筑的发展。

3.2.4 施工能力方面

近年来，装配式混凝土结构施工发展取得较好成效：部分龙头企业经过多年研发、探索和实践积累，形成了与装配式建筑相匹配的施工工艺工法。在装配式混凝土结构项目中，主要采取的连接技术包括灌浆套筒连接和固定浆锚搭接。部分施工企业注重装配式建筑施工现场组织管理，生产施工效率、工程质量不断提升。越来越多的企业日益重视对项目经理和施工人员的培训，一些企业探索成立专业的施工队伍，承接装配式建筑项目。在装配式建筑发展过程中，一些施工企业注重延伸产业链条发展壮大，正在由单一施工主体发展成为含有设计、生产、施工等板块的集团型企业。一些企业探索出施工与装修同步实施、穿插施工的生产组织方式实施模式，可有效缩短工期，降低造价。

装配式混凝土结构的施工发展虽然取得了一定进展，但是整体还处于百花齐放、各自为阵的状态，需要进一步的研发，并通过大量项目实践和积累来形成系统化的施工安装组织模式和操作工法。目前存在的主要问题包括：承担装配式建筑施工的人才短缺，专业的、熟练的施工队伍和人员缺失，传统施工与装配式建筑施工搭接不顺畅；设计的不合理导致施工安装问题，国内装配式建筑体系较多，构件规格不统一，标准化程度不高，形式复杂，增加了施工难度；构件与材料存在质量问题，如构件本身强度不达标、灌浆料质量不稳定、连接件性能不达标、密封胶耐久性不足等问题；与装配式建筑施工工艺相匹配的、系统配套的工具、器械、设备等缺乏；装配式建筑缺乏有效的监管机制和检验、检测办法，特别是对关键节点和连接技术的监管不到位；针对不同结构体系的、行业通用的工艺工法缺乏；BIM技术在施工中应用较少等。

3.2.5 运输和物流能力方面

预制构件在存储、运输、吊装等环节发生损坏将会很难修补，既耽误工期又造成经济损失，因此预制构件的储存工具与物流组织十分重要。我国预制构件物流运输企业普遍存在着信息化程度低的问题，且国内只有少部分构件厂自己运输，大多数委托专业运输单位，但"第三方物流"的配送效率并不高。虽有个别企业在积极研发预制构件的运输设备，但仍处在发展初期，存储和运输方式较为落后。因为放置和装运不合理、道路环境和运输安全等问题，在运输过程中构件质量无法保障。装卸车等待时间过长、运输车空驶率较高、信息化管理不成熟等问题，导致运输成本较高，同时造成运输能耗浪费和环境污染。

与国外先进的甩挂运输相比，我国的运输车还较为滞后。运输方式也基本还是以一车一挂为主，远远不能适应甩挂运输发展的需要。而且国外预制构件运输挂车是"厢式"，起到安全防护作用，但目前国内基本都不带"厢"。

随着装配式建筑的发展，构件运输与物流需要逐步改进与完善，包括建立构件设计标准化推动装配式建筑物流运输标准化；做好运输前期准备工作，为吊装运输工作提供保障；改善道路环境，解决运输政策制约问题；发挥专业化物流运作优势，积极发展第三方物流体系建设，转化和分散运输风险，提高运输服务质量。同时，鼓励相关企业研发预制构件专用存储、运输及配套设备，引进和学习国外先进的甩挂运输设备生产技术和运输、物流信息化管理系统，鼓励设备和机具升级。

3.2.6 配套设备制造方面

与国外相比，我国装配式建筑装备制造企业起步较晚，特别是长期以来建筑业以现浇为主，装配式建筑行业一直处于低迷状态，制约了相关装备制造业的发展，预制混凝土成套设备的生产企业比较少。装配式建筑是一个生产方式、管理方式的变革，这种方式的变革需要配套的机具、设备做保障，完全靠手工方式的调整很难适应装配式建筑发展的质量需要和工业化生产的需要。

近十年来，国家启动高铁建设促进了建筑预制构件装备业的发展，部分企业开始自主研发，陆续兴起一批装备制造企业。根据住房和城乡建设部2016年开展的全国装配式建筑情况调查，截至2015年底，专用施工设备机具生产企业约91个，其中预制混凝土生产设备企业70个，产能为5642台套/年；专用运输设备企业8个，产能约为7万台套/年；专业施工设备企业13个，产能为2.5万台套/年。

从事混凝土预制构件成套装备研发和制造，如河北新大地、三一快而居、华森重工、上海庄辰、北方重工等。其中，河北新大地机电制造有限公司自主研发了用于装配式建筑的各类混凝土预制构件生产线；三一快而居主要从事装配式混凝土构件成套装备、构件及工业化住宅的研发、设计与施工；上海庄辰和河北雪龙则侧重装配式混凝土构件模具生产制造，同时兼顾预制构件装备生产制造；鞍山重工和北方重工等国内知名的重工机械公司，2014年开始关注并进入预制构件装备领域。

3.3 人才队伍建设情况

当前各地不论在设计、施工还是生产、安装等各环节都存在人才不足的问题，严重制约着装配式建筑的发展。以施工队伍为例，建筑行业传统现浇生产方式以粗放型、劳动力堆积型为主，产业工人对施工技术的投入程度有限，对施工质量的侧重点主要是建筑材料的制作工艺、现浇作业模板的拼装质量，这些侧重点缺乏严格的施工精度要求。相比之下，装配式建筑现场施工由构件的安装、节点的浇筑等工艺组成。构件的安装精度直接影响结构的防水、保温、隔热性能，而节点的浇筑质量决定结构构件的传力途径、承载能力、抗震性能。但当前，传统现浇作业的产业工人缺乏必要的专业素养和质量意识，难以满足新的生产方式对施工质量的要求。

随着装配式建筑的发展，在试点（示范）城市和试点示范项目的推进过程中，培养了一批能够承担装配式建筑设计、施工、吊装等方面工作的人才。但是总体来说，从设计、开发、生产、施工、运输到运营维护，都存在人才能力不足的突出问题，人才短缺是制约装配式建筑快速发展的最大瓶颈。业界普遍呼吁加强装配式建筑的培训力度，解决人才问题。抓队伍就是要做好装配式建筑人才队伍的培养。当前很多专业人员对装配式建筑既不熟悉也不会干，严重制约了装配式建筑短期内大规模推广。

3.3.1 装配式建筑人才需求变化

建设行业是国民经济的支柱产业，当前正是建设行业转方式、调结构、促升级的发展机遇期。产业的升级需要大量装配式建筑技术应用型、高素质技术技能人才和现代化产业工人。

装配式建筑带来了建筑全行业生产方式的变化，原有的技能岗位和专业要求发生很大变化，现场操作转为车间操作，手工操作转为现场安装。工地的施工方式和工序也产生了巨大变化，传统建造方式的农民工需适应这些变化，将其由粗放型提升为技术工人、"蓝领"工人。推进装配式建筑过程中，产业结构升级也对行业高端人才提出了新的要求，全行业技术与管理人才需求存在巨大缺口。由于装配式建筑是对建筑全行业的革命，从事研发、设计、项目管理、监理、造价、质检、安检、施工、材料全产业链的人员都需进行培训与升级。

3.3.2 装配式建筑人才现状分析

目前人才队伍结构不合理，缺乏既懂技术和管理、又善经营的复合型人才，同时一线操作人员老龄化严重，高技能实用性人才严重短缺，建筑行业对新进年轻劳务人员缺乏吸引力，人才培养机制与行业发展需求不相适应，缺乏人才评价、激励、保障等配套政策措施。

3.3.2.1 装配式建筑人才缺口巨大

目前建筑业的一线技术与管理人员的学历普遍较低，特别是大量从事建筑业的工人及农民工，基本上都是初中以下学历。很多从业人员没有受过培训，大多无职业资格；全国建设行业本科学历的管理人员比例就更低，与建立适应装配式建筑队伍组织结构和对构建大型企业集团的要求有较大的距离。因此，近几年来企业需要补充大量的高层次的管理人员、技术人员、施工人员和生产人员，以尽快提高企业的技术和管理水平。

3.3.2.2 缺乏对装配式建筑从业优势的宣传

装配式建筑带来了新型的人才需求，需对新进入行业的年轻劳务人员培训后上岗，以适应装配式建筑变革的需要。实现建筑产业化后，农民工将转变为技术工人，将对年轻劳务人员产生较大的吸引力，但目前缺乏宣传，年轻人对此缺乏了解，同时缺乏相应的培训机构，导致其进入装配式建筑行业困难。需要借助产业转型的契机，利用传统的社会资源，建立与装配式建筑发展相适应的职业技能培养体系，完成农民工向技术工人的转变。

3.3.2.3 装配式建筑人才培养资源匹配难

装配式建筑的新技术呼唤着建筑行业新工种的出现，在这样的形势下，装配式建筑的教育与职业教育一方面要对已有的教育模式进行加强，同时，又能够适应装配式建筑行业发展的进步与变化。装配式建筑人才的培养需要对接行业全产业链的革新与发展，但因装配式建筑人才的培养长期受到师资队伍、优质课程、理实衔接、实训基础、就业渠道不足等问题的困扰。同时，我国高等教育和职业教育的改革严重滞后于装配式建筑的发展，后备人才培养严重不足，需要进一步进行培养方案、课程体系及实践环节的改革，为装配式建筑的发展提供高层次人才。

3.3.3 装配式建筑人才培养

3.3.3.1 出台政府扶持政策和措施

近年来，建筑工人的转型升级成为社会的热点话题。国务院在2016年10月21日出台《关于激发重点群体活力带动城乡居民增收的实施意见》（国发〔2016〕68号），其中对技术工人的激励计划为建筑业工人转型提供了支持。在新形式下，我国建筑工人将逐步从简单劳动转为技术工人，劳动效率也将逐步提高。为了鼓励相关单位、企业、院校、科研院所等参与装配式建筑人才培养，国家联合相关领导部门将通过政府财政扶持、协调指导、评估认证等方式，鼓励装配式建筑相关机构、单位或企业、院校等参与装配式建筑的人才培养。

3.3.3.2 依托院校、企业等单位加大人才培训力度

装配式建筑人才队伍建设包括管理、设计、生产、施工、监理、检验检测、验收等人员的职业教育和培训。首先，通过装配式建筑技能人才调查，摸清行业人才结构和需求规模，制定产业队伍发展规划，建立有利于装配式建筑工人队伍发展的长效机制。其次，制定从事装配式建筑工作的各类人员标准，研究设立有关装配式建筑的职业工种。最后，加强岗位专业、职业技能和职业道德规范培训，落实先培训后上岗，培育新型建筑产业工人

队伍。

鼓励总承包企业和专业企业建立专业化队伍，高等院校及职业院校相关专业要调整、增加装配式建筑方面的教学内容。相关专业执业资格考试和继续教育要强化装配式建筑内容。以产学研合作教育为主体的装配式建筑教育培养模式，通过搭建企业与企业、院校与企业合作平台，联合院校与企事业单位建立装配式建筑实训基地，推广装配式建筑教育体系，其中包括人才培养基地和人才实训基地。同时，充分发挥协会与联盟作用，调动装配式建筑企业和建筑工人的积极性，大力提升建筑产业工人队伍的整体素质和水平。

在装配式建筑宣传培训的过程中，一些地区在高校增设了相关的课程及专业，并积极引导校企合作，为装配式建筑发展储备专业技术人才。

各地人才培养工作进展　　　　　　表3-8

上海市	举办多期上海市装配式建筑专项设计技术实训基地研修班，目的在于提高设计技术和管理人员对装配式建筑的设计水平和应用能力，保证建设工程设计文件的质量。课程内容结合国内外装配式建筑的工程实例，分享预制装配式建筑关键技术和深化设计方法，总结交流预制装配式方案技术在实际工程实践中经验
北京市	长期召开"推进住宅产业化工作"的公益讲座，讲座以北京市在建住宅产业化项目为例，交流装配式建筑项目的技术和管理要点。各区（县）质量监督机构以及开发、设计、施工、构件生产、科研单位的管理和技术人员参加了讲座。组织召开了企业对接会，加强开发企业、设计单位与构件生产企业之间的联系，建立畅通的沟通渠道，确保项目顺利实施
沈阳市	对开发企业管理人员、专业技术人员、一线工人3个层面，广泛开展技术讲座、专家研讨会、技术竞赛等培训活动。成功举办了中国（沈阳）现代建筑产业博览会，展会整体水平超越了以往三届，并得到了社会各界的一致好评。这些工作的开展有力推动了沈阳建筑产业化工作形成了良好的舆论氛围，使沈阳市建筑业向建筑产业现代化方向转型升级成为共识
济南市	汇富建设开发集团有限公司与山东交通学院举行校企合作签字仪式；由济南工程职业技术学院与山东万斯达集团合作的济南工程职业技术学院万斯达学院挂牌成立，上述两家院企合作，标志着济南市在系统化培训建筑产业化专业人才、实现院企联合方面迈出实质性一步。组织编写了《装配整体式混凝土结构工程施工》和《装配整体式混凝土结构工程操作实务》两本教材，重点对专业人员进行上岗培训及教育，并在大中专院校设立了装配式建筑专业学科。组织了建筑物联网系统讲座，邀请市建委相关处室、建设单位、产业化基地企业参加，加深了管理部门、单位及企业人员对建筑物联网系统的认识与了解
绍兴市	配合本地高校—绍兴文理学院编写装配式建筑相关教材并开设课程，加强人才储备工作

3.3.3.3　建立装配式建筑职业鉴定与人才培养标准

积极开展装配式建筑工人技能评价，促进建筑业农民工转化为技术工人。建立装配式建筑人才培养标准与职业技能鉴定体系，建立装配式建筑的定期学习培训制度。培训后，通过考试对合格人员颁发相应资格证书，取得资格证书后方可从事装配式建筑的技术和管理工作。加强高等教育、继续教育与职业化教育协调发展，重点加大职业化教育的扶持力度，保证装配式建筑人才形成后备梯队。

3.4 装配化装修发展情况

3.4.1 总体发展情况

近年来，我国装配化装修的发展大致经历了三个阶段。

（1）探索期（20世纪90年代~2007年），政策引导部分企业尝试。1995年前后国内提出了"住宅部品"概念。在1999年的《关于推进住宅产业现代化提高住宅质量的若干意见》中进一步明确建立住宅部品体系的具体工作目标。2002年《商品住宅装修一次到位实施导则》（建住房〔2002〕190号）发布，从住宅开发、装修设计、材料和部品的选用、装修施工等多方面提出指导意见建议。期间以万科为主的国内企业借鉴日本的内装技术，进行了装配化装修的初步尝试。这一阶段政府、企业的探索与尝试为装配化装修发展奠定了基础。

（2）调整期（2008~2015年），试点示范与政府倡导并行。我国着力推动SI住宅，基于干式工法作业的装配式装修技术不断发展。2010年住房和城乡建设部住宅产业化促进中心主持编制了《CSI住宅建设技术导则（试行）》。CSI（China Skeleton Infill）标准体系，针对我国住宅建设方式造成的住宅寿命短、耗能大、质量通病严重和二次装修浪费等问题，吸收开放建筑理论特点，借鉴了日本欧美发展经验，体现了中国特色。实践方面，2008年中日技术集成试点工程——雅世合金公寓项目的建成，2010年2月，中国房地产业协会和日本日中建筑住宅产业协议会签署了《中日住宅示范项目建设合作意向书》，就促进中日两国在住宅建设领域进一步深化交流、合作开发示范项目等达成一致意见。在此期间北京市保障房采用装配式装修技术，取得突破性进展，以实创青棠湾公租房、高米店公租房、马驹桥公租房等为代表的一批保障性住房采用装配化装修，体现了施工便捷、质量优良的优势。装配式装修从局部装配发展到全屋系统解决方案阶段。

（3）大力发展期（2016年至今），发展环境逐渐优化。以2016年9月27日国务院发布的《关于大力发展装配式建筑的指导意见》为标志，装配式装修与装配式建筑同时受到关注。2017年1月住房城乡建设部发布国家标准《装配式混凝土建筑技术标准》GB/T 51231-2016、《装配式钢结构建筑技术标准》GB/T 51232-2016，两部标准中对"装配式装修"的术语给出明确定义。一些地方政府也在积极编制装配化装修相关的标准规范，发展环境正在不断优化。

3.4.2 部分发达地区走在全国前列

北京率先在保障房领域推行装配化装修。北京是我国装配化装修的领先城市，2010年以公租房为切入点开始装配化装修的实践。将装配化装修作为实施住宅产业化、绿色建筑行动的重要抓手。2010年，北京市《关于推进本市住宅产业化的指导意见》中提出，"推广住宅一次性装修到位，对产业化住宅项目，100%施行一次性装修到位"，并提出有关产业化住宅的各种政策都适用于全装修住宅。《关于产业化住宅项目实施面积奖励等优惠措施的暂行办法》指出，对于产业化住宅"在符合相关政策法规和技术标准的前提下，在原规划的建筑面积基础上，奖励一定数量的建筑面积"。2014年《关于在本市保障性住房中开展绿色行动的指导意见》（京建发（2014）315号），提出公共租赁住房全面实施装配式装修，经适房、限价房试点实施装配式装修。2015年10月，北京市发布了《关于在本市保障性住房中实施全装修成品交房有关意见的通知》，并同步出台了《关于实施保障性住房全装修成品交房若干规定的通知》，规定从2015年10月31日起，凡新纳入北京市保障房年度建设计划的项目（含自住型商品住房）全面推行全装修成品交房。两个通知明确要求，经适房、限价房按照公租房装修标准统一实施装配式装修；自住型商品房装修参照公租房，但装修标准不得低于公租房装修标准。2017年北京市人民政府办公厅颁布的《关于加快发展装配式建筑的实施意见》再次提到"本市保障性住房项目全部实施全装修成品交房，鼓励装配式装修"。

根据北京市保障性住房建设投资中心统计数据，截至2017年上半年，北京市保障性住房实施全装修成品交房规模达到39.6万套（含公租房）。其中，装配化装修规模超过590万m^2，约10万套，占比超过1/5。

上海市在商品房领域有多年探索。市场在资源配置中的主导作用突出，企业作为市场的主体在发展中具有超前的眼光。万科是最早尝试引入国外成套装配化装修系统技术的开发商。2000年，万科在上海"新里程"装配式住宅项目中首次采用了日本的内装系统，包括：双重架空木地板、轻钢龙骨石膏板隔墙（内填岩棉隔声）、轻钢龙骨石膏板吊顶灯。此后，万科开始在普通住宅项目中大面积推广应用该套内装施工技术。2015年上海绿地南翔威廉公馆百年住宅项目顺利验收，国内首次将SI住宅以及百年住宅等国际化理念落地实施。以万科、绿地为代表的一批房地产开发企业不断探索装配式装修，为我国装配化装修在商品住宅领域的发展提供了典型示范。

此外，河南、重庆、山东、辽宁、安徽、江苏南京等多地大力发展装配式建筑带动了装配化装修受到更多关注。

3.4.3 产业能力初步形成

装配化装修对于我国传统装修领域来讲是一种革命性的创新,在我国供给侧改革政策的推动下,建筑产业链上的关联实力企业,纷纷涉足尝试。2016年第十五届中国国际住宅产业暨建筑工业化产品与设备博览会上集结了一批装配化装修企业,包括苏州科逸、东易日盛、北京和能人居科技、一天集成、宏美特艺建筑装饰等一批从事装配化装修部品、材料以及提供整体解决方案的企业等。这一批企业的发展有效带动了产业能力初步形成。

装配化装修非常适合具有一定数量的标准化功能空间,量大面广的保障性住房是实施装配化装修非常理想的目标市场,在保障房应用中装配化装修产业能力获得提升。北京郭公庄一期公租房、通州马驹桥公租房、焦化厂公租房项目、实创青棠湾公租房项目等4万余套公租房均采用了全屋体系的装配化装修技术,并在不断探索与装配式混凝土结构、装配式钢结构、BIM技术、被动式超低能耗技术的融合应用。大量的项目实践支撑下,我国装配式主体结构与装配化装修一体化设计、施工模式日益成熟,为产业化发展总结了宝贵经验,引领国内装配化装修得到了进一步发展。

3.4.4 行业潜在市场规模巨大

总体来看,装配化装修可以实现对传统装修的完全替代,2015年建筑装饰行业的产值规模已经达到3.8万亿元,公装约2.5万亿元规模,家装1万亿元规模。由于传统建筑装饰行业集中度低、企业规模偏小,装饰企业单位达到14万家,其中有营业执照的单位不到7万家,其中优质资质的单位不到2000家,前十名家装公司所占的市场份额不足10%。装修领域实力企业转型升级的需求十分迫切,装配化装修作为传统装修转型升级的重要方向,将对传统装修的市场形成一定的冲击。综合考虑装配化装修的技术应用拓展,在保障性住房和公装市场被装配化装修率先占据的可能性更高。

新建装配式建筑市场将快速增长。《关于大力发展装配式建筑的指导意见》提出,要以京津冀、长三角、珠三角三大城市群为重点推进地区,常住人口超过300万的其他城市为积极推进地区,其余城市为鼓励推进地区,因地制宜发展装配式混凝土结构、钢结构和现代木结构等装配式建筑。力争用10年左右的时间,使装配式建筑占新建建筑面积的比例达到30%。装配式装修作为与装配式建筑结构相协调的重要组成部分,随着装配式装修技术的成熟与推广,未来10年新建装配式建筑中的应用将是一个重要的目标市场。

既有建筑改造市场有待发掘。装配式装修因其装修过程快、噪声小、建筑垃圾少,更适合于在既有建筑改造领域应用。我国存量建筑领域将会成为拓展装配化装修的更大市场。

3.5 信息化技术应用情况

3.5.1 建筑信息模型技术（BIM）应用情况

3.5.1.1 我国BIM技术发展现状

BIM是以建筑工程项目中的所有相关信息数据为依据，通过数字信息仿真来模拟建筑物具有的所有真实信息。BIM的作用是使建筑项目信息在规划、设计、建造和运行维护全过程充分共享，无损传递。应用BIM技术可以使建筑项目的所有参与方在项目从概念产生到完全拆除的整个生命期内都能够在模型中操作信息和在信息中操作模型，进行协同工作，从根本上改变过去依靠符号文字形式表达的蓝图进行项目建设和运营管理的工作方式，实现在建设项目全生命期内提高工作效率和质量、降低资源消耗以及减少错误和风险的目标。

BIM技术在我国的应用起步较晚，我国工程建设行业从2003年开始引进BIM技术，目前的应用以设计公司为主，正在逐步推广和深入建筑行业各个领域。在信息化技术飞速发展的今天，建筑业的低效率与混乱管理显得很不协调。因此，住房和城乡建设部在《2011—2015年建筑业信息化发展纲要》中提出，"十二五"期间将基本实现建筑企业信息系统的普及应用，加快建筑信息模型（BIM）、基于网络的协同工作等新技术在工程中的应用。

随着BIM技术在我国逐渐被认可与应用，特别是近年来在国内工程建造行业高速发展的背景下，已经在国内一些大型工程项目中得到积极应用，涌现出很多成功案例。在国家重大工程项目上，国家牵头并引导企业使用BIM技术，如上海中心大厦、北京奥运会水立方、上海世博会中国国家馆等。近年来，住房和城乡建设部公布的国家标准、各省市编制的地方标准、各行业编制的行业内标准及各企业编制的企业内标准也初步构成中国的BIM标准序列。

3.5.1.2 BIM相关标准与技术政策

2011年，住房和城乡建设部在《2011—2015年建筑业信息化发展纲要》中，将BIM、协同技术列为"十二五"中国建筑业重点推广技术。2013年9月，住房和城乡建设部发布《关于推进BIM技术在建筑领域内应用的指导意见》（征求意见稿），明确指出"2016年，所有政府投资的2万m^2以上的建筑的设计、施工必须使用BIM技术"。2014年，政府正式公布《关于推进建筑业发展和改革的若干意见》，把BIM和工程造价大数据应用正式纳入重要发展项目。

各级主管部门都十分重视BIM技术研究和推广应用，组织开展了一系列基础研究、标准编制和技术政策等相关工作，把握BIM技术研究和应用发展方向，取得了可喜成果，有力推进了BIM在我国的落地和工程实践。为贯彻落实国务院推进信息技术发展的有关文件精神，住房城乡建设部于2015年6月16日发布了《关于推进建筑信息模型应用的指导意见》（建质函〔2015〕159号），为普及应用BIM技术提出了明确要求和具体措施。2016年8月23日，住房和城乡建设部印发《2016—2020年建筑业信息化发展纲要》，旨在增强建筑业信息化发展能力，优化建筑业信息化发展环境，加快推动信息技术与建筑业发展深度融合。

2016年12月2日，住房和城乡建设部发布第1380号公告，批准《建筑信息模型应用统一标准》为国家标准，编号为GB/T51212-2016，自2017年7月1日起实施。作为我国第一部建筑信息模型应用的工程建设标准，提出了建筑信息模型应用的基本要求，是建筑信息模型应用的基础标准，可作为我国建筑信息模型应用及相关标准研究和编制的依据（表3-9）。

部分BIM相关的国家政策和标准　　　　　　　　　　　　表3-9

发布机构	政策、标准名称	发布时间
中国建筑标准设计研究院	《建筑对象数字化定义》JG/T198-2007	2007年
中国建筑科学研究院、中国标准化研究院等单位	《工业基础类平台规范》GB/T 25507-2010	2008年
清华大学软件学院BIM课题组	中国建筑信息模型标准框架，简称CBIMS	2010年
住房和城乡建设部	《2011—2015年建筑业信息化发展纲要》	2011年
住房和城乡建设部	《关于推进建筑业发展和改革的若干意见》	2014年
住房和城乡建设部	《关于推进建筑信息模型应用的指导意见》	2015年
住房和城乡建设部	《2016—2020年建筑业信息化发展纲要》	2016年
住房和城乡建设部	《建筑信息模型应用统一标准》GB/T51212-2016	2016年
住房和城乡建设部	《建筑信息模型施工应用标准》GB/T51235-2017	2017年

随着我国BIM技术的发展，各地方政府也积极响应。目前，全国有十几个省市地区陆续发布了相关BIM政策。其中，上海市、济南市、黑龙江省、湖南省发布了具体BIM应用指导意见，北京市、深圳市、浙江省、天津市发布了BIM相关应用标准和导则，对于本地区相关企业应用BIM技术提供了指导规范和管理依据（表3-10）。

部分省市出台的BIM政策和标准 表3-10

省市	政策、标准名称	发布时间
北京市	《民用建筑信息模型设计标准》	2014年5月
天津市	《天津市民用建筑信息模型（BIM）设计技术导则》	2016年5月
黑龙江省	《关于推进我省建筑信息模型应用的指导意见》	2016年3月
上海市	《上海市推进建筑信息模型技术应用三年行动计划（2015—2017）》	2015年7月
上海市	《关于进一步加强上海市建筑信息模型技术推广应用的通知》	2017年4月
浙江省	《浙江省建筑信息模型（BIM）技术应用导则》	2016年4月
湖南省	《湖南省人民政府办公厅关于开展建筑信息模型应用工作的指导意见》	2016年1月
湖南省	《湖南省住房和城乡建设厅关于在建设领域全面应用BIM技术的通知》	2016年8月
广东省	《关于开展建筑信息模型BIM技术推广应用工作的通知》	2014年9月
广西壮族自治区	《关于印发广西推进建筑信息模型应用的工作实施方案的通知》	2016年1月
云南省	《云南省推进建筑信息模型技术应用的实施意见》	2016年5月
深圳市	《深圳市建筑工务署政府公共工程BIM应用实施纲要》及《深圳市建筑工务署BIM实施管理标准》	2015年5月
沈阳市	《推进我市建筑信息模型技术应用的工作方案》	2016年2月
济南市	《关于加快推进建筑信息模型（BIM）技术应用的意见》	2016年6月
成都市	《关于在成都市开展建筑信息模型（BIM）技术应用的通知》	2016年11月

3.5.1.3 装配式建筑中BIM的应用情况

在装配式建筑工程中采用BIM技术，可以打通设计、生产、施工环节全产业链的BIM应用，并实现BIM交付、数据共享。通过建立基于BIM、物联网等技术的云服务平台，为装配式建筑提供平台支撑，畅通产业链各参与方之间在各阶段、各环节的信息渠道。

一方面，很多装配式建筑工程项目在设计、生产、施工等全过程中尝试应用BIM技术。装配式建筑在预制构件深化设计阶段，应用BIM技术建立丰富的预制构件资源库，提高深化设计效率；在预制加工阶段，在预制工厂、运输和施工现场之间，应用物联网技术对预制构件的加工信息、库存信息、运输信息和现场堆放信息进行有效管理；在现场安装阶段，研发和应用基于BIM、物联网的预制装配式施工现场管理系统，突破地域、时间界限,对施工现场的各种生产要素进行合理配置与优化。

另一方面,部分企业探索实行部品部件生产管理信息化。在部品部件生产企业推广应用BIM技术,利用信息模型进行模具设计、钢筋网片与骨架的制作和加工,提高构件制造精度。鼓励使用ERP(企业资源计划)管理系统,优化生产控制、库存控制及物流、采购、分销管理,提升部品部件生产企业绩效。在三维可视条件下建设标准化预制构件和部品数据库,开展模拟拼装、部品部件协调检查、工程量数据分析等工作,提高施工图设计精度和施工效率,降低生产成本。

3.5.2 装配式建筑质量追溯系统应用情况

3.5.2.1 装配式建筑质量追溯系统研发情况

为促进装配式建筑的健康发展,加强建筑的质量管控,培育产业链企业,住房和城乡建设部科技与产业化发展中心(住房和城乡建设部住宅产业化促进中心)牵头开发了"装配式建筑质量追溯系统",该平台是集行业门户、政府监管、企业管理、建设项目管理、大数据分析、部品电商等为一体的平台。

装配式建筑质量追溯系统是以单个构件为基本管理单元,以无线射频RFID芯片(或二维码)为跟踪手段(图3-5),采集原材料进场、生产过程检验、入库检验、装车运输、施工装配、监理验收及后期运营全过程信息,建立装配式建筑全生命期质量数据,推动物与人、物与物的互联,实现装配式建筑质量溯源和统计分析。系统运用成熟后,可逐步形成装配式建筑大数据,串联装配式建筑产业链企业,强化企业内部管理,同时为政府部门提供管理的数据支撑。

每个部件拥有一个唯一码的RFID芯片及二维码

图3-5 RFID芯片及二维码

3.5.2.2 装配式建筑质量追溯系统主要特点

一是利用二维码确保部品、部件的唯一性。每个建筑部品部件均绑定拥有唯一编号的无线射频芯片（RFID及二维码），做到单件管理。部品（构件）上嵌入的RFID芯片和粘贴的二维码（图3-6），相当于给部品（构件）配上了"身份证"，可以通过该身份证对部品的来龙去脉了解得一清二楚，可以实现信息流与实物流的快速无缝对接。

图3-6 部品赋码及RFID芯片植入图

二是建立了完整的装配式建筑质量追溯信息体系。根据装配式建筑建造过程质量追溯所需信息，然后按照5W1H原则利用RFID技术在各个信息采集点上采集数据，获取部品构件在产业链上每一个环节和节点信息。例如，在一个生产过程的某个工序上，要采集生产负责人（who）、生产日期（when）、生产地点（where）、工序名称、部品构件编号、所用原材料编号（what）、生产现场照片、视频（how）、生产活动所依据的工艺要求、规范、合同（why）等信息。

三是设置了覆盖面广的系统功能模块。系统功能分为物联网门户和标准化部品构件物联网业务支撑系统两大部分，集行业门户、标准化部品构件竞价、企业认证、工厂生产、运输安装、竣工验收、大数据分析、工程监控等功能于一体（图3-7）。既是信息发布平台，也是业内企业互动平台，有利于促进产业链内企业的互动与交流，创造企业间公平良性竞争环境。

四是采用封存点控制的方式保证系统数据真实有效。系统采用封存点控制的方式对部品构件生产及装配安装数据进行控制，封存后的数据，任何人都不得进行修改。对于误操作数据，必须在封存点前进行调整，以保证数据的真实有效。该系统以部品构件入库和监理工序验收作为数据封存点。

五是建立了基于BIM的设计共享平台。平台建立了BIM族库和数据中心，能够根据设计单位的需求，自动生成BIM格式的部品部件模型，供设计人员下载使用，以提高设计效率，降低设计成本（图3-8）。

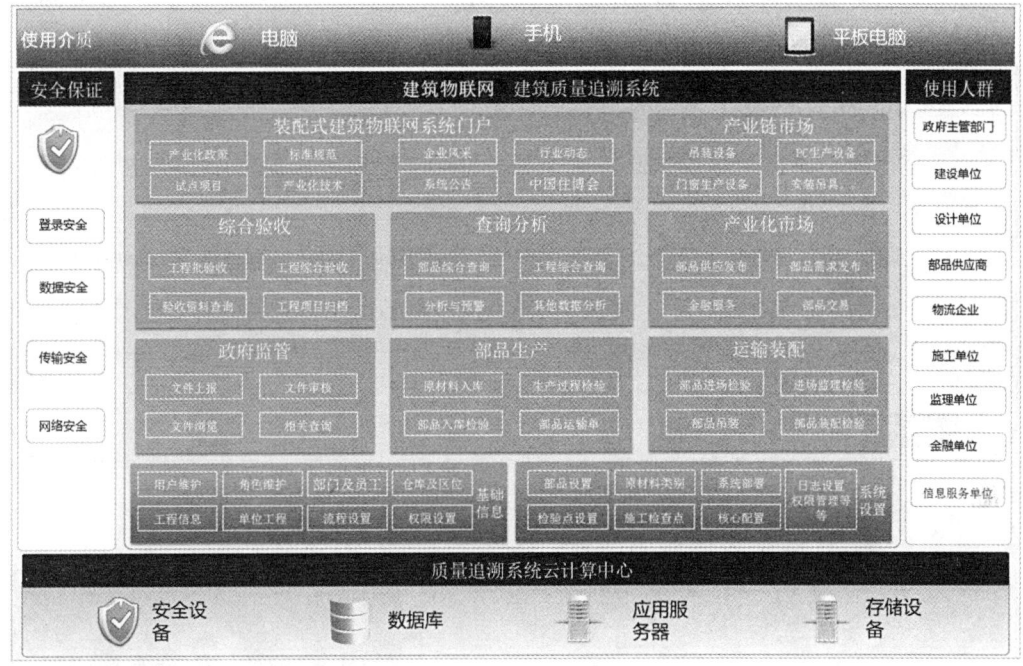

图3-7 系统的整体功能架构

图3-8 基于BIM的设计支持

六是实现了系统业务流程的个性化设置。企业内部业务流程,自定义,可以满足企业内部业务的审批功能,例如,企业内原材料入库单的审批,各个企业可以自定义自己的业务审批流程,这样物联网系统为集"政府管理+企业内部管理"于一体的一套管理系统(图3-9)。

七是开发了"PC+移动端"双操作介质。系统采用数据采集及审批查询使用PC+APP的方式进行,方便用户使用(图3-10)。

3.5.2.3 装配式建筑质量追溯系统应用效果和前景

目前,该系统在多个省市建筑行业得到广泛使用并得到了普通认可,在以下几个方面

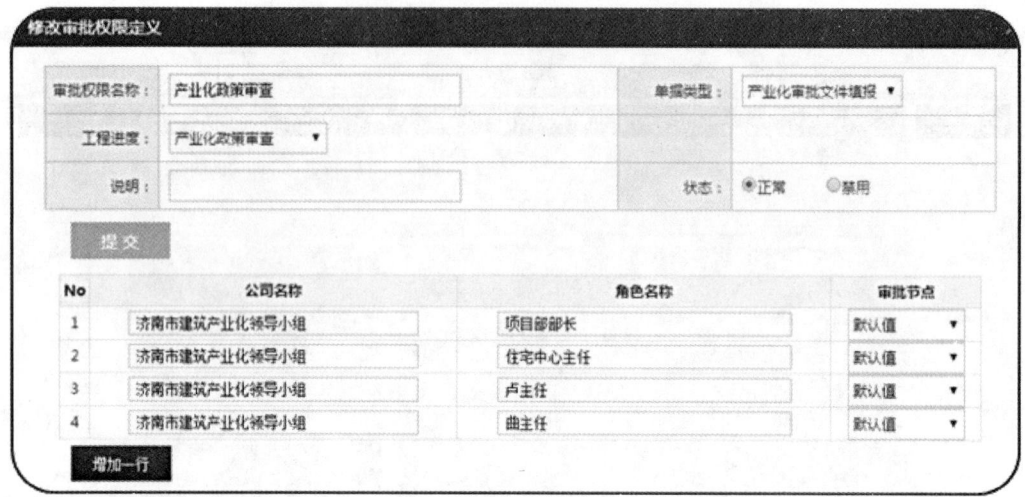

图3-9 流程示意图

图3-10 PC+移动端操作介质

取得了较好效果：

一是确保产业链上信息的完整性、准确性和实时性，使部品构件质量可监控、可追踪，增强装配式建筑质量追溯能力，健全质量监管长效机制。

二是系统全过程、全方位的信息采集和海量数据的自动分析与处理功能实现对装配式建筑项目从部品生产、仓储，到运输、堆场、安装、运维全过程的实时监控，为建设过程的精细化管理提供信息支持，达到缩短建造工期、提高建造效率、降低项目管理成本、保证建筑质量的目的。

三是整合了产业链上的市场资源，衍生出政府授权、企业认证、部品构件设计生产和技术服务等多方面业务，使建筑业设计、生产、经营活动向社会化大生产过渡，形成专业化生产、商品化供应的市场机制，大大推动装配式建筑行业的发展。

结合目前的应用实践，装配式建筑质量追溯系统将根据用户反馈不断完善，并从以下几方面努力打造成为装配式建筑行业服务平台。

一是为装配式建筑主管部门提供综合管理平台。主要功能包括标准发布与更新、项目备案、项目进度实时查询、建筑质量评测、建筑物能耗监测等，依托海量数据存储和处理能力，逐步建设成为服务于各相关方的大数据平台。

二是为设计、建设、监理单位等各方建设主体提供协同工作的基础。平台融合了建筑信息模型（BIM），在建筑设计、运行和维护的全生命周期过程中将部品相关信息进行有效共享和传递，为设计团队以及包括建筑运营单位在内的各方建设主体提供协同工作的基础，可有效提高装配式建筑施工效率、节约成本、缩短工期。

三是为施工单位、供应商、监理单位等提供综合服务平台。对部品生产企业进行认证，并在部品的生产、运输、装配等各个环节进行精细化管理，对部品质量检测、追溯、评价及装配检查等进行信息化管控，从根本上保证装配式建筑的质量。

四是为装配式建筑全产业链企业提供全面完善的信息化服务。为上下游企业提供包括供应链管理、客户关系管理、库存管理等主要功能的ERP系统，帮助优化企业运营，持续降低经营成本；建立电商平台对产业链企业进行推广和供需匹配。

3.5.3 装配式建筑标准化部品部件库建设情况

2016年，由住房和城乡建设部科技与产业化发展中心承担的"工业化建筑标准化部品库研究"获科技部批复立项（国家重点研发计划"绿色建筑与建筑工业化"重点专项——"建筑工业化技术标准体系与标准化关键技术"项目）。

课题的研究目标是提出工业化建筑标准化部品分类编码方法与部品库构建规则，建立工业化建筑结构构件、围护系统、功能部品、设备管线等的标准化部品库，实现工业化建筑部品与工业化建筑标准化关键技术的融合和应用。完成基于BIM技术的部品库信息交换共享平台与应用示范，为工业化建筑标准体系与关键标准、设计标准化技术、施工标准化技术等项目研究成果建立联系平台。课题的主要研究内容包括研发通用性、兼容性、开放性良好的工业化建筑标准化部品数据库信息化技术。主要内容包括工业化建筑标准化部品分类编码方法与部品库构建规则研究；装配式混凝土结构、钢结构、木结构及装修、设备管线标研究基于设计、生产、物流、施工、运维等全过程、全产业链动态数据管理的标准化部品库优化技术；开展工程项目示范应用。主要研究成果包括《工业化建筑标准化部品编码标准》，装配式混凝土结构建筑标准化部品库、钢结构木结构建筑标准化部品库、工业化建筑装修和设备管线标准化部品库等3项部品数据库，建设工业化建筑标准化部品数据库专业网络平台等。

项目成果将为我国工业化建筑实现规模化、高效益和可持续发展提供标准化技术支撑，具有重大的经济效益、社会效益和生态效益。从经济效益上来说，通过部品库的指引实现标准化设计、构件部品的规模化生产、安装施工管理的规范、关键技术和施工工艺的应用等，可以降低项目的建设成本、提高项目建设效率、缩短项目的建设周期、加快建设单位资金周转速度，充分发挥工业化生产和社会化分工的规模效益，显著提高工业化建筑的成本竞争力。从社会效益来说，工业化建筑标准化部品库可以发挥大数据、建筑信息模型和物联网等信息化技术优势，在项目建设期，优化建设资源配置，减少资源和能源消耗；在项目运维阶段，通过部品库可以实现关键部品的可替换和质量追溯，提升工业化建筑的综合质量和品质。

Chapter 4 典型地区发展情况

《国务院办公厅关于大力发展装配式建筑的指导意见》(国办发〔2016〕71号)明确下一步我国装配式建筑的重点推进地区为京津冀、长三角、珠三角三大城市群,积极推进地区为常住人口超过300万的其他城市,其余城市为鼓励推进地区。多年来以原国家住宅产业现代化试点示范城市为代表的部分省市积极发挥政府引导作用,在全国产生了积极影响,有较强的借鉴意义。本篇将介绍重点推进地区、积极推进地区和鼓励推进地区中典型省市的做法和发展经验,以期为全国其他省市大力推进装配式建筑发展提供参考和借鉴。

4.1 重点推进地区

4.1.1 北京市

近年来,北京市按照中央关于生态文明建设的总体要求,深入实施人文北京、科技北京、绿色北京战略,着力推动生态城市建设,大力发展绿色建筑和住宅产业化,实现城市建设的可持续发展。2014年住房和城乡建设部将北京市列入"国家住宅产业现代化综合试点城市",标志着北京市装配式建筑工作迈上新的台阶。截至2016年6月,已纳入实施装配式建筑计划的项目累计近1800万m^2,其中应用夹心保温复合外墙板的装配式剪力墙结构住宅220万m^2,采用装配化装修的450万m^2,轻钢体系低层住宅建成52万m^2。

4.1.1.1 主要工作经验

(1)加强政策引导,强化组织保障

北京市将推进装配式建筑作为建筑业产业结构调整、实现节能减排、推进绿色施工和提升住宅品质的一项重要工作,按照政府引导、市场主导的工作思路,采取奖励措施,政策积极引导,营造良好的发展环境。2010年发布了《关于推进本市住宅产业化的指导意见》,全面启动住宅产业化工作。2011年发布了《北京市"十二五"时期民用建筑节能规划》,将住宅产业化目标任务提升为建筑节能工作的一项约束性指标。2013年发布了《北京市发展绿色建筑推动生态城市建设实施方案》、《北京市绿色建筑行动实施方案》,将推动住宅产业化的相关工作列为实施绿色建筑的重要任务。北京市建立了住宅产业化工作联席会议制度，成立保障性住房实施产业化领导小组，负责在保障性住房建设中推进产业化的领导、组织与协调工作。

（2）明确推进重点，强化源头落实

2014年北京市发布《关于在本市保障性住房中实施绿色建筑行动的若干指导意见》（京建发〔2014〕315号），提出保障性住房实施产业化是绿色建筑行动的重要组成部分，相关工作纳入绿色建筑行动统一管理，针对公租房、棚户区改造安置房、经济适用房、限价商品房的不同建设管理特点量身定做，分类指导，重在落地，新建保障性住房实现"实施绿色建筑行动和产业化建设"100%全覆盖，2015年底开始北京市保障性住房全面实施全装修成品交房，并提出"装配化装修"的内装工业化要求。

同时不断加大政策力度，从规划源头落实装配式建筑项目，自2014年7月开始，规划部门在项目规划条件中明确实施产业化建设的范围和标准，作为国土部门实施土地供应的依据。

（3）发挥示范带动，推进项目建设

自2008年开始，北京市启动装配式建筑试点示范工作，开展了装配整体式剪力墙结构体系的试点示范。通过试点工程实践和总结，逐步形成了以装配式住宅为住宅产业化主要发展技术路径，为全面推进住宅产业化提供了管理经验和技术支撑。纳入实施产业化计划的项目规模累计达到1500万m^2。自愿实施产业化的商品住房10个项目约55万m^2，获得面积奖励1.41万m^2。

（4）强化过程监管，提高工程质量

2014年，北京市发布《关于加强装配式混凝土结构住宅产业化工程质量管理的通知》（京建法〔2014〕16号），进一步加强装配式混凝土结构产业化住宅工程质量管理，明确了装配式混凝土结构工程参建各方的主体责任和具体管理要求，提出对预制混凝土构件的生产环节进行监理、建立预制混凝土构件生产首件验收和现场安装首段验收制度等一系列新举措，对预制构件的生产、检测、安装进行全过程监管。

（5）坚持技术创新，完善标准体系

自2008年起，北京市持续开展了"住宅建设工业化关键技术及相关技术研究与示范"、"公租房户型设计标准化、室内装修产业化和结构装配化"等二十余项住宅产业化关键技术和成套技术的研发工作。加快健全和完善产业化技术标准体系，目前已发布实施《装配式剪力墙住宅建筑设计规程》《装配式混凝土结构工程施工与质量验收规程》等四个北京市地方标准。发布实施了《北京市混凝土结构产业化住宅项目技术管理要点》等一批技术管理要求和导则，为装配式建筑的设计、施工和建设管理提供了有效的技术保障。

（6）整合行业资源，加快产业培育

坚持科学规划，按区域分别投资建设了预制构件生产企业，对重要构件生产企业实施备案管理，目前已完成9家企业的备案，生产能力超过60万m^2，可供应500万m^2的装配式混凝土建筑规模。加快产业纵向合作，形成产业链条，已初步形成了北京市保障性住房建设投资中心、北京住总集团有限责任公司、北京市建筑设计研究院有限公司等集建设开发、科技研发、设计、生产、施工和运营管理于一体的产业集团。同时加大国家住宅产业化基地建设，目前已有北京金隅、北新建材、博洛尼、北京住总、北京市建筑设计研究院、北京东易日盛装饰公司等六家"基地"企业。

（7）加大宣传普及，提升能力建设

通过各种媒体途径设置专栏或专题，广泛传播装配式建筑的科学知识，提高装配式建筑社会认知程度；连续多年参展中国国际住宅产业博览会；加强国内外技术交流，组织住宅产业化国际高峰论坛等会议。依托试点工程，通过公益讲座、现场观摩会、技术培训等多种形式，对政府管理部门、开发企业、设计单位、施工企业、监理企业、构件生产企业管理者和技术骨干开展培训及宣传教育。定期组织公益讲座和技术培训，提升装配式建筑工人专业能力和水平。

4.1.1.2 下一步工作思路

北京市将全面贯彻落实党的十八大和十八届三中、四中、五中全会以及中央城镇化工作会议、中央城市工作会议精神，按照《中共中央国务院关于进一步加强城市规划建设管理工作的若干意见》《国务院办公厅关于大力发展装配式建筑的指导意见》的工作要求和《中共北京市委 北京市人民政府关于全面深化改革提升城市规划建设管理水平的意见》工作部署，进一步加快发展装配式建筑发展，今后工作的思路主要是：

（1）制定积极稳妥的工作目标和实施范围

分阶段推进装配式建筑发展。到2018年实现装配式建筑占新建建筑的比例达到20%以上，基本形成适应装配式建筑发展的政策体系和技术保障体系。到2020年实现装配式建筑占新建建筑的比例达到30%以上，装配式建造方式成为北京市重要建造方式之一。

重点推进范围包括：一是保障性住房全部采用装配式建筑；二是政府投资项目全部采用装配式建筑；三是通过招拍挂方式取得商品房开发项目按地上建筑规模采用装配式建筑。

（2）以土地供应为抓手，确保项目落实

一是以土地供应为抓手，在规划审批、项目立项、施工图审查、施工许可、工程验收、竣工备案等环节强化监督与指导，确保项目实施规模和实施标准符合要求。二是加快完善技术标准体系、创新装配式建筑设计、提升装配式施工水平。三是优化部品部件生产。贯彻京津冀协同发展战略，合理布局预制构件生产企业。四是大力发展钢结构建筑。学校、医院、车站、机场、体育场馆等公共建筑和工业建筑应优先采用钢结构建筑。单体地上建筑面积1万m^2（含）以上的新建公共建筑原则上为钢结构建筑。五是推进建筑全装修。实行装饰装修与主体结构、机电设备协同施工。保障性住房项目应全部采用全装修，支持其他住宅项目实施全装修成品交房。六是推广绿色建材。提高绿色建材的应用比例。加快推进绿色建材评价。强制淘汰不节能不环保、质量性能差的建筑材料。七是推行工程总承包。装配式建筑原则上应采用工程总承包模式。积极扶持和培育全产业链的集团企业。鼓励建立产业技术创新联盟。

（3）实施激励政策，加大实施保障

将实施面积计算、面积奖励、财政资金奖励、税收优惠、房屋预售、科研、金融信贷以及评优支持等措施，加快推进装配式建筑发展。

4.1.2　上海市

近年来，上海市积极响应全国装配式建筑发展要求，把大力推进装配式建筑作为该市加快生态文明建设、推动先进制造业发展、建成绿色宜居城市的一项重点工作。上海市委书记韩正同志明确指出，"装配式建筑是提升建筑业工业化水平的重要机遇和载体，是推进建筑业节能减排的重要切入点，是建筑质量提升的根本保证，对提高劳动生产率、加快上海人口结构优化调整有重要意义。要落实制度保障、加大政策鼓励、积极培育新时代的建筑技术工人队伍，不断完善新的建筑产业链"。上海市市长杨雄指出，发展装配式建筑是大势所趋，不能囿于短期的增量成本而牺牲上海的城市环境。

在各级领导的高度重视下，上海聚焦体制机制建设、市场培育和产业链发展，加快推进装配式建筑发展，各项工作取得了积极进展。一是装配式建筑项目大幅增长。2015年，上海落实装配式建筑达到610万m^2，连续两年翻番。截至2016年10月31日，2016年已落实装配式建筑1385万m^2，通过施工图审查430万m^2，在建项目1000万m^2。二是产业链快速发展。随着项目大规模落地，行业单位信心大幅提振，并主动加快转型发展步伐，不少企业成立了装配式建筑研发中心。同时，预制构件产能持续增加，目前已有本地企业27家、外地企业14家，预计2016年底产能将突破1200万m^2，能够满足在建项目需求。

4.1.2.1　主要推进措施

上海装配式建筑推进工作起步较早，至今经历了三个阶段：一是2010年前的试点探索期，发布了《上海住宅产业现代化试点工作计划》等文件，初步形成住宅产业化的工作框架，"万科新里程"成为国内第一个装配式住宅项目。二是2011~2013年的试点推进期，通过行政结合市场激励等手段，技术积累取得突破，装配式建筑发展水平稳步提高。

三是2014~2015年，进入面上推广期，覆盖范围由住宅建筑普及至公共建筑领域，装配式建筑工程项目成倍增长。

装配式建筑发展初期，相关单位围绕着先有项目（市场），还是先有产业链争论不休。业主不愿开发建设装配式项目，怕后续设计、构件预制跟不上；企业不愿投资生产线，怕项目不落地，投资打水漂。两者相互博弈，制约了上海市装配式建筑发展。上海市政府认为，必须充分发挥市场在资源配置中的主导作用，将重点放在项目落地上，以实实在在的项目盘活市场，推动产业链发展。为此，上海在推进工作中重点推进三个方面工作：

（1）加强顶层设计，扩大政策引逼效应

一是明确发展目标。发布了《关于推进本市装配式建筑发展的实施意见》《关于进一步强化绿色发展提升建筑性能的若干规定》《关于装配式建筑单体预制率和装配率计算细则（试行）的通知》《上海市装配式建筑2016—2020年发展规划》等政策性文件，明确提出了装配式建筑面积和单体项目预制率"两个强制比率"的发展目标。即：2014年在供地面积总量中落实装配式建筑面积比例不少于25%，外环线以内装配式建筑单体预制率不低于25%，外环线以外不低于15%；2015年在供地面积总量中落实装配式建筑面积不少于50%，预制率不低于30%；2016年起全市范围内符合条件的新建建筑项目原则上实施装配式建筑，预制率不低于40%或装配率不低于60%。

二是建立推进机制。由分管副市长召集市规土、发改、住建、财政等20余家委办局，组建"上海市绿色建筑发展联席会议"，有效增强了装配式建筑推进政策制定和工作协调的力度。项目落地方面，以土地源头控制为抓手，将装配式建筑建设要求写入土地出让合同，并纳入土地征询和建管信息系统监管。在土地出让、报建、审图、施工许可、验收等环节设置管理节点进行把关，确保有关技术要求落实到位。

三是加大政策扶持力度。出台了针对装配式建筑项目的规划奖励、资金补贴、墙材专项基金减免政策。对自愿实施装配式建筑的项目给予不超过3%的容积率奖励；装配式建筑外墙采用预制夹心保温墙体的给予不超过3%的容积率奖励；对装配式建筑的混凝土墙体部分，不计入新型墙体材料专项基金征收计算范围，装配式保障房免收新型墙体材料专项基金。明确装配式建筑工程项目可实行分层、分阶段验收，新建装配式商品住宅项目达到一定工程进度可进行预售，与传统建造方式的预售政策相比，此举大幅降低了装配式建筑开发企业的财务和时间成本，起到了较好的市场激励作用。

（2）完善技术支撑体系，提升装配式建筑质量水平

一是加强标准化建设。初步建立了从装配式建筑设计、施工安装、构件生产到竣工验收全过程的标准规范体系。先后发布了《装配整体式混凝土住宅体系设计规程》等10本

标准和图集。启动了《上海市建筑工业化核心技术研究与示范应用》《装配式住宅性能评定技术标准》《装配整体式叠合板混凝土结构技术规程》《装配式部品构件图集》等编制工作。这些标准规范与国家近期发布的相关标准规范互为衔接补充，基本能够满足当前上海装配式建筑发展的需求。

二是提升建筑产品的性能。结合全国工程质量治理两年行动要求，上海市以装配式建筑发展为契机，积极推广预制外墙、门窗、外饰面砖、保温体系一体化预制技术，解决了一批门窗墙体渗水、外保温、外饰面砖脱离等建筑质量通病问题。同时，对全市公租房、廉租房、外环线以内及八个低碳发展实践区、六大重点功能区域的装配式商品住宅，提出了实施全装修的要求，以促进内装部品部件应用发展。进一步提高建筑外窗传热系数、楼板设计厚度等技术标准，鼓励采用降噪静音管材和同层排水技术，探索研发民用建筑外遮阳技术，推动内装工业化和叠合楼板应用，通过技术和材料革新，推动上海新建住宅的品质提升。

三是实施工程建设全过程质量监管。积极探索行政监管和行业自律相结合的管理模式，强化构件生产的事中事后管理。要求建设单位向生产企业派驻监理，部品构件必须实施首件试拼装。同时，督促行业协会完善质保体系，实行构件生产企业登记管理制度，记录预制构件产品流向，确保装配式建筑全生命周期质量可追溯。抓好装配式建筑设计、施工质量管理，发布了《装配整体式混凝土建筑设计文件审查要点》《装配式建筑施工安全质量监管要点》等文件；定期开展装配式建筑设计、施工质量检查，落实建设工程五方主体责任。

（3）强化产业链培育，营造良好发展氛围

一是发挥试点示范效应。为引导骨干企业先行先试，推动上海市预制构件生产走上集约化、规模化发展道路，上海市申报获评了"国家住宅产业现代化综合试点城市"。2016年，上海共有10个装配式建筑项目入选《全国装配式建筑科技示范项目》清单。同时，由绿色建筑协会、建设协会开展绿色建筑和装配式建筑示范工程创建，促进传统建筑生产企业转型升级。2012年以来，上海市共确定装配式钢筋混凝土住宅示范项目20个，其中11个项目预制装配率达到25%及以上，由城建实业集团建设的松江佘北大居项目预制率达到80%，属国内领先水平。

二是加大培训和宣传力度。着力加快装配式建筑专业技术和管理人才培育，针对建设、设计、施工企业、建设主管部门专业技术和管理人员开展集中轮训；依托建工（集团）学校，建立了装配式建筑施工实训基地，切实提高施工人员的实操能力。为营造良好的发展氛围，吸引更多的龙头企业投资上海的装配式建筑项目，上海市进一步加大了宣传力度，并取得较好成效，装配式建筑的社会关注度持续升温。拍摄了上海装配式建筑发展宣传片，通过电视、网络、报刊等多种媒体，积极宣传上海装配式建筑推进政策措施、典型案例和先进经验；参加中国国际住宅博览会，推广介绍了上海市装配式建筑发展的政策、技术优势；召开市政府新闻发布会，及时通报了上海市装配式建筑发展情况。

4.1.2.2 下一步工作计划

作为重点推进地区，上海将按照国家要求，坚持"适用、经济、绿色、美观"的建筑方针，深入贯彻落实《意见》精神，从六个方面做好全国装配式建筑发展的先行者和排头兵，努力创建国家装配式建筑示范城市。

一是拓展装配式建筑发展的外延。 在全面落实装配式建筑实施要求的基础上，进一步简化了预制率的计算方法，并引入装配率的计算方式，将上海装配式建筑推进范围由混凝土结构体系延伸到其他结构体系。"十三五"时期，上海将重点在高层公共建筑中推行钢结构、钢—混结构等装配式建筑，并在桥梁主体结构等市政工程方面推广装配化技术应用，不断降低工程建设对城市交通和环境影响。

二是推动装配式建筑向纵深发展。 加快推进全装修住宅和内装工业化发展，鼓励使用轻质隔墙、整体厨卫、集成管井等部品部件，进一步减少建筑垃圾排放。上海市已出台《关于进一步加强本市新建全装修住宅建设管理的通知》，提出自2017年1月1日起，外环线以内城区新建商品住宅实施全装修比例达到100%，其他地区达到50%；奉贤、金山、崇明维持目前的30%，至2020年达到50%；公租房、廉租房实施全装修比例应达到100%。为满足住户对空间可变需要，还将在征收安置房、共有产权房等毛坯交付的保障性住房中率先推行"大开间"的设计理念，并逐步向商品住宅延伸。

三是完善装配式建筑的技术标准体系。 上海将继续开展技术攻关，研究适合装配式建筑的抗震设计理论方法和能耗减震等关键性技术。进一步完善装配式建筑现场施工工法，研究装配化吊装、构件安装、节点连接、装配校正、成品保护及防水等核心技术。编制装配整体式叠合板混凝土设计规程及预制装配式混凝土构件图集，修订装配整体式住宅设计规程及混凝土结构预制构件制作与质量检验规程，编制装配整体式混凝土预制构件检测技术标准。健全适应工业化生产的工程造价和定额标准，制定装配式建筑施工定额和工程量清单计价规范。提高标准化设计水平，研究完善模数协调、建筑部品协调等技术标准，推动保障房、学校、医院、养老建筑的模数化、标准化设计；根据不同的建筑结构体系，完善部品部件的设计、生产和施工工艺标准，编制标准图集、通用技术导则、指南和手册。

四是打造全产业链协同发展新模式。 积极推动装配式建筑和绿色建筑融合发展，在装配率计算方法中设置加分项，推广墙体与窗框、结构与保温一体化、集成式墙体、集成式楼板、组合成型钢筋、定性模板等节能环保技术应用。推行设计、施工一体化建设模式，鼓励政府投资项目、装配式项目、应用建筑信息模型的项目优先采用工程总承包方式建设。鼓励有条件的设计或施工单位提高设计施工综合管理能力，健全管理体系，加强人才培养，积极开展EPC、PMC等一揽子工程总承包，向具有工程设计、采购、施工能力的工程公司发展。联合全国优秀建筑设计、施工、开发企业和科研院所，打造具有国家影响力的装配式建筑产业联盟，不断扩大参与企业范围，落实产学研用相结合的协同创新机制，提升联盟成员的群体竞争力。引导产业联盟在技术集成、模式创新上取得突破，在建筑性能、建筑节能、抗震防灾、新材料应用等方面加强研发。同时，鼓励骨干企业积极开展先行先试，加快推进创新技术的研发和应用，对预制率达到45%以上或装配率达到65%以上且具有两项以上创新技术的装配式示范项目予以财政补贴。

五是推动装配式建筑与信息技术深度融合。加快建筑信息模型（BIM）技术发展步伐，到2020年，政府投资工程全面应用BIM技术，实现政府投资项目成本降低不低于10%，项目建设周期缩短5%。率先在装配式建筑建设过程中推广BIM技术应用，在三维可视条件下建设标准化预制构件和部品数据库，开展模拟拼装、部品部件协调检查、工程量数据分析等工作，提高施工图设计精度和施工效率，降低装配式建筑建设成本。在构件产品中植入RFID（无线射频识别）芯片，实现预制构件生产、安装、维护全过程的质量可查、可追溯。探索对装配式建筑项目大数据管理，集成应用互联网、物联网和GPS定位等信息技术，建立装配式建筑项目管理系统，完成装配式建筑项目全过程的追踪、定位和维护。

六是提高装配式建筑监管水平。着力在"优化部品部件""确保工程质量安全"等重点任务上下功夫。一方面，加强预制部品构件监管，开展部品构件生产企业及其产品流向进行备案登记。合理引导预制构件产能，及时发布上海市装配式建筑建设计划、现有预制构件厂布局和产能数据，确保上海市预制构件市场供需平衡。另一方面，出台《装配整体式混凝土结构建筑施工安全管理规定》，通过深化施工设计、施工方案专项评审、吊装令、预拼装、关键节点录像等制度措施，进一步确保开发、建设、施工、监理、预制构件生产企业等主体责任落实，重点把关装配式建筑现场施工安全和工程质量。

4.1.3 河北省

作为钢铁大省，河北以钢结构建筑为抓手大力推动装配式建筑发展，做了很多有益的探索，取得了一些工作成效。

4.1.3.1 推进措施和成效

（1）加强组织领导。河北省把推广钢结构建筑作为促进钢铁产业化解过剩产能、转型升级的重要举措，推动建筑业供给侧改革、提高建筑抗震性能的重要抓手，大力推动。省委、省政府主要领导高度重视，多次做出重要批示。建立了以省政府分管领导为召集人，由省发改委、住房和城乡建设厅、国土厅、财政厅等部门参加的联席会议制度，统筹协调，整体推进全省装配式建筑发展。省住房和城乡建设厅成立了"建筑产业现代化促进中心"负责推广装配式建筑。

（2）完善政策措施。2015年，河北省政府印发《关于推进住宅产业现代化的指导意见》（冀政发〔2015〕5号）（以下简称《指导意见》），明确了河北省协同推进装配式混凝土、钢结构和木结构的工作思路，在土地出让、容积率核算（奖3%）、商品房预售（总投资25%，施工正负零）和构件运输等方面予以支持。

2016年，河北省政府又印发了《加快推进钢结构建筑发展方案》（以下简称《方案》），确定钢结构建筑作为河北省发展装配式建筑的主攻方向，分类施策予以推进，明确在大跨度工业厂房、仓储设施中要全力推广钢结构；在适宜的市政基础设施中优先采用钢结构；在公共建筑中大力推广钢结构；在住宅建设中积极稳妥地推进钢结构。

《方案》在《指导意见》的基础上进一步加大了对钢结构建筑的支持力度，对新开工建设的城镇钢结构商品住宅和农村居民自建钢结构住房项目，予以100元/m²的补贴，弥补增量成本；钢铁生产企业进行钢结构建筑技术改造享受技改资金支持，固定资产加速折旧等6项具体支持政策。为落实《国务院办公厅关于大力发展装配式建筑的指导意见》（国办发〔2016〕71号），起草完成了河北的实施意见，待省政府审议后印发。

（3）推动项目建设。一是明确责任主体。省政府明确市、县（区）作为落实项目的主体，在2016年5月19召开的河北省钢结构建筑观摩暨建筑产业现代化工作现场会上，省政府分管领导提出："自2016年起，各地要以保障性住房和棚户区改造为重点，每年至少开工建设10万~15万m²的钢结构住宅。"石家庄、保定、廊坊和唐山等市先后出台配套落实文件，涉县、望都等县也相继出台支持政策，实现了政策层层传递、工作层层落实的局面。据不完全统计，目前河北省在建钢结构建筑项目220个、建筑面积380万m²，这些项目既有住宅，也有公建和厂房，其中住宅为15.33万m²，示范项目为沧州福康家园（13万m²）。2016年年底和明年初计划开工的钢结构住宅至少30万m²，规模较大的有河北工程大学学生公寓（10万m²）和邯钢回迁房（12万m²）等。

二是坚持示范引领。在实际工作中，紧紧抓住钢结构住宅这一重点和难点开展试点示范，坚持一手抓城市、一手抓农村。在城市重点抓沧州福康家园公租房（8栋13万m²）项目（图4-1），成功解决了内墙板与钢构件的节点连接问题（图4-2），初步解决了建筑整体隔音和钢构件防腐防火等问题，对外墙板与钢构件的节点连接进行了有益探索，得到了住房和城乡建设部的肯定。2016年6~7月，住房和城乡建设厅组织结构工程、造价等方面的专家，对福康家园钢框架剪力墙体系和杭萧钢管束体系的造价进行了对比、梳理，分析成本增加的原因，提出了优化设计、改进工艺等降低施工成本的具体措施。同时，基于福康家园的创新成果和实践经验，大元集团提出了钢结构住宅安装预制楼板的优化方案，正在积极实施。

图4-1 沧州福康家园项目鸟瞰图

图4-2 沧州福康家园项目主体结构施工

在农村重点在丰润、平山等10个县（区）开展农村低层钢结构住宅建设试点，已有突破性进展。燕东新民居低层钢结构住宅示范项目一期工程（20套5000m²）已全部封顶，在农村地下空间的利用方面进行了大胆尝试，当地群众反响良好。启动了新型建材（技术）下乡宣传千里行活动，采取省、市、县三级联动模式，将"新材料、新工艺、新模式"送到田间地头，转变钢结构就是"简易房"的片面认识，让老百姓真正接受钢结构住宅。下一步，河北省将抓住打造美丽乡村片区的有利契机，继续在农村探索村民出宅基地、城里人出钱、装配式方式建造的农村低层钢结构住宅建设新模式。

（4）编制标准规范。为与国家标准规范搞好衔接，结合河北地域特点和产业基础，不断完善地方标准规范体系。在2015年完成5部装配式建筑地方标准的基础上，2016年启动了13部标准和图集的编制，围绕钢结构型材和钢结构住宅的有5部，其中3部计划2016年内完成、两部计划2017年完成。

其中，《钢结构建筑型材标准》主要由建筑设计和钢铁企业组成的技术攻关小组合力完成，目的是促进钢铁产业和建筑业的深度融合，推动钢铁企业直接生产符合建筑模数的型钢，建立钢构件生产的"直通车"，减少钢构件的二次加工，降低钢结构建筑成本，促进钢铁产品从线材转向型材，增加其附加值。同时，以编制《钢结构建筑围护结构技术规程》为抓手，梳理相对成熟稳定的钢结构围护技术加以推广。另外，河北省正在编制钢结构建筑定额，也计划2017年颁布。

（5）大力培育市场。一是引进一批国内外钢结构建筑优势企业，带动河北省产业水平的整体提升。宣钢、河北钢山集团、冀鑫房地产公司与杭萧钢构开展合作，分别在张家口宣化、保定望都和邯郸涉县建设了3个钢构件加工厂，年设计产能30万t；中建钢构、东南网架、长江精工等国内知名钢结构企业已与河北省开展对接，前期工作进展顺利。智想建筑河北公司已与澳洲智能模块建筑集团签署协议，计划在衡水建厂，引进国外相对成熟的钢结构公寓技术，破解裂缝、隔声等技术难题和质量通病。

二是引导支持省内钢铁企业、钢结构企业和传统施工企业转型发展，打造本土龙头企业。河北钢铁、敬业钢铁、金环钢构等企业正向钢结构建筑生产企业转变。在钢结构集成房屋方面，唐山冀东发展集成房屋有限公司开展了有益的探索，项目已在内蒙古、海南落地。全国500强企业河北建设、河北建工等大型传统建筑施工企业纷纷转型，发展钢结构建筑。

钢结构建筑的发展必须依靠行业科技的整体进步，必须借助建筑信息模型（BIM）技术和建筑物联网平台（正在筹建过程中），建立健全钢结构建筑设计、构件生产、施工和运营维护等全过程质量安全体系，切实保障质量安全。下一步，河北省将结合项目建设，不断积累经验，与全国同行一道，集合行业资源优势，持续组织技术攻关，突破钢结构住宅节点连接，三板性能等共性关键难题。

4.1.3.2　下一步工作计划

（1）进一步完善顶层设计。提请省政府办公厅印发《关于大力发展装配式建筑的实施意见》，明确发展目标、重点任务、支持政策和保障措施，加快全省装配式建筑发展。

（2）印发发展规划。印发《河北省装配式建筑"十三五"发展规划》和《河北省钢结构建筑"十三五"发展规划》，发挥规划的战略性、基础性作用，指导各地装配式建筑发展。

（3）编制标准规范。颁布实施《建筑用钢型材标准》等5部钢结构建筑标准和《装配式剪力墙结构内墙板》等7部装配式混凝土建筑标准设计图集。编制《交错层积木（CLT）结构应用技术规程》《河北省钢结构建筑工程定额及工程量清单》，逐步完善装配式建筑地方标准体系。

（4）培育示范城市。制定省装配式建筑示范城市管理办法，开展省装配式建筑示范城市培育工作，支持有条件的市申报国家装配式建筑示范城市。支持张家口、石家庄、唐山、保定、邯郸、沧州市划定一定范围全面推行装配式建造方式，发挥示范带动作用。

（5）培育基地企业。引导钢铁企业和建筑业企业转型发展，支持部品部件生产企业转型升级，发展成为设计、生产、施工一体化的装配式建筑龙头企业。大力培育省装配式建筑生产基地，支持具备条件的企业申报国家装配式建筑产业基地。

（6）推动项目建设。推动各地在政府投资或主导的公共建筑、棚户区改造项目中开工建设一批装配式建筑项目，鼓励房地产开发企业建设装配式特别是钢结构住宅。支持装配式建筑项目应用绿色建材，采用工程总承包模式，提高设计能力，提升施工水平，提高装配化装修水平。

（7）推动农村装配式低层住宅建设。支持环京津等22个县（市、区）开展农村装配式低层住宅建设试点，发挥政府主导作用，引导农村住宅转变建造方式，提高农村民居品质和性能。

（8）组织技术攻关。开展钢结构建筑关键技术研究工作，突破钢结构住宅三板性能、节点接连、抗裂隔声、露梁露柱等共性关键难题。研究装配式混凝土结构技术、设计理论、承重构件的连接技术和施工工艺。开展现代木结构建筑形式和技术体系研究，推进中高层木结构技术发展。

（9）加强质量安全监管。落实住房城乡建设部《装配式混凝土结构建筑工程施工图设计文件技术审查要点》，逐步完善装配式建筑工程施工图审查、建设监理、质量安全、竣工验收等管理制度，确保装配式建筑质量安全。

（10）开展宣传和培训工作。利用电视、广播、报刊、网络等新闻媒体进行宣传，提高对装配式建筑的认知度，营造良好的舆论环境。组织参加行业培训会议、举办相关政策和标准培训班，提高管理部门和专业技术人员业务水平。

4.1.4 江苏省

江苏作为建筑业大省着力将装配式建筑作为推动建筑产业转型升级、带动关联产业协同发展的重要抓手加以推进，全省装配式建筑工作呈现良好发展态势。

4.1.4.1 工作进展

一是推进力度不断加大。2014年江苏省政府印发了《省政府关于加快推进建筑产业现代化，促进建筑产业转型升级的意见》（苏政发〔2014〕111号），明确了江苏建筑产业转型升级的发展方向和目标，推动装配式建筑、成品住房、绿色建筑联动发展。全省13个设区市相继出台了实施细则，对该文件提出的政策进行了细化和创新。根据全省经济社会发展、产业分工布局等，确定了"区域分工、整体联动"的推进思路，以苏南现代化建设示范区、建筑产业现代化示范城市、建筑强市、人居环境城市为优先发展区，努力构建"一区、一带、多极"的推进格局。

二是主体培育初见成效。积极引进国内外装配式建筑成熟企业和技术，同时扶持省内骨干建筑企业加快转型发展，充分调动产业链上各类市场主体的积极性，初步形成了一批具有一定规模、一定辐射带动作用的龙头骨干企业。以部品构件为例，据初步统计，全省现有部品构件生产企业75家、生产线245条，产品种类包括预制混凝土构件、钢构件、木构件、标准化门窗、整体卫浴、整体厨房等，已形成相当的产业规模。装配式建筑上下游产业链的相关主体各方正在积极通过产业联盟等协作机制，以优势企业为核心，在技术研发、市场开拓、人才培养等方面密切配合，努力寻求资源整合、集聚发展。

三是项目应用逐步增加。各地通过行政引导加大装配式建筑项目推进力度。南京、无锡、徐州等地对近期出让地块的招拍挂环节明确了装配式施工要求；南通对年度用地比例和单体建筑装配率提出了"两个强制性比例"的双控要求；扬州江都区明确政府投资和主导的各类保障房、公共建筑等项目、7层及以下建筑必须采用预制装配式技术设计和施工。据不完全统计，全省采用装配式建造方式建造的在建项目面积达500万m^2，项目类型包含保障性住房、商品住宅、公共建筑和工业建筑。

四是技术支撑不断完善。技术体系方面，中南、大地、龙信等龙头企业通过引进、消化、吸收和再创新，在装配式建筑方面开展有益探索和尝试，形成了多种各具特色、相对成熟的结构体系和内装工业化技术体系，为江苏省装配式建筑发展打下了坚实基础。技术标准方面，省内相关企业单位在多年项目实践的基础上，参与编制了多部装配式建筑国家标准和地方性技术标准，同时积极制定了行业标准和企业标准，为江苏省推进装配式建筑提供了有力的技术支撑。

4.1.4.2 主要做法

一是建立工作机制。2014年，江苏省政府成立了由15个省级相关部门参加的省建筑产业现代化工作联席会议，联席会议办公室设在省住房城乡建设厅。各设区市也相继建立了相应的组织协调机构，基本形成上下对口的组织机构和工作体系。住房城乡建设厅于2015年成立了厅推进建筑产业现代化工作领导小组，由厅长、党组书记任组长，相关副厅长为副组长，下设综合组、住宅产业化组、科技与绿色建筑组、建筑工业化组，涉及20个处室（单位），建立了多技术专业、多行业领域的联动推进机制。

二是明确推进目标。组织编制《全省建筑产业现代化"十三五"发展规划》《江苏建造2025行动纲要》《江苏省住宅产业现代化发展规划（2016—2020）》，进一步明确工作推进的具体时间表和路线图。省联席办每年印发年度工作要点，并按照"工作项目化、项目目标化、目标责任化、责任考评化"的思路，分解年度重点工作任务，逐一明确工作目标、责任单位和序时进度，并定期召开例会，统筹推进各项工作。

三是坚持示范引领。2015年，江苏省级财政设立了省级建筑产业现代化专项引导资金，推动产业基础较好的地区和龙头企业率先开展示范创建，目前已下达补助经费3.5亿元。省级保障性安居工程建设引导资金管理办法中也明确，对采用装配式技术建设的棚户区改造安置房和公租房给予300元/m^2的奖励。目前，江苏省已培育10个省级建筑产业现代化示范城市、68个示范基地、26个示范项目、5个人才实训基地，覆盖12个设区市。

四是加快体系建设。逐步建立完善与装配式建筑相适应的市场监管体系、技术标准体系。2016年4月，住房城乡建设厅出台了《江苏省装配式建筑（混凝土结构）项目招标投标活动的暂行意见》，并正在研究制定装配式建筑工程的计价定额、施工现场安全管理、工程监理、质量控制及验收等方面的制度。组织编制了建筑产业现代化技术发展导则、工业化建筑技术导则，开展了有关基础性通用标准研究，编制发布工程应用技术标准和设计图集。此外，住房城乡建设厅成立省级建筑产业现代化专家委员会，开展相关技术咨询和服务。

五是强化监督考核。江苏省政府将"推动建筑产业现代化发展"列入重点督察项目，作为住房城乡建设领域的一项重要考核指标加以推进。强化行业推动，建筑强市、绿色建筑示范城市、人居环境城市、扬子杯等省级建设建筑类奖项评定，也都把装配式建筑推进情况及工作成效纳入评定标准。2016年，省联席办印发《江苏省建筑产业现代化监测评价办法》，分解下达了年度全省装配式建筑和成品住房任务，并对各地装配式建筑推进情况和项目实施情况开展动态监测。

六是加强宣传推广。2015年江苏省政府召开全省建筑产业现代化现场会，取得了良好效果。住房城乡建设厅还邀请省政协委员到生产基地和项目施工现场视察指导，编制"三个一"系列宣传材料（一个知识读本、一个案例集、一个宣传片），并在第八届、第九届江苏省国际绿色建筑大会上专题设立建筑产业现代化论坛和展示区，展示江苏省推进装配式建筑的探索实践成果，通过多元化宣传，社会各界对装配式建筑的认同度和支持度得到显著提升。此外，省联席办每月编印《全省建筑产业现代化推进工作简报》，及时反映各地推进动态。

4.1.4.3 存在问题及下一步工作计划

目前江苏省装配式建筑推进面临的最突出问题仍然是落地项目偏少、市场规模偏小，装配式建筑的优势在推进初期未能充分发挥。究其原因，一是推进力度有待加强，部分地方政府和主管部门的思想认识不到位、联动机制不健全；二是政策措施有待细化，部分地区出台的政策措施操作性不强，尤其是在区域推动和项目推动方面的强制性措施不够扎实，项目落地不够；三是支撑体系有待健全，与装配式建筑相配套的市场推广体系、标准规范体系、监管体系等有待进一步健全。下一阶段，将重点推进五个方面的工作：

一是出台新一轮推进措施。根据各地经济社会发展水平，明确各地推进工作的近期目标，以苏南地区及省级建筑产业现代化示范城市为先行推进区，以特定区域和项目为重点，出台推广装配式建筑、成品住房的强制性措施。在新建保障性住房、公共建筑、市政基础设施、新农村建设等政府主导的工程项目中，率先推广装配式建造方式。在大力推广装配式混凝土建筑的同时，因地制宜发展装配式钢结构、木结构等建筑体系。

二是深入开展示范引领。继续推进建筑产业现代化示范城市、示范基地和示范项目建设，在2017年底前实现省级建筑产业现代化示范设区市全覆盖，为全省进入推广发展期积累经验。

三是逐步完善监管制度。完善与装配式建筑相适应的项目设计、部品制造和运营全流程质量管理体系，出台建筑材料监管（登记）、预制部品构件质量安全监管工程监理、施工现场安全管理、工程质量控制及验收等相关制度。完善装配式建筑工程计价定额以及成品住房装修造价管理制度。积极推广以设计为龙头的EPC总承包管理模式，完善工程总承包招投标办法等相关配套政策。

四是不断强化技术支撑。研究完善装配式建筑的模数协调、建筑部品协调等技术标准，编制一批标准图集、通用技术导则、指南和手册，大力推广成熟适用的结构体系、节点连接技术以及预制三板等工业化技术，开展关键技术攻关，积极推进BIM在建筑领域应用，推广基于BIM的设计施工一体化工作模式。

五是持续优化市场环境。将发展装配式建筑、成品住房列入城市规划建设考核指标，推动项目尽快落地。进一步加大宣传推广力度，提高政府部门、行业企业、社会公众对装配式建筑技术和产品的认知度、认同度。制定发布江苏省装配式建筑企业推介名录，引导扶持一批龙头骨干企业率先转型、发展壮大

4.1.5 浙江省

近年来，浙江省围绕建筑业转型升级和提质增效的发展要求，坚持以市场为导向，加强政策指导和标准引领，依托示范基地和示范项目建设"双轮驱动"，以发展装配式建筑为重点，以建筑工业化为核心，加快推进装配式建筑。2015年浙江省共新开工装配式建筑1042.8万m^2。截至2016年10月底，浙江省新开工装配式建筑达到1118万m^2，提前完成省政府下达的800万m^2的任务量。共有预制装配混凝土结构构件生产企业17家，生产线30条，可年产预制混凝土构件522.8万m^2，基本满足浙江省装配式建筑推进要求。

4.1.5.1 主要做法和工作进展

（1）强化政策扶持

浙江省已制定完成《浙江省绿色建筑条例》，并于2016年5月1日正式施行。《浙江省绿色建筑条例》突出绿色建筑和建筑工业化的结合，将建筑工业化作为绿色建筑的重要内容，明确要求设区的市、县（市）人民政府确定一定比例的民用建筑，应用建筑工业化技术进行建设，从立法层面保障建筑工业化推进。结合浙江实际，省政府先后于2012年、2014年、2016年出台了《关于推进新型建筑工业化的意见》《浙江省深化推进建筑工业化促进绿色建筑发展实施意见》《关于推进绿色建筑和建筑工业化发展的实施意见》等文件，并根据装配式建筑推进情况，不断调整装配式建筑发展目标，同时，针对推进过程中的困难和问题，从土地供应、容积率奖励、资金补贴、税费优惠等方面，细化扶持政策，加大

政策支持力度，持续推动装配式建筑发展。浙江省高度重视装配式建筑"十三五"发展，首次将建筑业"十三五"规划调整为建筑业现代化"十三五"发展规划，并列入29项省重点专项规划之一，把装配式建筑作为浙江省建筑业现代化发展及转型升级的重要领域，积极实施基地和项目建设，推动形成新的建筑产业体系。

（2）着力技术创新

大力推进装配式混凝土结构、集成部品构件及成品住宅的工厂化，印发了《浙江省新型建筑工业化适宜建筑体系指导目录》，推行适宜浙江省的装配式建筑体系，明确技术路径。同时依托浙江省钢结构国家级产业基地优势，把钢结构体系作为装配式建筑推进的重要内容。发布了《工业化建筑评价导则》《浙江省工业化建筑工程计价定额》及《装配整体式混凝土结构施工与质量验收规范》等标准，重点解决装配式建筑推进初期面临的标准瓶颈问题，同时，实施标准编制"1011工程"（10项标准11项图集），初步建立了从装配式建筑设计、施工、构件生产到竣工验收全过程的标准规范体系。成立了由省内从事建筑工程科研、设计、部件与部品生产、施工、质量验收和工程管理等领域专家组成的新型建筑工业化专家委员会，并邀请工程院院士和国家设计大师担任专家委员会顾问，加强技术指导和应用。研究实施装配式建筑成熟技术，积极推广建筑信息模型（BIM）技术在装配式建筑项目中的应用。

（3）着力产业培育

浙江省积极推动建筑强市、强县开展新型装配式建筑试点示范，绍兴市被住房和城乡建设部列为"国家住宅产业现代化综合试点城市"。同时，以"1011工程"为抓手，大力推动新型装配式建筑示范基地和示范项目建设，目前已有8家企业获批国家住宅产业化基地。成立由浙江大学建筑工程学院等12家单位共同发起的新型建筑工业化产业联盟，创新合作共建模式。培育壮大新型建筑工业化龙头和品牌企业，浙江省共命名9家企业为"浙江省推进新型建筑工业化示范企业"，以市场为主体，培育产业。作为住房城乡建设部工程总承包唯一试点省份，浙江省在装配式建筑项目中大力推行设计、施工一体化的工程总承包模式。同时，鼓励支持有实力的项目管理企业开展装配式建筑项目管理服务，培育技术服务体系和中介机构。

（4）强化政府推动

2014年底浙江省政府专题召开全省新型建筑工业化现场会，全面部署全省新型建筑工业化推进工作，要求各地抓好落实，在行政推动、市场培育、示范引导、监管服务、技术支撑、人才保障上实现提升。实施省市签订目标责任考核，落实目标责任管理。2016年共下达1140万m^2装配式建筑任务指标，其中装配式住宅和公共建筑（不含场馆建筑）360万m^2。同时，建立考核机制加强督查和考核，推动工作落到实处。2016年年初，住房和城乡建设厅会同省财政厅、省经信委出台《关于进一步支持新型建筑工业化发展的通知》，强化部门沟通协调。同时浙江省财政设立1亿元的城乡新型建筑工业化以奖代补专项资金，用于支持装配式建筑技术创新、基地与项目建设、农村装配式建筑试点示范等。组织开展全省装配式建筑政策培训、管理培训、技术培训等，培育管理技术人员及产业工人队伍建设。同时，通过组织新型装配式建筑展览、刊印新型装配式建筑专刊、制作专题宣传片等，营造装配式建筑发展氛围。

4.1.5.2 存在问题

一是政策执行力度有待加强。全省还有湖州、嘉兴、金华、舟山、丽水等市尚未出台贯彻落实浙政办发〔2016〕111号文件及浙政办发〔2016〕141号文件的政策文件，顶层设计上还有所欠缺，政策措施无法真正落地。

二是各地推进还不平衡。部分地市尚未把装配式建筑摆上应有位置，认识还不到位，工作站位不高，在政策扶持、机制建设、项目落地等方面支持力度不够，特别是在项目落地上，新开工装配式建筑项目仅有5个地市实现时间过半、目标任务过半，新开工装配式公共建筑和住宅项目仅有1个地市实现时间过半、目标任务过半，按期完成年度目标任务存在一定困难。

三是市场环境不够成熟。目前装配式建筑尚处在推进初期，专业化分工还没有形成，规模化效应尚未体现，导致初期推进成本偏高没有形成需求带动市场的机制，市场的信心和能力尚未建立。

四是宣传推广有待加强。各级对装配式建筑工作的宣传推广还不够，整体氛围不浓，社会对装配式建筑和住宅全装修的认同度和接纳度不高，特别是设计单位在装配式建筑推进上参与度不够，导致装配式建筑难以真正推开。

4.1.5.3 下一步工作计划

一是进一步提高认识。督促各地市建设行政主管部门要进一步认识装配式建筑在推动建筑业改革发展中的重要作用，作为实施创新驱动发展战略的重要领域，加强政策扶持，加大推动力度。要高度重视钢结构、钢混结构建筑的发展，同时要加快转变组织方式，推动工程总承包和装配式建筑一体化发展。要加快绿色建筑专项规划的编制工作，强化规划引领、计划引导，加大装配式建筑和住宅全装修项目建设落地，深化推进本地区建筑工业化，提高建筑业发展质量和水平。

二是进一步落实工作任务。督促各地建设行政主管部门对照装配式建筑年度工作任务，制定具体的工作计划和实施方案，进一步明确和细化阶段性目标。认真抓好装配式建筑各项建设任务的落实，对相差较大的，督促其加大推进力度，确保年度任务的顺利完成。要进一步加大绿色建筑专项规划的编制力度，加快推进编制进度，要求各设区市必须在8月底前报当地政府批准公布,各县(市)在12月底前报当地政府批准公布。

三是进一步完善协调机制。督促各地建设行政主管部门要加强组织领导,强化责任考核和结果运用,因地制宜建立量化的装配式建筑任务指标体系,进一步落实推进工作责任。进一步加强与有关部门的沟通联系,建立协同推进机制,密切配合,齐抓共管,通力合作,加大装配式建筑和住宅全装修项目落地,统筹推进浙江省绿色建筑和装配式建筑全面发展。

4.1.6 深圳市

深圳市遵循"深圳质量"和可持续发展理念,持续推进建筑领域的节能减排,推进装配式建筑,以此全面提升建筑品质,转变建筑业发展方式,推动信息化和工业化深度融合、工业化和城镇化良性互动。

4.1.6.1 总体工作进展情况

(1)编制和印发《指导意见》配套文件

2014年11月,深圳市相关部门联合发布《关于加快推进深圳住宅产业化的指导意见(试行)》,为确保文件的政策措施有效落地,编制了《关于加强和规范深圳市住宅产业化项目建设管理工作的通知》《深圳市住宅产业化项目实施建筑面积奖励的暂行办法》等5个配套文件。其中《深圳市住宅产业化项目预制率和装配率计算细则(试行)》《深圳市建筑工业化(建筑产业化)专家委员会管理办法(试行)》已分别于2015年7月和11月正式印发,其他文件也将陆续发布实施。

(2)发布了《深圳市保障性住房标准化设计图集》

《深圳市保障性住房标准化设计图集》(含六册)于2015年4月24日正式发布实施,编号SJG27-2015,内容包括:12个标准户型和10个组合平面标准化设计图集、工业化工法施工和内装修图集、BIM模型库和部品构件库,已由中国建筑工业出版社正式印制。《图集》的发布标志着深圳市推出了保障性住房工业化产品1.0,为深圳市保障性住房实施产业化提供完整解决方案。

(3)成功孵化第四个国家级示范基地

经过培育和技术指导,深圳华阳国际工程设计有限公司通过住房和城乡建设部和省住房和城乡建设厅组织专家论证,2015年3月31日,住房和城乡建设部正式授予华阳国际"国家住宅产业化基地"的称号,华阳国际成为全国首家被授予该称号的设计型企业。至此,包括深圳市政府、万科、嘉达、中建国际在内,深圳市已经拥有5个国家级住宅产业化基地。

（4）加大项目实施范围和技术支持

2015年通过新出让住宅用地项目、保障性住房、公共建筑项目、普通商品房中落实了26个项目，总建筑面积达到292万m^2，加强项目技术服务工作，确保项目按照产业化技术要求实施。

4.1.6.2 下一步工作计划

（1）加强总体部署谋划

编制《深圳市关于进一步推进建筑工业化发展的若干政策措施》和"十三五"专项规划，将推进住宅产业化工作扩大到建筑工业化（装配式建筑），并上升为政府规章制度。

（2）创新统筹工作新机制

探索在各区政府设立装配式建筑工作机构，全面建立有利于装配式建筑发展的体制机制。完善工程建设项目规划设计、施工图审查、质量安全监督、造价定额、检测检验、竣工验收等行政管理程序。

（3）建立住房产品导向制度

制定深圳市保障性住房实施装配式建筑的计划，明确采用深圳市保障性住房工业化产品1.0。实施标准化设计战略，引导深圳开发商对户型和楼栋固化定型，形成标准化商品住宅产品。

（4）建立建筑物联网系统

研究在"互联网+建筑"领域中，利用无线射频芯片（RFID）、BIM等信息化技术，建立预制部品从生产到安装使用全过程监测的建筑物联网系统。

（5）扩大试点示范工作范围

加大示范基地建设力度，培育和发展一批产业关联度大、带动能力强的龙头企业。加大工程项目建设技术支持力度，确保新出让住宅用地项目和政府投资建设保障性住房100%实施产业化。

4.1.7 合肥市

在合肥市委市政府的领导、住房和城乡建设部及省住房和城乡建设厅的大力支持指导下，合肥市房地产管理局根据2016年初确定的目标任务，认真谋划，精心组织，狠抓落实，全市建筑产业化工作取得显著成效。

4.1.7.1 总体工作进度情况

一是项目进展情况。目前，合肥市装配式建筑项目开工和拟建面积累计达500万m^2以上。其中2012年开工建设50万m^2；2013年开工建设116万m^2；2014年开工建设5万m^2；2015年开工建设111万m^2。2016年计划开工建设120万m^2以上，实际项目储备约

300万m²。

二是招商引资情况。继先后引进中建国际、远大住工、宇辉集团、台湾润泰、浙江宝业等产业化企业外，2016年又引进中建七局、杭萧钢构、中民筑友科技集团入驻合肥，安徽三建和望湖建筑生产基地已于2015年建成投产，中建七局生产基地正在加紧建设，目前合肥市装配式建筑部品部件企业的生产能力已达到700万m²。

三是标准编制情况。目前，已发布《住宅装饰装修验收标准》《叠合板式混凝土剪力墙结构施工及验收规程》《装配整体式剪力墙结构技术规程（试行）》《装配整体式混凝土结构工程施工及验收规程》等八部安徽省地方标准；编制完成《预制装配式混凝土结构施工及验收导则》和《装配式建筑预制混凝土构件制作与验收导则》2部合肥市标准；正在开展《装配式住宅全装修技术规程》、《住宅整体厨房设计标准》等4项地方标准编制工作。

四是《意见》落实情况。认真贯彻落实《合肥市人民政府关于加快推进建筑产业化发展的实施意见》精神，优先推荐拥有成套装配式建筑技术体系和自主知识产权的优势企业申报高新技术企业，安徽海龙已通过科技部组织的国家高新技术企业认定。合肥市房地产管理局牵头负责的《合肥市建筑产业化千亿产业发展规划（2015—2020）》已通过专家论证。为充分发挥科技优势，合肥市房地产管理局与安徽建筑大学就开展建筑产业化课程设置、人才培养、实验基地建设等事项进行了多次洽谈，并就建筑产业化课题研究进行了明确和深化。安徽建筑大学已调整专业方向和课程设置，正在筹建实验基地、培训基地和研发中心建设。在合肥市房地产管理局的大力支持下，该校成功申报科技部与住房和城乡建设部《装配式混凝土工业化建筑高效施工关键技术研究与示范》国家研究课题。

五是省级奖补资金使用情况。2014年，合肥市先后被列入国家和安徽省试点城市，并于当年获得安徽省财政补助资金200万元，2015年、2016年分别获省财政连续补助资金400万元，3年来累计获得省级奖补资金共计1000万元。为使用好补助资金，让其发挥最大效益，根据《安徽省建筑产业现代化省级奖补资金管理办法》的有关规定，合肥市房产局会同市财政局制定了《合肥市建筑产业化省级奖补资金使用办法》。该《办法》规定了奖补资金的使用范围和标准，对包括完善政策标准体系、推动工程项目示范、推广扩散建筑产业化新技术、带动当地产业发展和促进建筑产业转型升级5个方面工作的责任主体进行奖补。

4.1.7.2 下一步工作计划

一是加快落实政策措施。认真贯彻落实国务院办公厅《关于大力发展装配式建筑的指导意见》；进一步落实和细化《合肥市人民政府关于加快推进建筑产业化发展的实施意见》。按照统筹规划与分步实施相结合、激励引导与强力推进相结合、全面推动和分类指导相结合的原则，进一步推进合肥市建筑产业化发展。

二是逐步完善地方标准。进一步争取住房和城乡建设部和安徽省住房和城乡建设厅支持，形成涵盖设计、部品生产、施工、物流和验收等方面的建筑产业化地方标准体系，完善工程造价和定额体系。加快编制《装配整体式混凝土结构技术规程》及施工验收规范等4部规范规程。

三是加快推进科技攻关。着手开展对现有结构体系的全面评估，建立建筑产业化科研平台，充分调动科研院校、企业的积极性，通过加大政府投入，突破关键技术，提供科技支撑，逐步形成适应合肥特点的建筑产业化技术体系。

四是做大做强产业主体。重点围绕建筑产业化上下游产业链继续加大招商力度，大力引进国内建筑产业化龙头企业。配套引进相关部品构件项目，建立从住宅设计到施工建造以及相关配套部品的产业体系，使产业化基地形成一个较为完整的住宅工业化技术与产品体系。

五是强力推进项目试点。继续抓好试点示范项目建设，扩大建筑产业化应用范围，重点跟踪合肥市首个商品房产业化项目进展情况，努力做好试点示范。根据合肥市政府《实施意见》，2017年计划新开工面积150万m^2以上，力争达到200万m^2，提前做好项目储备，保质保量完成市政府确定的目标任务。

4.1.8 绍兴市

作为浙江省首个国家住宅产业现代化综合试点城市，绍兴市市委市政府历来高度重视绍兴市建筑业的发展，积极推动绍兴市装配式建筑各项工作，将其作为绍兴市传统建筑业转型升级的突破口。近年来，围绕装配式建筑工作的推进，绍兴市进行了积极探索和有效实践。

4.1.8.1 总体工作进展情况

一是健全组织机构。2016年10月，绍兴市正式明确市建设局新组建的绍兴市建筑产业现代化促进中心为正科级全额拨款事业单位，专门负责建筑产业现代化组织、协调、推进工作，同时成立专门的建筑产业现代化推进机构。

二是完善产业政策。2015年7月绍兴市出台了《关于加快推进建筑产业现代化"双试点"工作的若干意见（试行）》（绍政办发〔2015〕51号）及《实施细则》（绍市建管〔2015〕74号）。2016年，根据中央和浙江省城市工作会议精神，按照绍兴市政府要求，为进一步加大政策引导力度，绍兴市人民政府办公室印发了《关于推进绿色建筑和建筑产业现代化发展的实施意见》。

三是编制专项规划。为突出规划在建筑产业现代化推进工作中引领作用，绍兴市住房和城乡建设局前期委托相关高等院校和科研机构编制的《绍兴市建筑产业现代化发展专项规划（2015~2020）》已通过专家终期评审。

四是强化企业培育。积极推进建筑产业现代化实施企业申报工作。截至目前，全市已有宝业、中成、精工、舜江、亚厦、华汇等20家单位申请绍兴市第一批建筑产业现代化实施企业，可有效参与绍兴市建筑产业现代化试点项目建设。其中宝业、华汇、长业、展诚等有实力的企业更是拿出部分自有项目试水标准化设计和装配化施工，企业参与热情空前高涨。

五是打造一联一网平台。由绍兴文理学院、浙江工业大学、合肥工业大学、宝业集团、精工钢构、中成集团、华汇集团等30多家成员单位组成的"绍兴建筑产业现代化发展联盟"于2017年4月正式成立，各成员单位将立足这个平台开展形式多样的产学研用相结合的线下合作；由绍兴市住房和城乡建设局创建的"现代建筑产业网"也于2016年6月正式开通运行，"现代建筑产业网"以"新、全、广"的视角向社会展示全国各地建筑产业现代化信息，并通过聚集分散在各地的企业资源，完成现代建筑产业研发、设计、生产、施工、监管、运维等全产业链的产业集群。绍兴市住房和城乡建设局将依托一联一网，整合线上线下资源，着力打造绍兴市建筑产业现代化千亿级中高端产业集群。

六是加大基地培育。绍兴市不断加大对产业化基地的培育力度，截至目前，包括精工钢构、宝业集团、浙江亚厦及雅德居4家国家级产业化基地在内，绍兴市已建、拟建的建筑产业现代化基地达18家，基地涵盖装配式混凝土结构、装配式钢结构、装配式木结构三大装配式结构体系及部品部件，已初步形成完整的建筑产业现代化产业链，可有效应对绍兴市及周边明年大规模推出装配式建筑的需求。

七是加推试点项目。2016年，绍兴市住房和城乡建设局紧紧围绕省政府新开工装配式建筑项目100万m²的总体考核指标，进一步加大试点项目推出力度，并将考核指标层层分解到各区、县（市）。根据各区、县（市）上报情况，绍兴市2016年度已落实装配式建筑面积100万m²以上。

八是创建示范项目。2016年，由绍兴市住房和城乡建设局申报的中纺CBD、梅山江商务楼、浙江亚厦产业园、浙江精工绿筑集成建筑科技产业园（一期）、宝业集团建筑产业现代化项目等5个试点项目被列入《住房和城乡建设部2016年科学技术项目计划——装配式建筑科技示范项目》，占全省入选项目数的一半以上。同时，积极推动新农村建设实施建筑产业现代化试点，2016年，绍兴市先后推出了柯桥横山村和诸暨马剂村两个试点项目，占全省三分之二。

九是参与标准编制。规范标准是产业发展的基石，能否参与相关规范标准的编制体现了企业的技术能力、行业号召力和竞争力，也是绍兴市建筑产业现代化走出去、打品牌的标志。近年来，绍兴市住房和城乡建设局一直积极鼓励和支持企业参与各级标准、规范和图集的编制工作。截至目前，绍兴市企业参编建筑产业现代化国标、行标和地标10余项。

十是开展技术培训。积极组织相关人员赴北京、深圳、天津、上海等地参加建筑产业现代化技术培训，通过增加交流和学习，努力提高相关人员专业素养，同时，邀请国内权威专家来绍举办专题报告会、装配式建筑系列培训会，2016年累计培训1000余人次，有效提高了相关从业人员的技术能力。

十一是加大宣传推广。2016年以来，绍兴市住房和城乡建设局围绕建筑产业现代化推进工作，先后多次通过《中国建设报》《绍兴晚报》《绍兴日报》、现代建筑产业网、微信公众号、绍兴网络电视台等各类媒体积极宣传推广绍兴市建筑产业现代化最新发展成果，大大提高了社会大众对建筑产业现代化工作的认知度和认可度。

十二是探索监管模式。绍兴市住房和城乡建设局紧紧围绕标准化设计、工厂化生产、预制构件储存和运输、施工现场的堆放、吊装、固定和连接等装配式建筑重点监管环节，进行积极的探索。已明确了现阶段绍兴市建筑产业现代化由简到难、分类指导、少规格多组合、全面应用水平预制构件、逐步推进竖向预制构件的推进原则；启动编制《装配式建筑实施指南》，提出了如何实施装配式建筑的整体解决方案。

十三是做好技术指导。2016年，绍兴市住房和城乡建设局对全市新推出的上虞区中加国际学校、诸暨市展诚产业园研发中心（一期）、嵊州市春风里住宅小区和上岛名苑等项目，在项目技术策划阶段均做到了及时跟进、精准指导，帮助建设单位用好政策、减少投入，指导设计企业按照建筑、结构、机电、装修一体化协同设计的要求，加快转型升级。

4.1.8.2 下一步工作计划

一是进一步完善政策制度。要做好《关于推进绿色建筑和建筑产业现代化发展的实施意见》的宣贯和落实工作，确保装配式建筑和全装修项目落地，各项扶持政策和保障措施落实到位；同时，根据浙江省政府办公厅出台的《关于加快推进住宅全装修工作的指导意见》（浙政办发〔2016〕141号），在充分调研的基础上，及时出台推进住宅全装修的实施意见。

二是进一步强化考核监督。要争取将装配式建筑推进工作纳入市委市政府年度工作目标考核范畴的基础上，结合浙江省政府对绍兴市年度考核任务，制定装配式建筑年度项目计划和考核办法，并严格落实分块负责、按月上报、现场督查、定期通报等措施，及时协调解决推进工作中出现的困难和问题，对重点工作进行专项督查，有效解决工作推进不平衡现象，确保全市装配式建筑各项工作扎实推进。

三是进一步加强人才培养。依托高校和产业联盟，建立长效滚动培训机制，重点普及和提升设计、生产、施工和监理等环节从业人员的技术水平；及时做好相关新标准、新规范的宣贯普及工作；积极推动高校增设相关课程，建立装配式建筑人才引进机制，培育和储备高层次管理人员。

四是进一步完善平台建设。积极推动各类平台的建设和发展，充分发挥产业联盟和"互联网+"作用，鼓励企业通过"一联一网"平台实现强强联合、产业链整合、资源共享、优势互补、市场开拓、产品保护和产品技术研发。同时要发挥好产业研究中心和专家委员会在技术研发和服务咨询方面的优势作用。

五是进一步健全监管体系。抓紧编制印发《装配式建筑实施指南》，着力规范装配式建筑设计、施工图审查、生产、施工、监理等环节的技术要点和流程。同时大力推广BIM技术，依托信息技术模型，建立部品构件生产、运输、安装、运营、维护等建筑全寿命周期跟踪管理机制。

六是进一步强化宣传推广。要加大在全市各大媒体的宣传推广力度，充分发挥示范项目的引领示范作用，进一步提升社会公众对这项工作的认知度和认可度；要利用好绍兴市经济转型升级相关扶持政策，支持绍兴市骨干和特色建筑企业参加国内外相关大型展览会，积极推介绍兴市装配式建筑最新发展成果；充分利用行业主管平台优势，积极为企业走出去发展做好服务、创造条件；同时要组织绍兴市相关人员积极参加各类交流、展示会，及时交流和掌握装配式建筑政策导向和发展趋势。

4.2 积极推进地区

4.2.1 吉林省

按照加快发展新型建造方式，大力推广装配式建筑的总体要求，吉林省积极开展相关工作，将木结构建筑作为装配式建筑的一个主要突破方向，通过建立政策体系、完善标准规范、谋划园区建设、落实试点项目，全省木结构建筑发展实现良好开局，呈现出积极的发展态势。

4.2.1.1 主要做法

（1）加强组织领导

吉林省委、省政府领导十分重视木结构建筑发展，巴音朝鲁书记在调研特色城镇化时，深入白山市抚松县漫江镇锦江木屋村，实地调研满族古木屋建筑群保护开发情况。专程前往珲春、敦化等地调研木结构建筑发展，强调指出，木制品产业是无中生有、有中生新的典型，是有基础、有资源、有前景、可持续的产业，要持之以恒地把这个产业抓起来。姜有为副省长亲力亲为，先后四次听取住房和城乡建设厅专题汇报，组织研究落实推进工作,并带队前往住房和城乡建设部,向陈部长专题汇报吉林省木结构建筑产业化发展工作开展情况,得到了陈部长的充分肯定。充分发挥各地政府、省直相关部门积极性,住房和城乡建设厅代省政府起草了《吉林省人民政府关于推进木结构建筑产业化发展的意见》,落实了各地政府发展责任,明确了省直相关部门的职责分工,共同做好木结构建筑发展工作。

(2)创新发展思路

木结构建筑产业化是一项新事物,缺少可参照的成功经验。姜有为副省长带领团队反复研究论证,创造性地提出建立吉林省木结构建筑产业化"资源链、技术链、产业链"及"政策体系、标准体系、市场体系"等"三链、三体系"的总体发展思路,并以此为核心,以推广应用木结构建筑为主线,以产业园区、示范项目为载体,努力打造从资源培育、木材供应、园区建设、物流运输、材料研发、设备制造、产品设计、生产加工、施工安装、工程验收、运营维护到回收利用的全链条产业。将木结构建筑产业化与加快生态省建设、推进建筑业转型升级,转变林区林场发展方式、促进林业循环经济发展相结合,着力培育新的经济增长点。

(3)夯实基础工作

省住建、林业、工信等多部门密切配合、协调工作,对全省森林资源、木材供应、生产加工能力、木结构建筑需求等进行全面调查、系统分析,住房和城乡建设厅多次组织专家、学者、设计、生产、施工人员进行座谈交流,广泛听取意见建议。组织编制了吉林省木结构建筑产业化发展工作方案和研究报告,明确了重点工作、实施步骤和保障措施,整合资源、借用外脑,先后邀请19名国内外木结构建筑领域知名专家,分别召开了省级、部级研讨会,共商吉林木结构建筑产业化发展大计,理清发展思路,确定发展方向,为推广应用木结构建筑奠定坚实基础。

(4)完善顶层设计

在广泛征求意见的基础上,《吉林省人民政府关于推进木结构建筑产业化发展的意见》已形成送审稿,通过了省政府法制办合法性审查,经省政府常务会议审议通过后,将以省政府文件出台。在资金支持、税费优惠、金融支持、用地保障、交通支持等方面给出了多项有针对性、操作性强的政策措施。日前,住房和城乡建设厅印发了《关于做好木结构建筑建设管理有关工作的通知》,对木结构建筑设计、发承包、市场监管、质量安全管理及产权登记等方面工作都作出具体规定。同时,本着"急用先编"的原则,加快推进相关标准规范编制工作。在国家现行规范的基础上,组织编制了《低层木结构建筑设计规程(试行)》《多层木结构建筑设计规程(试行)》《木结构工程质量验收规范(试行)》等第一批3项地方标准,为推进木结构建筑产业化发展提供了强有力的技术支撑。

(5) 规划园区建设

规划木结构建筑产业化发展"一区一园一中心"建设，按照"功能多样、先行先试、示范引领、辐射带动"的发展思路，在长春新区规划建设"木结构建筑产业化发展集聚示范区"，发展木结构建筑设计与生产、科技与研发、博览与会展、加工与制造、商贸与物流、金融与服务等产业；依托经国家林业局批准的"东北亚国际木材交易中心"，在珲春市规划建设"木制品加工产业园"，引进和培育一批木材经销企业、木材深加工企业、物流运输企业、木工机械制造经销企业及配套相关服务企业，形成从木材资源进口、木材深加工、大宗木材交易、木材产品销售、仓储运输一条龙模式；依据经国家林业局批准的吉林森工林产品展示中心，依托长白山丰富的旅游资源，将其建设成为旅游、避暑、度假、观光、科普、健身等多功能森林休闲度假中心，实现自我良性循环发展。

(6) 落实试点项目

2016年，吉林省住房和城乡建设厅积极落实木结构建筑试点项目建设，协调省财政厅，将木结构建筑产业化发展项目纳入吉林省建筑节能奖补资金支持范围，对木结构建筑给予40元/m^2省级奖补。目前，吉林省同基地产有限公司开发的全木结构磐石潭溪生态园项目（9940m^2）已建设完成，珲春环亚经贸公司开发的木墅湾项目（2.4万m^2），已完成施工图设计，正在进行木结构建筑部品构件生产，2016年完成基础施工。珲春市全木结构张鼓峰纪念馆（1200m^2）、长春市游泳馆改造项目（4470m^2）正在进行施工图设计。

4.2.1.2 下一步工作计划

吉林省以长春、吉林两市为积极推进地区，其余城市为鼓励推进地区，因地制宜发展装配式混凝土结构、钢结构和现代木结构等装配式建筑。进一步完善标准规范和监管体系，推动形成一批集设计、部品部件规模化生产、施工于一体的，具有现代装配建造水平的工程总承包企业以及与之相适应的专业化产业工人队伍。

2017年，在长春、吉林等地建成3个以上装配式建筑产业基地，培育一批产业化优势企业。推进"长春新区木结构建筑产业化发展集聚示范区""珲春市木制品加工产业园"建设。将木结构建筑、钢结构建筑作为吉林省发展装配式建筑的重要抓手。在此基础上，加快推进装配式混凝土结构建筑。吉林省计划新建装配式建筑面积50万m^2以上，装配式建筑单体装配率达到20%以上；初步建立起吉林省装配式建筑技术、标准、质量、计价体系。

4.2.2 安徽省

近年来，安徽省将发展装配式建筑作为促进建筑产业转型升级和城乡建设绿色发展的重要抓手，完善政策、标准、监管体系，加强试点城市、示范基地和示范项目建设，聚焦技术创新、政策激励、产业培育重点环节，不断提高装配式建筑生产能力和实施比例，预制构件年产能达900万m^2，建造装配式建筑面积超过500万m^2，初步形成了市场主导、政府推动，试点先行、循序渐进的发展格局。

4.2.2.1 主要做法

（1）健全推进机制，加强组织领导

安徽省政府将装配式建筑工作纳入对各市政府目标责任评价考核体系，建立了由省住房城乡建设厅牵头、15个省直有关部门参加的推进装配式建筑联席会议制度，负责研究制定全省建筑产业现代化发展规划和实施计划，协调解决工作推进中的重大问题。组建了省级专家委员会，指导编制行业发展规划和标准规范，加强对各地装配式建筑工作的技术指导，保障各地试点项目建设质量安全。省住房城乡建设厅每年将装配式建筑纳入全省建筑节能和绿色建筑专项检查重点内容，督促各地抓好落实。各地住房城乡建设、发展改革、国土资源和规划等部门，在项目立项、土地出让、规划审批、建筑设计方案审查、施工许可和验收等环节引导把关，认真落实装配式建筑要求。

（2）完善政策体系，明确工作目标

省政府先后出台了《关于加快推进建筑产业现代化的指导意见》《关于推进城乡建设绿色发展的意见》，省住房城乡建设厅印发了《建筑产业现代化"十三五"发展规划》《关于加快推进钢结构建筑发展的指导意见》《城乡建设绿色发展六项重点行动实施方案》等政策文件，明确了全省推进装配式建筑发展的总体目标和政策措施。安徽省的目标是：到2017年末，全省装配式建造的建筑面积累计达到1500万m^2，新建建筑按绿色建筑标准设计建造比例超过30%；到2020年，基本形成装配式建筑一体化产业链，装配式施工能力大幅提升，装配式建筑占新建建筑面积的比例达到15%，新建绿色建筑比例达到60%；力争到2025年，装配式建筑占新建建筑面积的比例达到30%。

（3）聚焦技术创新，加大政策扶持

省政府专门研究出台了针对装配式建筑企业和项目的支持政策。采用装配式建筑的项目享受绿色建筑扶持政策，符合条件的企业享受战略性新兴产业、高新技术企业和创新型企业扶持政策。整合绿色建筑、产业发展、科技创新、节能减排等专项资金，支持装配式建筑发展，省财政厅已连续四年每年安排5000万元专项资金用于支持装配式建筑重要课题研究、关键技术攻关以及建设项目补助等。对土地出让时未明确但开发建设单位主动采用装配式方式建造的房地产项目，在办理规划审批时，其外墙预制部分建筑面积（不超过规划总建筑面积的3%）可不计入成交地块的容积率核算。对采用装配式建造的商品房在办理《商品房预售许可证》时，允许将装配式预制构件投资计入工程建设总投资额，纳入进度衡量。

（4）产学研企合作，完善技术标准

整合高等学校、科研院所、生产企业技术资源，搭建产学研合作平台，开展了装配式建筑标准体系研究、装配式混凝土结构体系研究、钢结构建筑产业化推进机制和关键技术研究、装配式建筑工程监管体系研究及综合成本效益分析等一批重点课题研究。强化建筑材料标准、部品部件标准、工程标准之间的衔接，编制发布了《装配整体式混凝土结构工程施工及验收规范》DB34/T5043-2016等标准图集和《安徽省工业化建筑计价定额》，逐步建立完善覆盖设计、生产、施工和使用维护全过程的装配式建筑标准规范体系。

（5）完善产业体系，强化实施能力

按照引进消化吸收的工作思路，不断加强装配式建筑实施能力。引进中建国际、长沙远大、黑龙江宇辉、宝业西伟德等大型建筑产业化企业和战略性新兴产业落户，指导中铁四局、建工集团、鸿路钢构等本省传统建筑业企业转型发展，推动产业布局和产业体系的完善。鼓励各地推进工程项目总承包和设计施工一体化，提升市场实施能力。把装配式建筑相关政策、标准和技术要求纳入8大员培训和考核评价内容，大力培育适应装配式建筑发展需求的新型产业工人队伍。积极探索产业联盟模式，完善专业化分工协作机制，致力形成高水平产业集团实现产业集聚。全省预制构件年产能达900万m^2。

（6）重点领域先行，试点示范引导

率先推动政府主导项目开展装配式建造，在成熟开展保障性住房和回迁安置房试点建设的基础上，推动工业厂房采用装配式建造，逐步引导商品房和公共建筑采用装配式建造。大力推广应用预制叠合楼板、预制楼梯、阳台板、空调板和厨卫一体化等部品部件，鼓励各地逐步采用工业化程度较高的结构体系。大力推广钢结构在公共建筑和工业建筑中应用，积极稳妥推进钢结构住宅项目建设，探索轻钢结构在旅游度假、农村居民自建住房、危房改造中的推广应用。加强装配式建筑试点示范工作，指导合肥、蚌埠、滁州、芜湖、六安、马鞍山等6个城市开展省级综合试点城市建设，中铁四局、马钢集团等19个企业开展省级示范基地建设。其中合肥市被评为国家住宅产业现代化综合试点城市，鸿路钢构等4个基地入选国家级住宅产业化基地。全省累计开展了500万m^2试点项目建设，中科大先进技术研究院人才公寓等一批项目采用装配式建造，经济、社会、环境效益显著。

4.2.2.2 下一步工作计划

（1）制定发展规划和年度实施计划

省住房和城乡建设厅已印发《关于落实装配式建筑实施方案和年度实施计划的通知》，要求各地装配式建筑主管部门会商发展改革、国土资源、规划等相关部门，抓紧制定发展规划和年度实施计划。一是确定2016～2020年发展规划。要求各地按照"2020年力争装配式建筑占新建建筑面积比例达到15%"的目标要求，对本地装配式建筑建造能力及实施现状认真调查摸底,分年度合理确定装配式建筑发展目标和重点,研究提出装配式建筑的支持政策和保障措施,制定装配式建筑发展规划,将经本级人民政府批准的实施方案报省厅。二是落实2017年实施计划。要求各地根据2017年住房城乡建设计划和土地供应计划,落实发展规划安排,研究确定2017年实施计划,将经本级人民政府批准的实施计划报省厅,列入2017年考核内容。三是确定2017年实施项目。要求各地根据年度实施计划,梳理确定2017年装配式建筑实施项目,报省厅后纳入全年重点督查内容。

(2)健全工作推进机制

为落实《安徽省人民政府办公厅关于大力发展装配式建筑的通知》,重点建立健全以下工作推进机制。一是协调落实土地供应制度。积极会商国土资源部门,在土地供应中,将发展装配式建筑的相关要求纳入供地方案,并落实到土地使用合同中。二是健全招投标制度。拟出台促进工程总承包和优化招投标制度文件,在装配式建筑中推行工程总承包模式,按照技术复杂类工程项目招投标,其中政府投融资依法必须进行招标的装配式建筑项目,技术复杂、有特殊要求,只有少数几家生产施工企业能够承建,符合规定的允许采用邀请招标。三是实行建设环节把关制度。在规划审批、设计图审、施工许可、监管验收等环节严格把关,探索建立与装配式建筑发展相适应的管理机制。四是建立动态监管和行业统计制度。要求各地对纳入年度实施计划的项目,建立包括项目名称、建设单位、建筑面积、建筑类型、结构形式、新建时间等信息的项目档案和台账,实行季报制度,及时掌握项目进展情况,切实加强监督检查。五是实行政策激励制度。已会商省财政厅,2017年连续第五年安排5000万元专项资金用于支持装配式建筑重要课题研究、关键技术攻关以及建设项目补助等。六是实行考核通报制度。省政府已将装配式建筑发展情况纳入各市城市规划建设管理工作监督考核指标体系和各市政府节能目标考核体系,每年通报考核结果。省住房和城乡建设厅正在制定考核细则。

(3)建立适合省情的装配式建筑结构体系

一是大力发展装配式混凝土结构。目前已形成了中建国际、宝业、远大、宇辉、安徽建工集团等一批装配式混凝土龙头企业,预制构件年产能力达1000万m^2,技术体系比较成熟,发展基础较好。下一步,将在积极推进保障房、公共建筑和政府投资工程应用的同时,加大在房地产项目以及其他社会投资项目的推广实施,努力提高实施比例。二是鼓励发展钢结构建筑。大力推进钢结构、轻钢结构在公共建筑和工业建筑中的应用,其中要求重点抗震设防类公共建筑、大型公共建筑、政府投资工程要率先采用钢结构建筑技术,大跨、超高的民用建筑及工业厂房等工业建筑原则上采用钢结构建筑技术;稳妥推进钢结构住宅建设,引导房地产项目采用装配式建筑;积极探索在旅游度假、农村居民自建住房、危房改造中推广应用轻钢结构。

（4）健全技术标准和质量监管体系

一是健全技术标准体系。围绕节点连接、防火、防腐、防水、抗震等核心技术实施科技攻关，编制出台《装配式混凝土结构工程施工与质量验收规程》《预制装配式混凝土结构检测技术规程》等标准规范，逐步完善覆盖设计、生产、施工和使用维护全过程的标准规范体系。指导各地遵循"分类实施、循序渐进"的原则，选取合适的技术路径和结构类型，引导项目在成熟应用预制叠合楼板、预制楼梯、阳台板、空调板等预制构配件的基础上，逐步推广装配率较高的结构体系。鼓励联盟、协会制定团体标准，支持企业制定企业标准。二是建立质量监管体系。省住房和城乡建设厅将陆续启动适应装配式建筑推广应用需求的设计、审图、施工、监理、质监、验收等环节的技术导则制定，发布《装配式混凝土结构适宜技术指南》和《钢结构适宜技术指南》。鼓励各地依托装配式建筑项目建设，先行制定设计、审图、施工、监理、质监、验收等环节的技术要点并积极参与导则制定。逐步建立结构体系、现场装配与施工、部品部件与整体建筑评价认证制度。

（5）提升实施能力

一是建立产业联盟。组建研发推广展示中心，成立装配式建筑产业联盟，整合投资、研发、设计、生产、施工和销售资源，实现人才、技术、资金、市场等信息共享，促进产业链上下游合作。二是完善产业布局。引导装配式龙头企业在省内合理布点，支持传统建筑企业转型升级。三是推广应用建筑信息模型技术。提高建筑领域各专业协同设计能力，推动装配式建筑设计、生产、施工过程的通用化、模数化、标准化。四是建立培训基地。支持省内有关大专院校申报培训基地，编制培训教材，培养装配式建筑设计、生产、施工、管理等专业人才。

（6）继续开展试点城市和示范基地建设

一是推动试点示范建设。目前，已在7个城市开展省级综合试点城市建设，29个企事业单位开展省级示范基地建设。2017年，在继续开展省级试点示范的同时，将积极支持产业基础良好、创建意愿较强的地方争创国家级综合试点城市和示范基地，辐射带动周边地区发展。二是发挥示范效应。督促各综合试点城市从项目立项、土地出让、规划审批、设计审查、监管验收等方面，抓紧建立与装配式建筑发展相适应的管理机制和模式，研究制定切实可行的配套激励政策，从财政、税收、金融等方面鼓励装配式建筑发展，对建设项目强力支持，逐步建立健全政策法规体系，为全省推广提供试点经验。

4.2.3 山东省

山东省是装配式建筑工作起步较早的省份之一，早在2000年省政府办公厅就印发《关于推进住宅产业现代化全面提高住宅质量和水平的通知》，积极推进。近年来，山东省认真贯彻落实国家工作部署，开拓进取，务实创新，加快推进装配式建筑发展，取得积极成效。

4.2.3.1 主要做法

（1）完善政策机制

一是制定政策措施。省委、省政府高度重视装配式建筑发展。2014年以来，先后出台《山东省新型城镇化规划》《关于切实加强和改进城市规划建设管理工作的实施意见》《关于进一步提升建筑质量的意见》等政策文件，要求强力推进装配式建筑，推进建造方式创新，提高装配式建筑占新建建筑的比例。住房和城乡建设厅代省政府起草的《关于大力发展装配式建筑的实施意见》得以印发。二是建立工作机制。省里将装配式建筑工作纳入各级政府新型城镇化工作定量考核指标体系和节能目标责任考核，建立定期调度制度。住房和城乡建设厅成立了装配式建筑工作领导小组，各市也明确了牵头部门，济南、青岛等9市经编办批准组建了装配式建筑工作机构，基本建立了上下对口的组织机构和工作体系。三是组织业务培训。将装配式建筑工作纳入全省新型城镇化领导干部培训内容，在2016年省委组织部举办的全省新型城镇化专题研讨班、"新常态新理念新作为"系列领导干部专题培训班上，对各地政府分管领导和住建、规划、房管等部门主要负责同志进行了专题培训。

（2）强化资金扶持

修订《山东省绿色建筑与建筑节能专项资金管理办法》，将装配式建筑示范纳入资金支持范围，每平方米奖励100元；累计投入省财政资金1.3亿元，支持省级建筑产业化试点城市、生产基地、示范项目建设。目前，全省启动10个省级建筑产业化试点城市，培育发展部品构件生产企业31个、生产线69条；实施35项省级示范工程，规模达168万m^2。其中，山东建筑大学综合实验楼是全国首个钢结构装配式超低能耗绿色被动房，淄博市文昌嘉苑是国内最大规模的钢结构住宅项目，面积达到80万m^2。

（3）制定技术标准

省级累计投入财政资金1440万元，支持开展装配式建筑推进机制研究、装配式混凝土结构体系研究等17项重大课题攻关。编制实施了装配整体式混凝土结构工程《设计规程》《预制构件制作与验收规程》《施工与质量验收规程》3项地方标准，发布了《装配整体式混凝土结构建筑工程补充定额》《建筑产业现代化推广应用技术体系公告》《装配整体式混凝土结构体系推广应用技术公告》《装配式保障性住房户型优选图集》等技术文件。

（4）创新监管措施

一是推行三项制度。创立建设条件意见书、产业化技术应用审查、住宅小区综合验收3项制度，建设条件意见书制度在土地及项目供应环节把产业化技术应用，作为土地出让的前置条件和项目建设的依据,烟台等11个市推行了此项制度;产业化技术应用审查制度在规划、设计阶段实行方案评审优化和技术审查;住宅小区综合验收制度将产业化落实情况作为竣工综合验收重要内容。二是严格质量监管。制定实施《山东省装配式混凝土建筑工程质量监督管理工作导则》,把质量监督范围扩大到构件生产环节,实施首批构件监理单位驻厂监造制度;济南市基于建筑物联网技术,建立了装配式建筑全过程质量追溯体系。

（5）做大产业规模

山东省制定产业发展规划,科学规划产业布局,培育省级建筑产业化生产基地55家,指导省内骨干企业牵头成立装配式建筑产业技术创新联盟和钢结构建筑产业联盟,与大专院校、职业学校组建教育联盟。山东省先后有8家企业获批国家住宅产业化基地。目前,全省现有混凝土预制构件生产线54条、年生产能力760万m^3、钢结构生产线286条、年生产能力605万t,整体厨房、整体卫浴产能分别达到218万m^2、20万套。

山东省装配式建筑发展取得一定成绩,但与先进省市相比还存在许多不足。下一步,山东省将以这次会议为契机,围绕贯彻落实中央、全省城市工作会议精神和国办发〔2016〕71号文件,学习借鉴先进省市经验,推动装配式建筑快速发展,力争到2025年全省装配式建筑占新建建筑比例达到40%以上。重点抓好三个方面:一是完善政策措施。指导各市以政府名义出台装配式建筑发展政策意见和"十三五"发展规划,制定激励措施,明确发展目标。充分利用建设条件意见书、产业化技术应用审查、竣工验收制度,在土地出让、规划设计、竣工验收等环节明确要求。二是推进项目建设。明确城市规划区内新出让或划拨的土地装配式建筑项目面积比例,政府投资新建建筑全面采用装配式技术建造,逐步强制推行标准化预制楼梯、叠合楼板。三是加快产业发展。统筹产业布局,积极创建产业园区,鼓励施工、设计、开发、科研等骨干单位联合打造房屋工厂。积极推进工程总承包,发展一批工程总承包企业。

4.2.3.2 下一步重点工作

（1）强化组织领导,形成工作推进合力。一是加强组织协调。调整住房和城乡建设厅装配式建筑工作领导小组,明确各成员处室、单位任务分工;建立由省住房和城乡建设厅牵头,省直有关部门参加的部门联席会议制度,落实部门责任;要求各市、县（市、区）也建立相应的工作协调机制,推动墙改节能机构职能向发展装配式建筑转变。二是加强动员部署。组织召开全省装配式建筑工作现场会,传达国家及省有关会议、文件精神,交流先进经验,全面部署装配式建筑发展工作。三是加强考核督导。制定2017年度装配式建筑工作考核要点,要求各地制定政策措施,明确任务指标,纳入各级政府节能减排和新型城镇化目标责任考核体系,实施定期统计调度和通报制度;开展装配式建筑工作专项检查，督促各地加快工作进度，确保任务落实。

（2）制定配套文件，落实各项政策措施。一是编制实施《山东省装配式建筑发展规划（2017—2025年）》，进一步明确装配式建筑发展目标、产业布局及控制性指标；要求各地结合实际，加快编制完成当地的发展规划。二是制定出台《关于保障性住房、政府投资工程推行装配式建筑的行动计划》，明确建设标准和要求。三是研究制定装配式建筑管理办法，在土地出让时，明确发展装配式建筑的具体比例要求，列入建设用地规划条件和项目建设条件意见书；研究制定装配式建筑规划审查、施工图审查、质量安全监督要点，确保有关要求落实到位和工程质量安全。四是制定出台装配式建筑部品部件认证管理办法，开展部品部件评价认定工作。

（3）推进技术审查，提升科技支撑能力。一是建立装配式建筑技术审查制度，调整充实装配式建筑专家委员会，开展技术审查、评估和论证服务。二是加强技术攻关，支持开展装配式建筑标准化设计及部品构件通用性集成研究、百年建筑围护体系及关键技术研究等4项课题。三是加快成熟技术产品推广应用，组织编制《钢结构建筑技术公告》和装配式建筑技术产品推广目录。四是组织制定装配式建筑标准体系框架，按照"急用先编"的原则，启动编制《装配整体式混凝土结构住宅标准化设计规程》《装配整体式混凝土结构工程一体化装修技术规程》等规范。

（4）抓好示范建设，发挥引领带动作用。组织开展示范城市、示范工程、示范基地3类示范，并列入省级建筑节能与绿色建筑发展专项资金支持范围，市、县级示范城市分别给予奖励资金2000万元、1000万元，示范工程奖励资金100元/m^2，示范基地奖励100万元/个，2017年计划支持示范城市5个、示范工程50个、示范基地25个。研究制定装配式建筑示范城市、示范工程、示范基地管理方法，明确申报条件、程序及监督管理，确保示范质量和效果。

（5）开展宣传培训，营造良好发展环境。组织召开全省装配式建筑发展新闻发布会，通过报刊、电视、电台、网络等媒体，大力宣传发展装配式建筑的政策、有关知识和经济社会效益，提高社会认同度。组织开展大规模培训教育活动，采取集中培训或与继续教育、取证培训相结合的方式，对有关行政主管人员、管理技术人员、执业资格注册人员、现场专业人员、产业工人等从业人员进行培训，全面提升从业能力，着力打造适应装配式建筑发展的人才队伍。

4.2.4　河南省

河南省结合创新驱动发展战略的实施，积极响应装配式建筑发展要求，围绕建筑业转型升级、市场培育和产业链发展等内容，把推进装配式建筑发展作为提升区域经济发展的有效手段，与加快生态文明建设、推动先进制造业发展、建设绿色宜居美丽城市等重点工作协同推进，积极探索实践，加快装配式建筑推进步伐，努力走出一条符合中央要求、体现客观规律、具有河南特色的装配式建筑发展道路。

4.2.4.1 主要做法

一是搭建交流平台。为大力推进装配式建筑发展，河南省建立了"两中心一联盟"的装配式建筑技术研发、咨询服务机构，搭建了合作交流平台。2014年成立了河南省建筑产业现代化工程技术研究中心，主要负责组建河南省装配式建筑技术研发团队，开展关键技术攻关，研究制定和完善适应建筑产业化要求的结构技术保障体系、建筑体系、部品体系、质量控制体系和性能评定体系，提供技术支持。2015年设立了河南省绿建科技与产业化发展中心。通过高起点规划、高品质顶层设计、高水平业务承接、高效率技术服务面向省内外开展住房城乡建设领域节能减排、装配式建筑技术推广、人员培训和信息咨询等。组建了河南省建筑产业现代化产业技术创新联盟。为提升装配式建筑技术水平，推动高等院校、科研院所和龙头企业的产学研用，形成组团效应，河南省筹建了建筑产业现代化产业技术创新联盟，该联盟现已发展成员70余家，涵盖高等院校、科研院所、大型国企、高新技术企业，以及设计、施工、检测、建材、机械等多行业多领域单位。

二是培育产业基地。开展"区中园"产业基地建设，培育了以中国建筑第七工程局、鹤壁东江建筑工业科技有限公司、河南远大为代表推进装配式混凝土结构生产基地，以河南天丰集团、河南杭萧钢构有限公司为代表的钢结构生产基地等16家装配式建筑生产基地。生产种类涵盖PC建筑体系、钢结构体系、市政体系等，年生产能力满足装配式建筑面积800余万平方米，钢结构50余万吨。

三是开展技术攻关。印发了《河南省建筑产业现代化技术体系科技攻关三年行动计划（2016—2018年）的通知》（豫建科〔2016〕3号），开展装配式建筑技术研究开发，涉及装配式低能耗、装配式房屋体系、装配式钢结构、混凝土结构等从装配式建筑多维度、多方向开展研究，如"装配式集成房屋体系研发与产业化""钢管束组合结构住宅技术体系研究""装配式环筋扣合锚接混凝土剪力墙结构体系研究""装配式刚接劲性组合框撑结构体系研究""箱式模块化集成建筑体系研究""低层钢结构住宅体系研究""超轻混凝土型钢结构装配式住宅体系研究"等装配式建筑科研课题10余项。

形成了河南省自主知识产权的结构技术体系，如：中建七局的"装配式环筋扣合锚接混凝土剪力墙结构"和"装配式刚接劲性组合框撑结构"，河南天丰集团的装配式集成房屋技术体系，河南兴安新型建材有限公司的低层钢结构住宅体系等

四是建立标准体系。为规范和指导河南省装配式建筑发展，先后发布了《装配整体式混凝土结构技术规程》DBJ41/T154-2016、《装配式混凝土构件制作与验收技术规程》

DBJ41/T155-2016、《装配式住宅建筑设备技术规程》DBJ41/T159-2016、《装配式住宅整体卫浴间应用技术规程》DBJ41/T158-2016、《河南省成品住宅装修工程技术规程》DBJ41/T151-2015等装配式建筑系列标准18部，发布实施10部，再审8部。

五是培育龙头企业。现有河南五建建设集团、郑州城建集团、中建七局、河南天丰、河南杭萧钢构、郑州东方钢构、河南信宇石油机械制造等6家施工单位开展装配式建筑施工总承包企业。现有河南省建筑设计研究院有限公司、河南省城乡规划设计研究总院有限公司、郑州市建筑设计院、郑州大学综合设计研究院有限公司、河南中建工程设计咨询有限公司、机械工业第六设计研究院有限公司等7家单位已开展装配式建筑设计工作。

六是开展试点示范。建成中建七局观湖国际装配式环筋扣合锚接混凝土剪力墙结构体系示范工程、中信国安河南置业有限公司中信国安城建项目、济源虎岭科技财富广场、万科城项目U64-01地块、万科城项目U60地块、新乡商会大厦、钢结构多高层公共租赁房项目、平顶山市鹰城商贸中心一期、富士康—天时、蓝天钢结构公寓、许昌空港20号楼、洛阳正大国际、许昌空港第一国际、郑州市107辅道快速化工程PPP项目等装配式建筑示范项目20余个，极大地带动了河南省装配式建筑快速跟进。

七是强化人才培养。加强对行业主管部门、相关企业的技术人员和一线操作人员培训，培养具备相关专业技术知识的管理型人才和生产、操作经验的技能型产业技术工人。利用各种新闻媒体，加强对消费者的宣传，提高群众对装配式建筑工作的认知度。两年来有3000余人次接受了装配式建筑专项培训。

4.2.4.2 推进模式

一是坚持"五结合"，稳步推进装配式建筑发展。坚持发展装配式建筑与产业转型升级相结合，政府引导与市场主导相结合，统筹规划与重点推进相结合，循序渐进与示范带动相结合，信息技术与装配式建筑智慧推进相结合。

二是坚持"三延伸"，重点推进装配式建筑发展。坚持装配式建设延伸向绿色建筑，坚持装配式建筑向农房建设延伸，坚持装配式木结构建筑向有条件的农村及景区建设延伸。

三是坚持"三侧重"，侧重国家循环经济示范城市、节能减排示范城市、海绵城市、中外合作绿色低碳生态城市等重点城市建设，侧重郑州航空港综合实验区、绿色生态城区及新建城区等重点区域建设，侧重保障性住房、农村危房改造、政府投资工程及百城建设提质工程等重点项目推进装配式建筑落地。

4.2.4.3 下一步重点任务

（1）科学规划发展路径。制定出台《河南省装配式建筑发展规划》，研究出台《河南省大力发展装配式建筑的实施意见》，明确发展目标、主要任务、激励政策和保障措施，因地制宜、有所侧重地发展装配式混凝土结构、钢结构和现代木结构等装配式建筑,实现市场规模、产业配套和队伍建设协调发展、相互促进。

（2）完善技术标准体系。组织科研院所,集中骨干力量,加快编制涉及装配式建筑设计、施工、竣工验收、使用维护、评价认定等方面的地方标准,引导企业编制技术、产品标准和施工工法。年底前力争完成《装配式建筑评价标准》《装配式钢结构集成楼盖应用技术规程》等标准的发布;对尚无国家、行业及地方标准的新技术、新工艺、新材料,可以开展技术审查、评估和论证,其结论作为设计、施工、监理和监督依据。

（3）培育打造产业基地。支持郑州建设装配式建筑综合园区,支持洛阳、鹤壁等重点推进地区,根据产业发展基础,依托产业集聚,率先建立装配式混凝土结构生产基地;支持安阳、新乡、济源和平顶山等地依据钢铁企业,积极建设钢结构产业基地,鼓励有条件的地区建设整体厨卫及部品部件等特色生产基地。对于条件成熟的,推荐申报国家装配式建筑产业基地。

（4）强化队伍养成建设。培育专业队伍,启动"333"人才工程计划,逐步培养300名高层次专业人才、3000名一线专业技术管理人员、30000名生产施工技能型产业工人;装配式建筑技术进课本课堂,本科院校增加学时,职业技术学院增设专业,为装配式建筑发展培养人才。逐步形成一批利用装配式建筑技术开发建设的骨干企业;培育一批熟练掌握装配式建筑核心技术的设计企业;打造一批具有较高施工技术水平的骨干企业。

（5）开展装配式建筑技术评估。针对河南寒冷地区及夏热冬冷地区不同气候区域、不同建筑类型和不同抗震设防等级要求,开展装配及建筑技术(部品部件)评估,形成一批成熟成套的技术体系。针对特定的装配式建筑技术体系,及时发布相应的部品部件产品目录,开展部品评估和推广。

（6）实施装配式建筑试点示范。以棚户区改造等政府投资主导工程项目为切入点,结合百城建设提质工程、中外绿色低碳生态城市建设等重点工作,开展装配式建筑项目试点示范,计划建设完成预制率不低于20%的装配式建筑示范工程50万m^2。结合精准扶贫开展驻马店、南阳地区装配式建筑农村危房改造试点工程,结合特色小镇建设开展现代木结构示范,储备建设装配式建筑技术示范超市,结合建筑能效提升,开展郑州、洛阳被动式超低能耗装配式建筑示范。

（7）加大项目储备。印发了《关于组织申报2017年建筑节能及绿色建筑相关示范储备项目的通知》,鼓励企业积极申报装配式建筑示范项目,要求省内各市(县)建立项目库,认真筛选入库项目。

（8）建立专家委员会。对拟建装配式建筑进行前期论证评估、中期指导、后期评价。

（9）开展学习观摩活动。联合省建筑工会开展装配式建筑工人技术比武;开展技术人员现场观摩；组织先进省份学习调研；赴德国、日本、加拿大学习研修。

（10）强化宣传培训。通过报刊、电视、网络等媒体，广泛开展形式多样的宣传教育活动，向广大消费者普及装配式建筑的基础知识，提高社会公众对发展装配式建筑重要性的认识；加大装配式建筑相关政策措施和实施效果的宣传力度，提高社会公众对装配式建筑的认知度，促进装配式建筑相关产业和市场发展。

4.2.5 湖南省

湖南省装配式建筑在全国起步较早，1996年，远大集团率先在全国探索住宅产业化和装配式建筑，在充分吸收国内外先进理念和技术的基础上，逐步形成了自主研发体系、制造体系、施工体系、材料体系、产品体系，成为全国较有影响力的装配式建筑领军企业。2014年，湖南省委省政府把推进住宅产业化和装配式建筑，作为产业转型、绿色发展"两型社会"建设的重要抓手，并列入"十三五"期间全省重点扶持的十大"新兴产业"之一，坚持"政府引导、市场推动、企业联动"。三年来，推进工作取得了突破式进展和阶段性成果，实现了湖南装配式建筑的跨越式发展。截至2016年9月，湖南省共有装配式建筑规模企业10家，建成装配式建筑生产基地15个，年产能达到2100万m^2，全省共实施装配式建筑项目1400万m^2。

4.2.5.1 主要做法

（1）政策引导

一是出台文件。2014~2016年省委省政府出台文件5个，包括《关于推进住宅产业化的指导意见》《关于推进住宅产业化的指导意见部门职责分工的通知》《关于建立湖南省住宅产业化发展联席会议制度的通知》《湖南省推进住宅产业化实施细则》《关于进一步加强和改进城市规划建设管理工作的实施意见》。省住房和城乡建设厅相继出台文件8个，包括《关于加快推动全省各市州住宅产业化工作的通知》《湖南省住宅产业化基地管理办法》《关于住宅产业化主要工作任务的分工意见》《湖南省住宅产业化生产基地布点规划（2015—2020年）》《湖南省住宅产业化专家委员会管理办法》《湖南省装配式混凝土—现浇剪力墙结构住宅计价依据》《湖南省住宅产业化项目单体建筑装配式PC结构预制装配率计算细则（试行）》《湖南省装配式建筑项目招投标活动的暂行意见》，共14个市州人民政府有8个市州出台了文件。

二是发展目标。2016年6月省委省政府提出发展装配式建筑总体目标：到2020年，全省创建5个以上住宅产业化示范城市；市州中心城市装配式建筑占新建建筑的比例达到30%以上，长（沙）株（洲）潭（湘潭）地区达到50%以上。

三是主要措施。湖南省对装配式建筑的主要优惠政策有生产基地奖励、建筑容积率奖励、报建费用减免、金融贷款优惠、消费者购房补助、招投标优惠政策等。

（2）基础先行

一是编制规划。2015年，湖南省编制和发布了《湖南省住宅产业化生产基地布点规划图（2015—2020年）》，规划中提出，到2020年，全省综合型生产基地达8个，专业型生产基地达3个，PC构件生产基地达6个，生产产能达4000万m^2，实现14个市州装配式建筑生产基地全覆盖。

二是制定标准。2014~2016年，湖南省已编装配式建筑技术标准12本，包括《装配式钢结构集成主板》《装配式钢结构集成部品撑柱》《装配式斜支撑节点钢框架技术规程》《混凝土装配—现浇式剪力结构技术规程》《混凝土叠合楼盖装配式建筑技术规程》《装配式混凝土结构设计文件深度规定》《装配式建筑统一模数标准》《装配式混凝土结构工程施工质量验收规程》《装配式混凝土PC构件生产质量检验标准》《湖南省绿色建筑评价标准—装配式混凝土建筑补充规定》《湖南省装配式结构信息技术规程》《多层装配式混凝土墙板结构技术规程》；在编8本，包括《多层装配式混凝土复合墙板结构技术规程》《农村底层装配式混凝土住宅技术规程》《装配式建筑建设项目装修设计导则》《装配整体式钢-混凝土组合结构技术规程》《装配式混凝土结构体系质量评价技术规程》《周边量合整体式混凝土装配式楼盘技术规程》《子结构拼装混凝土框架结构技术规程》《湖南省装配式混凝土结构技术规程》。

三是建设基地。远大住工、三一集团获批国家住宅产业化基地；中民筑友、沙坪建筑（三能房屋）、东方红建设集团、金海钢构获批国家装配式建筑产业基地；远大住工、三一集团、中民筑友、三能房屋、金海钢构、东方红集团获批第一批湖南省住宅产业化示范基地。

（3）示范带动

一是精品带动。引领装配式建筑由数量型向品质型发展，在全省培育了一批装配式建筑示范项目，其中恒伟·西雅韵项目，由长沙先导恒伟房地产开发有限公司投资、长沙远大住工承建，该项目位于岳麓区洋湖垸片区靳江河路。共6栋高层，总建筑面积为62223.4m^2。建筑主体采用预制装配技术、全部精装交房，为打造宜居绿色环境，采用了水源热泵系统、户式新风系统、雨水渗透系统、中水入户系统、餐厨垃圾粉碎系统、家用净水系统、智能家居系统、同层排水系统等8项绿色技术。再如万科魅力之城项目，由万科地产湖南湘诚壹佰置地有限公司投资建设，项目位于长沙市武广新区黎托片区，项目9号~14号栋6栋高层住宅采用装配式建筑，全装修交房。工程总建筑面积166294.58m^2，预制率50%，总工期18个月，比传统施工方法节省1/3工期。该项目按照湖南省一星级绿色建筑和长沙市一星级绿色建筑相关要求进行设计及建造施工，合理选用了适合本项目且发展成熟的外墙保温绿色建筑技术。

二是农村扩展。引导装配式建筑由城市住宅产业化向农村住宅产业化扩展。2015年，省住房和城乡建设厅投入400多万元，在长沙市望城区白箬铺镇建成了全省农村住宅产业化样板房展示基地。湖南省住宅产业化联盟企业东方红建筑公司在湘西自治州吉首市承建了第一个易地扶贫搬迁示范项目，共3700户，总建筑面积38万m^2。湖南北鑫新材料有限公司在长沙市长沙县福临镇建设了一批轻钢结构农民安置房，远大住工在郴州市建成住宅产业化乡村旅游示范项目银杏庄园，共31栋，占地68亩，投资4500万元，共设170个床位，年接待游客6万人次。

三是项目延伸。引导装配式建筑由房建产业化向市政工程产业化延伸。中建科技集团湖南公司在宁乡生产基地已生产第一批地铁管片，东方红建设集团在湘西、中民筑友在衡阳已建设城市地下管廊项目。

4.2.5.2 下一步工作目标

（1）扩大装配式建筑覆盖面。加快推进装配式混凝土（PC）结构、钢结构、现代木结构建筑的应用，全省装配式单体建筑预制装配率达到50%以上；到2020年，全省各市州中心城区装配式建筑占新建建筑比例达到30%以上，其中：长株潭三市中心城区达到50%以上。

（2）提升信息化管理水平。到2018年底，全省实现装配式建筑设计、生产、储运、施工、装修、验收全过程的信息化动态监控，建立装配式建筑安全质量跟踪追溯体系。

（3）实现建筑业转型升级。大力推进装配式建筑"设计—生产—施工—管理—服务"全产业链建设，打造一批以"互联网+"和"云计算"为基础，以BIM为核心的装配式建设工程设计集团和规模以上生产、施工龙头企业，促进传统建筑产业转型升级，建成全省千亿级装配式建筑产业集群。

4.2.5.3 下一步重点任务

（1）编制产业发展规划。要求各市州要合理编制装配式建筑发展规划，确定辖区内2017~2020年装配式建筑总体发展目标和技术路径，明确装配式建筑重点实施区域和控制性指标等。规划编制完成后，经本级政府批准公布实施。督促各市州应在2017年9月底前完成规划编制工作，并将批准后的规划报送省住房和城乡建设厅备案。

（2）加强设计、生产能力建设。充分发挥设计先导作用，大力提升勘察设计人员的建筑信息模型（BIM）技术应用能力，不断提高建筑设计模数化应用水平，设计深度符合工厂化生产、装配化施工的要求。鼓励采用建筑、结构、水电、装修一体化设计，推广应用装配化装修技术和产品，逐步实现内装部品产业化。大力发展装备制造、物流、绿色建材、建筑机械、可再生能源等相关产业，集聚一批具有自主知识产权的品牌产品和龙头企业。

（3）组建产学研科技创新平台。通过部省合作共建方式，建设"装配式建筑科技产业示范园"，汇聚全省乃至全国优势创新企业资源开展装配式建筑关键技术的研发、转化和推广，为企业、科研机构、投融资机构、咨询服务机构和行业协会学会组织等主体提供合作共赢的综合型公共服务平台，打通装配式建筑产业面临的技术、资金、人才等瓶颈，为装配式建筑及相关配套企业的培育孵化和发展壮大提供全方位要素支持，全面提升装配式建筑技术水平和供应保障能力。

（4）健全技术支撑体系。省住房和城乡建设厅、省质量技术监督局要加快装配式建筑、住宅全装修以及BIM相关技术标准、导则、图集的编制和发布工作，满足装配式建筑设计、生产、施工、验收的需要。加强装配式建筑新技术、新工艺、新材料、新设备的研发、转化和推广，建立装配式建筑技术和产品的目录管理和认定体系。各地建筑工程造价主管部门适时收集装配式建筑工法，制定完善建筑清单计价依据。充分发挥省装配式建筑专家委员会作用，开展装配式建筑技术审查、评估和论证等咨询服务。

（5）大力推进钢结构装配式建筑发展。政府投资的机场、车站、影剧院、体育馆、展览馆等大空间大跨度公共建筑、工业厂房和市政桥梁等应采用装配式钢结构建筑。社会投资的单体建筑面积超过2万m^2且适合采用装配式的文化、体育、教育、医疗等公共建筑和市政桥梁工程以及100m以上的超高层建筑应优先采用装配式钢结构建筑。结合新农村建设，特别是在全省易地扶贫搬迁、危房改造集中安置等建设项目中推广应用装配式建筑，按照物美价廉、经久耐用的原则，大力推进以轻型钢结构为主的农村装配式建筑发展，风景名胜旅游区和少数民族地区要发展现代木结构装配式建筑。

（6）强化质量监管。按照国家、省装配式建筑相关规范规程要求，建立装配式建筑和住宅全装修质量全过程安全保证、物联网管理信息和质量跟踪、定位、维护和责任追溯体系，强化企业质量安全主体责任和质量终身责任。推行装配式建筑、成品住宅质量担保和保险以及住宅全装修第三方监管及物业前期介入管理等制度，鼓励多种形式购买保险产品和服务，完善工程质量追责赔偿机制。

（7）提升住宅品质。建立科学、公正、公开的住宅性能评定体系，在规划、开发、设计、施工、验收、物管各个环节严格执行住房城乡建设部《住宅性能评定标准》及省住房和城乡建设厅有关文件，全面提升住宅适用、环境、经济、安全、耐久性能。商品房使用手册中应当载明是否通过住房和城乡建设部住宅性能认定，并标注认定等级，在全省房地产开发企业信用评价中，对评为A、2A、3A性能认定的，可按不同等次分别予以加分。鼓励通过商品房性能认定，为消费者提供具有品质品牌保证的住宅产品。

（8）扩大试点范围。按照《湖南省住宅产业化生产基地布点规划（2015—2020）》，以生产基地为依托，以政府投资项目为切入点，选择一批可借鉴、可复制的典型样板工程，全面开展装配式建筑试点示范，努力创建国家、省装配式建筑产业示范城市、示范基地、示范项目。重点扶持培养一批创新能力强、产业化和信息化水平高的技术研发、部品构件生产和工程总承包龙头企业。

（9）加强组织领导。进一步完善省住宅产业化发展联席会议制度，建立协调推进工作机制。落实省发改委、省经信委、省科技厅、省国土资源厅、省住房和城乡建设厅、省质监局等部门责任。抓紧制定省级装配式建筑产业示范城市、基地和装配式建筑项目认定办法。督促各市州人民政府建立住宅产业化联席会议制度，要明确责任分工，分解落实责任，制定出台支持政策，确保完成工作任务。

（10）加强考核督查。省政府将装配式建筑推进情况纳入城市规划建设管理工作监督考核指标体系及各市州政府节能目标考核体系，加强对市州装配式建筑工作的考核，每年下达年度工作责任书，每年通报一次考核结果，实施专项督查。督促各市州人民政府要把推进装配式建筑作为加快现代化城市建设的重要推手，切实落实主体责任。

（11）保障用地供应。重点保证装配式建筑发展合理用地。政府投资类新建房屋建筑工程项目，将装配式建设要求列为土地划拨条件，写入土地划拨决定书；鼓励开发建设单位采用装配式建筑建造方式，对新建商品房项目，规划要求按照装配式建造方式建造的，要将装配式建设要求列为土地出让条件，写入挂牌须知及土地出让合同，确保装配式建筑年度占比任务落到实处。

（12）确保项目落地。督促各市州应依据装配式建筑发展规划和目标任务要求，制定装配式建筑和新建住宅全装修项目年度实施计划，并报省住房和城乡建设厅备案。加强对装配式建筑工程项目监督管理，建立健全动态监管和行业统计制度，建立项目档案和台账，实现信息化管理。对实施装配式建造的新建项目，国土资源、城乡规划、住房和城乡建设等相关部门，在项目立项（项目备案）、土地出让、规划审批、初步设计审批、施工图审查、施工许可和工程验收备案等环节严格把关，确保装配式建筑年度占比任务落到实处。

（13）加强人才培养。积极探索和建立建筑工业化人才引进培养机制，加强高层次管理人员的培养和储备。相关高校要结合实际增设相关课程，加快培养建筑工业化急需的高端人才。开展装配式建筑企业和管理部门相关人员的分类培训，依托试点示范项目培育装配式建筑实用技术人员。鼓励行业协会对装配式建筑从业人员试行资格认证。

（14）加强宣传推广。建立政府、媒体、企业和公众相结合的推广机制，定期组织推广活动，强化业内交流与合作，向社会推介优质、诚信、放心的技术、产品和企业。提高公众对发展装配式建筑和全装修成品住宅的认知度、认同度。

4.2.6 四川省

四川省积极落实中央城镇化和城市工作会议精神，大力发展装配式和钢结构建筑，加快建筑业转型升级，转变建筑业发展方式，全面提高建筑工程质量、效率、效益和施工安全，实现建筑业节能减排和可持续发展。

4.2.6.1 主要做法

（1）明确发展目标和发展路径

2014年5月，出台了《四川省人民政府关于促进建筑业转型升级加快发展的意见》指出："加快建筑业产业结构调整，积极推进建筑产业现代化发展，要求各地建立产业化基地和区域特色的产业化园区，引导建筑业集聚发展，努力形成完整的产业链和建筑经济增长极。"2016年3月，为贯彻国务院和省政府大力推进装配式建筑和促进建筑业转型升级的要求，省政府出台了《关于加快建筑产业现代化发展的指导意见》明确了2016～2025年的10年发展目标。一是2016～2017年，确立成都、乐山、广安、西昌四个市，为四川省建筑产业现代化试点市，形成较大规模的产业化基地，建立完善技术、标准和管理体系。二是各试点市要形成年产15万m^3部品构件生产能力的产业化生产基地，可提供项目装配率30%。二是到2020年，全省基本形成适应装配式建筑的市场发展机制和发展环境，新建建筑30%实行装配式，装配率达到30%以上。三是到2025年，建筑产业现代化建造方式成为主要的建造方式之一，建筑品质全面提升，节能减排、绿色发展成效明显，创新能力大幅提升。形成一批具有较强综合实力的企业和产业体系。新建建筑50%实行装配式，装配率达到40%以上。

（2）加强政策引导，强化组织保障

2014年，四川省政府和办公厅出台了《四川省人民政府关于促进建筑业转型升级加快发展的意见》《四川省人民政府办公厅关于促进建筑业转型升级责任分工的通知》《四川省人民政府关于加快推进建筑产业现代化发的指导意见》和住房和城乡建设厅、省发改委、财政厅、省经信委、科技厅、国土资源厅、交通运输厅7个部门，即将联合下发《关于加快推进钢结构应用与发展的实施意见》，从这几个文件中，一是明确了土地、科技创新、税收、金融、容积率、预售资金监管、招标投标、专项基金等方面给予了政策支持，同时，明确省级有关部门的职责。二是要求各地要把促进建筑业转型升级发展装配式建筑，实现建筑产业化摆上重要议事议程，成立由政府相关负责同志为组长、相关部门共同参与的议事机构。三是加强统筹规划，将建筑产业现代化发展纳入四川省的国民经济和发展规划。

(3)完善标准体系,整体推进

四川省为保证装配式建筑顺利推进,编制发布了《四川省装配式混凝土结构施工与质量验收规程》《四川省成品住宅装修工程技术标准》《装配整体式混凝土结构设计规程》《四川省装配整体式住宅建筑设计规程》《四川省建筑工业化混凝土预制构件制作、安装及质量验收规程》《四川省建筑工程设计信息模型交付标准》《〈四川省建设工程工程量清单计价定额〉房屋建筑与装饰工程(一)、绿色建筑工程》等地方技术标准体系,正在编制《装配整体式建筑BIM设计施工一体化标准》《预制钢筋混凝土板式楼梯图集》(公共和民用建筑)《建筑工业化预制建筑部品生产企业质量管理规程》,成都市也编制了《成都市城市建设管理技术规定》和《装配式混凝土结构预制装配率计算方法》,逐步实现工程设计、构件生产、装配施工、设备安装、造价核算、质量验收等标准化体系,为全省推进装配式建筑提供了依据。

(4)示范引领,推动发展

根据四川省人民政府《关于促进建筑业转型升级加快发展的意见》和《关于推进建筑产业现代化发展的指导意见》的要求,明确成都、乐山、广安、西昌四个市为四川省建筑产业现代化试点市,并在政府投资工程进行先行先试,截至2016年9月,四个试点市出台了推进建筑产业现代化发展的相关政策与措施。眉山、泸州、德阳、内江、广元等地,正在积极制订政策和筹划基地建设。目前,已建成装配式建筑生产基地4个、19条生产线,可形成年生产部品构件70万m^3,可提供预制装配30%,装配建筑房屋面积550万m^2;已建成钢结构生产基地5个,23条生产线,可年生产构件45万t;已建成建筑产业化示范项目17个,建筑面积18.78万m^2,在建项目6个,建筑面积102.5万m^2,(其中保障房50.8万m^2;公建幼儿园48.5万m^2、公共建筑3.98万m^2、民用建筑18万m^2),项目装配率30%以上。成都市中环道路改造工程全长42km,全线人行道全部采用工业化铺装;规划建筑面积24万m^2的"乐山森林城"已拆迁中,项目装配率达30%。同时已与万科和恒大签约98万m^2的构件量,约2.7万m^3的生产合同。西昌市扶贫搬迁4000套建设项目全面使用钢结构建设,建筑面积20多万m^2。2016年8月,眉山市市委市政府向省政府提交了《关于支持中车模块化建筑项目布局的请示》,经省政府办公厅同意,眉山市成为四川省第五个建筑产业化试点市。泸州、德阳、内江、广元等建筑强市,结合在本地区实际,也在逐步开展试点示范,为四川省推进装配式建筑发展起到积极作用。

(5)主动作为,有效推进

2015年以来,四川省住房和城乡建设厅及各市(州)建设行政主管部门有关人员和部分企业代表,先后组织到江苏、浙江、安徽、湖南等地做得比较好的省份和部分企业,进行考察调研,学习推进装配式建筑发展经验,参观了生产基地和工程项目,并与当地建设行政主管部门进行了座谈交流，拓宽了视野，找到了差距。2016年7月底，省厅组织到成都、乐山、广安、西昌四个建筑产业现代化试点市进行了调研、督查，了解推进情况和发展中存在的问题和困难，为下一步工作提供可参考依据。10月，四川省住房和城乡建设厅在成都市青白江区召开了"四川省推进建筑产业现代化发展座谈会和现场会"，听取了五个试点市的推进情况，与各市（州）和部分企业开展了面对面的交流，同时，传达了国务院办公《关于大力发展装配式建筑的指导意见》和进一步贯彻四川省人民政府《关于加快推进建筑产业现代化发展的指导意见》，要求厅机关有关部门和各地建设主管部门和企业，一是加强培育市场主体，调整产业布局，实施技术改造和转型升级。二是要加快完善建立推进装配式建筑标准技术体系、监管体系、招投标管理、工程造价、科技创新、技术应用等措施制度，来保证四川省装配式建筑健康有序地发展。三是从设计、生产、施工、运营等环节，制订切实可行的质量体系，将质量监管深入设计、生产车间和装配施工一线，保证建筑质量，提高建筑品质。四是各级建设行政主管部门、大专院校、培训机构、建筑企业要制订长期的人才培养计划，改进教学内容，切实符合装配式建筑发展的教学方案，积极引进和培养关键技术人才，保持人才稳定，从而提高建筑施工质量等具体要求。会后参观了成都市建工集团工业化有限公司，装配式建筑部品构件生产车间和装配率达到80%的施工示范项目。

（6）注重舆论引导，提高认识

大力宣贯国务院办公厅《关于大力发展装配式建筑的指导意见》和四川省人民政府《关于加快推进建筑产业现代化发展的指导意见》的同时，实时对四川省和各地发展装配式建筑发展情况，在四川日报、华西都市报、省建设报进行宣传报道，让公众全面了解装配式建筑，使推进装配式建筑成为社会和企业的自觉行动。

4.2.6.2 下一步重点工作

（1）加大政策支持力度。认真贯彻落实党中央、国务院关于大力发展装配式建筑和省政府关于推进建筑产业现代化发展的决策部署，进一步提高各级领导干部的思想认识，贯彻绿色发展理念，督促各地加快制定推进装配式建筑发展的实施意见和相关配套政策，将发展装配式建筑作为今年和今后一段时期促进建筑业转型升级、提高发展质量的首要工作。

（2）积极培育市场主体。督促各地要结合本地实际和周边地域发展情况，加快培育能够集设计、生产、施工于一体的龙头企业和产业链重点企业。一是调整产业布局。支持原有企业实施技术改造，增加产品种类，扩大生产能力，实施技术设备的引进和创新，实现技术和产品的升级换代。二是实施"引进"战略。围绕发展装配式建筑上下游产业链招大引强，积极引进实力雄厚的集团企业和龙头企业，开展投资和合作。三是发挥房地产开发企业集成作用，发展一批利用装配式建筑开发建设的骨干企业，提升开发建设水平。四是发挥设计、生产和施工企业的推动作用。形成一批设计、生产、施工一体化、结构装修一体化的施工总承包企业。

（3）扩大应用范围。各地要制定推进装配式建筑发展的年度工作方案。政府投资项目应大力采用装配式建筑，社会投资项目要明确建设比例。每年建设用地供地面积中，必须采用一定比例的装配式建筑，并逐年提高比例。对土地出让款可约定分期缴纳。

（4）完善标准体系。加快装配式混凝土结构、钢结构等地方标准和图集的制定、修订。结合现行标准体系和抗震设防、绿色节能等要求，编制印发装配式建筑设计、部品部件生产、装配式施工、装饰装修、质量检验、工程验收和评价认定等地方标准和图集。支持企业和团体编制标准，促进关键技术和成套技术研究成果转化为标准规范。强化建筑材料标准、部品部件标准、工程标准之间的衔接。修订装配式建筑工程定额等计价依据，并每月发布装配式建筑部品部件市场价格信息，完善装配式建筑防火抗震防灾标准，研究建立装配式建筑评价标准和方法，逐步建立覆盖设计、生产、施工和使用维护全过程的装配式建筑标准体系。

（5）积极采用BIM技术。推广通用化、模数化、标准化设计方式，积极应用BIM技术（建筑信息模型技术），提高建筑领域各专业协同设计能力，加强对装配式建筑建设全过程的指导和管理。鼓励设计、生产和施工单位与科研院所、高校等联合开发装配式建筑通用技术软件。

（6）优化部品部件生产。各地要引导建筑行业部品部件生产企业合理布局，提高产业聚集度，培育一批技术先进、专业配套、管理规范的骨干企业和生产基地。支持部品部件生产企业完善产品品种和规格，促进专业化、标准化、规模化、信息化生产，优化物流管理，合理组织配送。积极引导设备制造企业研发部品部件生产装备和机具，提高自动化和柔性加工技术水平。建立部品部件质量验收机制，确保产品质量。

（7）提升装配式施工水平。引导企业研发应用与装配式施工相适应的技术、装备和机具，提高部品部件的装配施工连接质量和建筑安全性能。鼓励企业创新施工组织方式，推行绿色施工，应用结构工程与分部分项工程协同施工新模式。支持施工企业编制施工工法，提高装配施工技能，实现技术工艺、组织管理、技能队伍的转变，打造一批具有较高装配施工技术水平的骨干企业。

（8）推进建筑全装修。制定《关于加快推进住宅全装修工作的指导意见》。实行装配式建筑装饰装修与主体结构、机电设备协同施工。积极推广标准化、集成化、模块化的装修模式，促进整体厨卫、轻质隔墙等材料、产品和设备管线集成化技术的应用，提高装配化装修水平。倡导菜单式全装修，满足消费者个性化需求。

（9）改进招投标方式。装配式建筑原则上应采用工程总承包模式招标发包，评标办法宜采用综合评估法。装配率达到30%以上的项目，经项目审批和核准部门审批、核准，可采用邀请招标的方式。

（10）建立工程质量和安全制度。建立装配式建筑工程质量安全监管制度，制定《装配式建筑施工图设计审查要点》《装配式混凝土建筑质量安全监管办法》，明确建设、设计、生产、运输、施工等环节的主要责任和监管措施，完善装配式建筑工程验收机制。加强对装配式建筑质量、安全、施工管理、监理等主要岗位和吊装、运输和部品部件安装等特殊岗位人员的培训考核。健全质量安全责任体系，落实各方主体质量安全责任。加强全过程监管，探索适合装配式建筑特点的部品部件质量监管体系，建设和监理等相关方可采用驻厂监造等方式加强部品部件生产质量管控；施工企业要加强施工过程质量安全控制和检验检测，完善装配施工质量保证体系；在建筑物明显部位设置永久性标牌，公示质量安全责任主体和主要责任人。以信息化为抓手，建立全过程质量追溯制度。

（11）加强人才队伍的建设。加强装配式建筑的人才队伍建设。建筑企业要充分发挥培训的主体作用，院校和职业培训机构要利用资源优势，改进教学模式和教学内容，加快培养装配式建筑的管理人才、专业技术人才和产业工人队伍，着重在产品开发、设计、生产、施工、质量安全管理等方面加大培养力度，为发展装配式建筑提供有力的人才保障。

（12）建立专家委员会。为提高装配式建筑政策法规制定、标准体系建设、技术服务指导和决策咨询建议的科学性和规范性，推动装配式建筑项目的评优、评审、评价和大力发展装配式建筑提供有力技术支撑，由高校、科研、设计、部品部件生产、施工、管理等技术管理人员装配式建筑专家委员会。

（13）强化组织领导。各地建设行政主管部门要把推进建筑产业现代化和发展装配式建筑工作摆上重要议事议程，成立由主要领导任组长、相关部门参与的组织领导机构，强化对发展装配式建筑工作统筹协调。

4.2.7 沈阳市

沈阳市从2009年开始推动现代建筑产业化发展，2011年成为国家现代建筑产业化试点城市，2014年5月，沈阳市成为国家建筑产业现代化示范城市。通过近年来的全力推进，沈阳市已逐步形成了符合沈阳地区特点的发展模式，取得了阶段性成果。

4.2.7.1 主要做法和成果

（1）发展目标体系和政策扶持体系不断完善

按照示范城市建设要求，在前期工作基础上，沈阳市研究制定了现代建筑产业化"十三五"发展规划，确定了未来建筑产业化发展的总体思路框架和工作目标，在此基础上相继出台了多个政策文件，在项目建设审批、产品销售、减免税费等方面制定了多项支持政策。沈阳市相继出台了《关于加速发展现代建筑产业若干政策的通知》《关于加快推进现代建筑产业化发展指导意见的通知》，2015年，沈阳市在2014年出台的相关政策措施的基础上进一步完善和修订，从项目扩大应用范围、建设项目审批、产品销售、减免税费、项目资金补贴等方面制定了扶持政策和实施意见，目前这些政策文件已经市政府常务会议讨论通过，正在履行发文程序，年底前将正式发布实施。

（2）技术标准和科技支撑体系基本形成

沈阳市先后编制完成了《预制混凝土构件制作与验收规程》等9部省级和市级地方技术标准，逐渐形成了一套较为完整的产业化技术标准体系。编制了《装配式混凝土叠合楼板》《混凝土预制楼梯》等标准化图集，预制楼梯、叠合楼板技术已经成熟，已开始在行业中广泛推广。同时，还积极引进了装配式混凝土结构、钢结构等国际较为成熟的技术体系，这些技术已经在示范项目建设中得到应用。结合装配式建筑工程实际情况，建立了新的工程定额体系，使产业化工程造价已接近传统现浇方式。沈阳市以市工程建设检测中心为依托，推进建筑产业化检验检测中心建设，以万融现代建筑产业研究院为依托推进科技研发中心建设，以建筑大学为依托推进培训中心建设，不断完善科技支撑体系建设。

（3）工程建设规模和应用领域逐步扩大

通过以政府投资项目为引导，沈阳市装配式建筑开始向房地产市场发展。一批以宏汇园保障房项目、汪家新城保障房、滨河保障项目、勋望小学、沈阳大学学生宿舍等为代表的共计95万m^2的政府投资项目开工建设。房地产项目应用产业化技术的范围已扩大至三环，目前，沈阳市有32个房地产项目已按照产业化要求出让，出让项目建筑面积679万m^2，其中2016年开工299万m^2，房地产项目在全部产业化建设项目中所占的比重正在大幅提高。此外，现代产业化技术和产品在沈阳市市政工程、轨道交通、综合管廊工程等工程领域也得到广泛应用，2016年沈阳市又新增21个标准化公交站房、20个标准化环卫工人休息室及地铁应用管片等项目确定采用装配式技术和产品。沈阳市建筑产业化技术和产品还在沈阳经济区和省内城市得到应用，本溪、鞍山等沈阳经济区城市建设系统以及大连等省内城市来沈阳市洽谈和对接现代建筑产业工作，沈阳市的亚泰集团、中辰钢构等公司也与省内城市开展项目建设合作，扩大了沈阳市现代建筑产业化技术和产品的应用范围。

（4）产业配套体系全面发展

沈阳市依托雄厚的工业基础和广阔的市场空间，提出了示范城市建设的目标和主要工作，包括重点发展现代建筑结构部品制造业、建筑建材装备制造业、建筑机电产品制造业、建筑金属结构制品业、建筑陶瓷产业和建筑木制品产业等六大产业，建设科技、商贸、总部经济和公共服务四大服务平台。沈阳市还把现代家居产业纳入现代建筑产业的范畴，进一步延伸了现代建筑产业链条，推动现代家居产业向智能化、绿色化、定制化方向发展。目前，沈阳市已形成了以铁西现代建筑产业园为核心，以浑南万融现代建筑产业园、沈北亚泰产业园和法库陶瓷产业园为补充的特色产业集群。沈阳市北方重工生产的构件生产线已在大连三川建筑集团交付使用，沈阳玛莎新型建材公司引进了德国先进设备生产市政道路方砖和边石，生产发泡陶瓷的利盟高科集团在法库陶瓷产业园落地投产，这些企业的落地投产使沈阳市现代建筑产业链条进一步完善。

（5）装配式建筑发展逐渐成为共识

成为示范城市以来，沈阳市进一步加大了宣传和培训力度，利用报刊、电视、网络、微信等多种形式宣传建筑产业化产品和技术，并制作了科普宣传动画在地铁上播放，更加便于市民了解和接受。针对开发企业管理人员、专业技术人员、一线工人三个层面，广泛开展技术讲座、专家研讨会、技术竞赛等培训活动，并在沈阳建筑大学、沈阳大学增设了现代建筑产业化课程，使沈阳市成为全国建筑产业化培训和技术人才培养基地。2016年成功举办了第四届现代建筑产业博览会，展会整体水平超越了以往三届，并得到了社会各界的一致好评。这些工作的开展有力推动了沈阳市建筑产业化工作形成了良好的舆论氛围，使沈阳市建筑业向建筑产业现代化方向转型升级成为共识。

目前，现代建筑产业已成为沈阳市新的支柱产业，2012年产值首次突破1000亿元；2013年实现产值1536亿元，位于全市五大优势产业第三位；2014年实现产值1918亿元，同比增长7%。2015年1～10月份，实现产值1136亿元，预计全年将突破1300亿元。

作为国家首个建筑产业现代化示范城市，沈阳市现代建筑产业工作正处在一个重要的时间节点，要在原有试点、示范的基础上，进入全面推进的新阶段。一方面，从发展的机遇看，现代建筑产业化是建筑行业发展的大趋势。随着劳动生产率和技术水平的提高，装配式建筑建造方式必将取代传统生产方式，沈阳市已经在产业化发展方面走在全国前列，同时沈阳市成为国家全面创新改革试验区，这些有利因素为沈阳市推进建筑产业化发展、在全国建筑行业占领新的制高点提供了难得的历史机遇。另一方面，从面临的挑战看，一些原有体制上的约束和市场化发展的深层次问题逐渐显现出来，比如：产业链建设和标准化技术体系还不够完善，装配式建筑需要进一步提升，尤其是在住宅标准化设计方面需要尽快统一模数标准化；现有的建设与管理模式与装配式建筑要求还不相匹配，对生产企业和工程项目的政策扶持力度还不够等，这些问题需要以全面创新改革为契机努力加以解决。

4.2.7.2 下一步工作计划

（1）推动装配式建筑工程建设

市、区两级政府投资的建筑工程、市政工程项目，在项目计划、土地划拨和立项阶段，明确装配式建筑技术建设，并在项目建设过程中予以监督落实。政府投资的装配式建筑工程项目预制率达到40%以上，推行设计、施工、构件生产一体化总承包模式，推广建筑信息模型（BIM）、互联网平台、钢结构桥梁等新技术、新产品和新模式在政府投资工程中率先试点应用，切实发挥政府投资项目的示范引导作用。

房地产开发项目的预制率水平逐年提高。推进装配式钢结构、木结构技术在建筑工程中的应用，建成一批钢结构体系住宅示范项目，探索钢—木、钢—混凝土组合结构技术的研究和应用。加快推进装配式技术在市政道桥、地铁隧道、轨道交通、综合管廊、海绵城市等基础设施建设工程中的应用。推动装配化装修，逐步提高装修装配化水平。

将装配式建筑发展与城镇化建设相结合，在新城新市镇开发建设中，大力推广装配式建筑技术和产品；发挥沈阳市的核心城市引擎作用，加强沈阳经济区城市间的沟通合作，支持企业在经济区范围内承揽工程、销售产品和技术咨询服务，不断扩大装配式建筑工程建设的应用范围，充分利用沈阳经济区城市的相关资源优势，推动辽宁省装配式建筑的协调互惠发展。

（2）加强装配式建筑产业体系建设

优化产业布局，做强做优产业园区，形成以铁西产业园为综合性核心园区，以法库陶瓷产业园、浑南产业园、沈北亚泰产业基地以及于洪家具产业园等各具特色的产业集群共同协调发展的产业空间格局。做强产业集群，增强产业配套能力，着力打造一批具有一体化总承包能力的企业集团或产业联盟。推进企业转型升级发展壮大，提升企业在工厂生产体系方面的智能化、绿色化水平，培养一批具有国内领先、国际先进的装配式建筑优势企业。加快配套服务体系建设，大力推进科技、商贸、总部经济和公共服务四大平台建设，形成以制造业为主体、制造业与服务业协调发展的装配式建筑产业体系。

（3）完善装配式建筑科技支撑体系

完善装配式建筑的设计、结构件生产、施工、装修、质量检验和工程验收的技术标准体系，建立模数协调及建筑部品协调的技术标准体系。建立系列化建筑部品技术体系，逐步形成对标准化、系列化建筑部品的认证推广体系和目录管理制度。积极发展适合工业化建造方式的成套装备制造，专用配套新工艺、新材料和新装备及施工机具。

（4）实施"互联网+装配式建筑"战略，加快产业信息化建设

加快推动BIM、基于网络的协同工作等新技术在工程中的应用水平，加快BIM应用技术标准编制，大力开展基于BIM技术下的标准化建筑工程构件等数据库建设，开展BIM技术试点示范工程建设，在政府投资工程中率先开展试点应用。结合智慧城市建设和装配式建筑工程实际，依托BIM技术，开发建设集勘察设计、施工安装、构件生产、项目监理、竣工验收、运行维护的全过程、全生命周期管理的工程信息服务与管理系统，

推动建设项目全过程、全产业链、全方位的建设管理，促进建筑工程标准设计、质量把控、数据跟踪等实现互联网上管理，实现智慧建造。

（5）改革创新装配式建筑发展体制机制

积极探索并推进以设计为龙头的工程总承包模式。研究调整市场准入制度，建立建筑产业建筑部品目录管理制度，不断完善招投标、设计审查、造价定额体系、构件质量管理、施工安装质量安全监督、工程竣工验收备案等环节监管制度，形成制度完善的装配式建筑工程项目质量追溯系统，建立政府引导与市场配置协调的、充分利用"互联网+"等科技创新手段的工程管理模式。

（6）加强技术交流和人才培养

支持装配式建筑企业及科研院所与国内外优势企业在资金、技术、产品和人才方面开展交流合作，加强与国内外有关高校、科研机构、科技企业的战略合作，开展适应装配式建筑的新产品、新技术、新工艺的研发；依靠在沈高校的技术研发优势，建立以高校或科研院所、装配式建筑企业参与的战略合作联盟，推进一批战略合作项目发展。

加强人才培养和创新能力建设，完善沈阳建筑大学、沈阳大学等大专院校相关专业课程设置，推动装配式建筑技术咨询服务市场化发展，建立培训、考核、认证管理体系，依托咨询培训的先发优势，把沈阳打造为国家级的装配式建筑咨询服务和培训产业基地。

4.3 鼓励推进地区

4.3.1 内蒙古自治区

内蒙古自治区针对省内装配式建筑发展缺乏技术、标准支撑，产业配套能力弱，市场发育程度低等问题，积极筹划出台配套技术、标准和政策，推动自治区装配式建筑发展。

4.3.1.1 主要做法和成效

（1）依托资源优势，先行开展产业基地等工作

2016年，结合内蒙古钢铁、木材资源优势，将包头市列入自治区装配式钢结构建筑产业化基地；呼伦贝尔市为自治区装配式现代木结构建筑产业化示范盟市；满洲里联众木业有限责任公司为内蒙古装配式现代木结构建筑产业化基地。

2016年底在满洲里召开内蒙古装配式现代木结构发展座谈会，到场专家和领导针对其发展装配式现代木结构途径和重点解决的问题进行了指导。2017年，内蒙古将筹备成立装配式现代木结构建筑协会，汇集区内木结构设计、生产、施工单位，发挥社团组织服务和桥梁纽带作用，相互交流促进，推动内蒙古装配式现代木结构建筑行业健康发展。针

对北方严寒地区气候特点，开展装配式现代木结构被动房技术体系及建设标准研究。同时根据内蒙古装配式产业整体布局，引导有条件的盟市开展装配式产业基地和示范盟市创建工作。

（2）结合实际开展装配式技术标准制定工作

2016年以来内蒙古在编和列入编制计划的装配式建筑相关地方标准目录有：《装配式木结构建筑技术导则》、《装配式木结构构件图集》、《预制钢筋混凝土装配式建筑技术导则》、《预制混凝土装配式构件系列图集》、《装配式高层钢结构住宅通用构件图集》、《装配式高层钢结构住宅设计指导性图集》等，编制完成后及时发布。研究制定适合内蒙古特点的装配式建筑施工图审查技术要点，编制装配式建筑工程计价定额，制定装配式建筑项目招投标办法，不断完善标准规范和政策体系。

（3）跟踪落实已开展工作

推动已批准的装配式产业基地和示范盟市进一步开展工作，制定出台内蒙古发展装配式钢结构、现代木结构建筑配套政策，开展工程实践。考察开展装配式建筑推广工作好的地区，借鉴好的经验和举措，引导本地区装配式建筑推广工作。要求产业基地采取引进、合作等方式提高装配式建筑技术管理水平，开展装配式建筑相关技术培训，落实发展目标。2016年8月包头市政府、包钢西创集团公司、中国二冶集团、杭萧钢构股份有限公司签订《包头市装配式钢结构建筑产业联盟合作框架协议》，2017年3月内蒙古中朵实业（集团）公司与湖南远大住宅工业集团公司签订战略合作协议，内蒙古首家装配式混凝土结构产业基地将落户呼和浩特和林格尔国家新区。包头万郡大都城采用钢管束组合结构体系，是内蒙古已建成的成规模的装配式钢结构住宅项目，分三期建设，建筑面积近百万平方米，同时杭萧钢构部品部件总部基地已落户包头装备制造产业园区。

4.3.1.2 下一步工作计划

（1）制定装配式建筑实施意见

内蒙古将结合实际，尽快制定出台《内蒙古人民政府关于推进装配式建筑发展的实施意见》（以下简称《实施意见》），计划于2017年由政府办公厅向自治区发改委、国土厅、财政厅、地税局、银监局、科技厅、教育厅、经信委、人社厅、环保厅、公安厅、交通厅、人防办、安监局、质监局、金融办16个厅局征求意见，修改完善后报请自治区政府审定出台。

（2）拟订分地区分类发展目标

内蒙古根据12个盟市基础条件，提出到2020年全区新开工装配式建筑占当年新建建筑面积的比例达10%以上，呼和浩特市、包头市、赤峰市装配式建筑占当年新建建筑面积的比例达到15%以上；鄂尔多斯市、乌海市、呼伦贝尔市、通辽市、兴安盟、巴彦淖尔市装配式建筑占当年新建建筑面积的比例达到10%以上；乌兰察布市、锡林郭勒盟、阿拉善盟装配式建筑占当年新建建筑面积的比例达到5%以上。

同时明确重点推广应用领域：政府投资的保障性住房、办公楼、医院、学校、科技馆、体育馆等各类公共建筑和大型市政基础设施项目率先采用装配式建筑。同时，政府投资新建的大跨度、大空间公共建筑、工业建筑尽可能采用钢结构，积极稳妥推广装配式钢结构住宅；城镇新区地下综合管廊、桥涵、轨道交通、公交站台等市政基础设施建设领域优先采用装配式建筑；在园林景观、仿古建筑、旅游景区、自驾游客栈及度假区、林区等低层新建公共建筑率先采用现代装配式木结构。鼓励农村牧区房屋新建改建采用装配式建筑。

（3）推动各盟市配套政策实施

以《实施意见》出台为契机，内蒙古推动各盟市结合本地区实际，制定推进装配式建筑发展落实方案和2017年计划，编制装配式建筑发展规划。通过引进、合作等方式，督促示范盟市和有条件的盟市开展装配式建筑示范工程，通过以点带面，推动内蒙古装配式建筑工作开展，并将装配式建筑完成目标纳入自治区政府对盟市责任目标考核内容，每年通报考核结果。

（4）依托产业基地和示范盟市落实发展目标

推动已批准的装配式产业基地和示范盟市进一步开展工作，制定出台本地区发展装配式钢结构、现代木结构建筑配套政策，开展工程实践；考察开展装配式建筑推广工作好的地区，借鉴好的经验和举措，引导本地区装配式建筑推广工作；要求产业基地采取引进、合作等方式提高装配式建筑技术管理水平，开展装配式建筑相关技术培训，落实发展目标。

（5）加强宣传引导

第七届内蒙古房地产科学发展论坛于2017年4月召开，区内外专家开展装配式建筑设计、施工、研究与实践主题演讲，宣传引导推动内蒙古装配式建筑发展。内蒙古将利用多种形式加大对装配式建筑带来的经济效益和社会效益宣传及装配式建筑知识普及，营造全社会共同关注、支持装配式建筑发展的良好舆论氛围，促进装配式建筑相关产业和市场健康有序发展。

4.3.2 新疆维吾尔自治区

2016年以来，新疆维吾尔自治区（简称"新疆自治区"）采取有力措施，推进装配式建筑工作发展，主要工作取得积极成效。接下来，新疆将逐步健全完善工作措施，加大工作力度，推动全区装配式建筑发展，并计划2017年全年力争新建装配式建筑200万m^2。

4.3.2.1 主要做法

（1）加强调研，建立健全政策及标准体系

一是根据国家总体要求、新疆自治区人民政府2016年年初去钢库存和产能的安排，新疆自治区住房和城乡建设厅就发展装配式建筑的政策、标准、技术、造价及市场需求等问题，三次组织赴内地先进省市进行考察学习，多次到自治区骨干企业考察及座谈。二是在调研基础上，结合自治区实际，草拟了《关于大力发展自治区装配式建筑的实施方案》。三是组织编制了《多、高层钢结构住宅技术规程》《钢结构施工质量安全技术规程》《轻钢结构住宅技术规程》《混凝土装配式建筑实施细则》等，为装配式建筑发展提供技术支撑。

（2）加强资源整合，提升产业技术能力

针对新疆自治区装配式建筑产业刚起步、产能低、技术力量不足的现状，一是动员部分骨干企业尽快转型升级，以适应装配式建筑发展的需要。二是积极引进内地杭萧钢构公司、北京恒通赛木钢构公司、长沙远大住工等先进企业进疆开展建设工作。现杭萧钢构公司与呼图壁钢构企业联合建立了钢构生产基地，北京恒通赛木分别在吐鲁番市、喀什市、乌苏市建立了钢构生产基地，长沙远大住工与新疆华美科技公司联合建立了混凝土装配式生产基地，计划总投资18.55亿元，分三期建设，其中一期投资2.65亿元，年产能150万m^2，现生产厂房已建成，计划2017年4月正式生产。

（3）加强示范项目建设，以点带面

坚持示范先行，以点带面，推动工作发展。一是鼓励引导骨干钢构公司开发钢结构建筑，以引领其他企业开发钢结构建筑。2016年以来，德坤钢构公司、北新钢构公司、光正钢构公司、恒通创新赛木公司开发钢结构建筑37项，建筑面积66.87万m^2。二是积极引导乌鲁木齐市发展钢结构建筑，以引领各地钢结构建筑发展。2016年以来，乌鲁木齐市新开工和在建的钢结构建筑49项、建筑面积102.8086万m^2，已竣工14项、建筑面积8.9189万m^2。三是将各地纺织工业园43万m^2公租房列为推广使用装配式钢结构的示范工程，已开工建设13万m^2。四是结合装配式建筑技术，积极探索和推动装配式地下管廊建设。

（4）加强政策宣传和技术培训，提升社会认知度及技术队伍素质

一是组织新疆自治区设计、科研、施工骨干企业到内地参观考察学习及住房和城乡建设部举办的培训班、研讨会等。二是邀请内地企业及专家在疆组织装配式建筑技术推广会、研讨会。三是召开了新疆自治区装配式建筑政策宣贯暨技术研讨会。

4.3.2.2 下一步工作重点

（1）制定落实装配式建筑发展的政策措施。为加大对装配式建筑发展的支持力度，

省住房和城乡建设厅以提请自治区人民政府出台《关于大力发展自治区装配式建筑的实施意见》为契机，制定落实支持装配式建筑发展的政策措施，包括财政奖励政策、税费优惠政策、金融支持政策、用地支持政策、规划支持政策、科技支持政策以及评优评奖等方面的政策措施。

（2）健全装配式建筑标准体系。依据国家相关标准，结合本地地震烈度高、气候条件差异大的特点，加快编制符合新疆实际的装配式建筑设计、构配件生产、施工、装修、质量检验和工程验收等地方标准体系，完善装配式建筑工程计价依据和技术经济指标体系，为推广应用装配式建筑提供技术支撑。拟编制发布实施的地方标准包括：《混凝土结构装配式建筑技术规程》《轻钢结构住宅技术规程》《多、高层钢结构住宅技术规程》《钢结构施工质量安全技术规程》《建筑工程绿色施工规程》《叠合装配式混凝土综合管廊技术规程》等地方标准。

（3）推进装配式建筑产业基地建设。按照优化资源、合理布局的要求，积极推动装配式建筑产业基地建设。重点指导推进北新钢构公司钢构生产基地、德坤钢构公司钢构生产基地、杭萧钢构公司呼图壁县钢构生产基地，北京恒通赛木钢构公司乌苏市、吐鲁番市钢构生产基地和远大华美科技公司乌鲁木齐市混凝土装配式生产基地的建设，尽快形成规模。培育1~2个国家装配式建筑产业基地。

（4）加强装配式建筑推广应用。在乌鲁木齐、克拉玛依、库尔勒、昌吉、吐鲁番、喀什、伊宁等具备条件的城市，以保障性住房和政府投资公益性建筑为重点，积极开展装配式建筑推广应用，指导各城市建成3个以上装配式建筑项目。鼓励引导杭萧钢构公司、德坤钢构公司、北新钢构公司、光正钢构公司、北京恒通赛木钢构公司等骨干钢构公司开发钢结构建筑，鼓励引导七星集团开发混凝土装配式建筑，以引领其他企业开发钢结构建筑和混凝土装配式建筑。鼓励引导有条件的房地产企业开发建设装配式建筑。坚持示范引路，以点带面，开展装配式建筑示范工作，提高装配式建筑发展水平。拟于6、7月份，在乌鲁木齐经济技术开发区召开全区装配式建筑示范项目现场交流会。

（5）培育装配式建筑产业队伍。借鉴内地骨干企业的先进经验，积极引导支持本地大型设计、施工和部品部件生产企业利用建筑业改革和装配式建筑发展的历史机遇，通过调整组织架构、健全管理体系，向具有工程管理、设计、生产、施工和工程总承包为一体的装配式建筑产业集团转型。加快培育一批能够集设计、生产、施工于一体的龙头企业和产业链重点企业。鼓励本地企业和内地优势企业开展合作，提升本地企业综合实力，发挥资源和技术优势，发展装配式建筑。

（6）开展装配式建筑技术研究。加大科研攻关力度，结合本地地震烈度高、气候条件差异大的特点，重点进行加气钢筋混凝土外墙板、混凝土挤出外墙板、钢筋混凝土加心保温外墙板及钢筋混凝土保温装饰一体板研究，为发展装配式建筑提供技术支撑。推动技术集成创新，鼓励应用绿色建筑技术、超低能耗节能技术、智能建筑技术。鼓励装配式建筑及其配套建材生产企业与设计、科研单位和高等院校进行技术合作，建立装配式建筑产业联盟，集中资源优势，联合开展符合抗震设防、绿色节能标准要求，适合工业化生产的装配式建筑体系研究。

（7）创新装配式建筑质量安全监管模式。制定出台《装配式建筑质量安全管理办法》，落实各方主体质量安全责任和具体管理要求，建立全过程质量安全追溯制度。完善工程质量验收、安全管理及监督检查标准，明确施工图设计审查要点和深化设计规定，加强构件部品生产、进场检测和监督抽查，建立构件安装施工现场质量、安全标准化管理制度，实现工程质量安全全过程动态跟踪管理。开展装配式建筑质量安全专项检查，重点检查部品部件生产质量、施工环节连接质量、适应装配式建筑的工程建设过程中的各方责任主体履行责任情况和工程质量安全情况等。举办全区工程质量安全管理及监管人员技术标准宣贯暨业务培训，提升适应装配式建筑的质量安全管理及监管能力。

4.3.3 广安市

近年来，广安市在推动传统住宅产业转型升级过程中，探索出了编规划、出政策、引企业、建基地、搞示范的装配式建筑产业发展新路径，为中西部地区推进装配式建筑发展工作起到借鉴作用。

4.3.3.1 主要做法

（1）统筹规划，完善政府监管机构

广安市将装配式建筑产业发展列入国民经济"十二五""十三五"发展规划统筹布局，并将装配式建筑产业发展工作纳入年度目标考核，积极推动工作。广安市先后成立以市委市政府主要领导为组长的装配式建筑产业发展工作领导小组、装配式建筑产业发展工作协调组和装配式建筑产业投资促进领导小组，以及广安市装配式建筑专家委员会。同时，广安市启动装配式建筑产业促进地方立法工作，目前已形成了《广安市装配式建筑产业发展促进条例》初稿。2015年，广安市成为西南地区首个国家住宅产业现代化综合试点城市。

（2）创优环境，激发企业投资热情

广安市先后出台了《关于推广新型建材和绿色建筑的奖励办法》《关于大力推进新型建筑产业发展的意见》等政策文件，对入驻企业在财政、金融、税收、墙改基金等方面给予优惠，鼓励各地采用EPC五化一体模式组织实施装配式建筑项目。通过"大招工+拆迁异地安置+按揭买房+精准扶贫+土地漂移"的"五合一"广安模式，在政府公建、保障性住房、新农村建设、商品房开发等领域大力推广装配式建筑。

（3）先行先试，试点推进稳健有力

广安市坚持市场运作，成立国有公司，采用装配式建筑生产技术，对武胜县白坪、飞龙、三溪3个乡镇连片的29个行政村50km²进行整体打造，以新村建设为突破口，推动装配式建筑试点示范。2015年，广安市共建成装配式建筑项目示范点9个。目前，广安市要求所有政府投资的公益性项目、保障性住房、特色集镇改造、景区景点用房、幸福美丽新村、贫困人口住房等项目，原则上采用装配式建筑建造技术。社会投资项目要明确装配式建筑比例，全市所有招拍挂新出让的商住、商服用地，装配式房屋配额比例不低于50%，并逐年提高比例。2017年计划完成装配式建筑新开工面积100万m²，装配率达30%以上；完成成品住宅房屋面积100万m²，比例达到30%以上。

（4）培育市场主体，逐步完善产业链

广安市围绕发展装配式建筑上下游产业链招大引强，大力引进实力雄厚的集团企业和龙头企业，开展独资或合资发展。借鉴上海、深圳等地经验，发挥设计、生产和施工企业的推动作用，力争形成一批设计、生产、施工、装修一体化的施工工程总承包企业。通过引进装配式建筑生产企业，培育本地建筑企业，促进建筑产业转型升级，北新建材、汉驭钢构等装配式建筑生产企业逐渐发展成为装配式建筑产业发展龙头企业。

（5）以绿色低碳为切入点，全面推进装配式建筑

制定绿色建筑行动实施方案，全市城镇新建民用建筑节能50%以上。大力推进成品住宅开发建设，出台《广安市加快推进成品住宅开发建设的实施意见》，明确全市成品住宅开发建设比例必须达到30%以上，2016年初审批的碧桂园·翡翠湾项目，成品住宅开发比例达50%以上。

4.3.3.2 下一步工作计划

2017年，广安市将依托四川华辉杭萧钢构、卓达集团、汉驭钢构、北新建材等装配式建筑生产基地，积极引进一批装配式建筑产业发展部品部件生产企业，形成装配式建筑全产业链发展。以政府投资项目为示范引导，其他投资类型的项目积极跟进，建成一批技术先进、质量优良、经济适用的装配式建筑示范项目。2017年，广安市计划完成装配式建筑新开工面积100万m²，装配率达30%以上；完成成品住宅房屋面积100万m²，比例达到30%以上。

Chapter 5 典型企业发展情况

随着各级政府部门对装配式建筑发展的高度重视和行业的持续关注,包括万科集团、北京住总集团、中国建设科技集团等大型企业相继投入装配式建筑的研发和建设,为推动装配式建筑的发展发挥了重要作用。本篇将重点介绍开发型、集团型、设计型、部品生产型和设备制造型等类型企业中的典型企业发展状况和经验。

5.1 开发型企业

5.1.1 万科企业股份有限公司

5.1.1.1 企业概况

万科企业股份有限公司(简称"万科")成立于1984年,在1988年进入房地产行业,于1991年成为深圳证券交易所第二家上市公司,2014年在香港联合交易所有限公司上市。万科1988年进入住宅行业,1993年将大众住宅开发确定为公司核心业务。至2007年末,万科全国市场占有率为2.1%,业务覆盖到以珠三角、长三角、环渤海三大城市经济圈为重点的30个城市。

5.1.1.2 装配式建筑发展情况分析

万科自从2003年开始标准化、工业化和产业化的研究以来,在学习国外优秀经验的基础上,结合国情和技术规范现状,逐渐摸索出了一条解决市场需求、符合行业发展水平、具备行业领先性的装配式建筑之路。总体而言,万科装配式建筑发展经历了以下五个阶段:

自主研发阶段(2002~2005年),为解决万科跨地域发展导致的人员稀释、工程质量不稳定以及下一阶段规模化发展的需求,在尝试对比了各种结构体系后,万科选择了预制混凝土来实现"像造汽车一样造房子"的理想。在3年的时间内自主研发了3栋实验楼,尝试了装配式框架结构、装配式梁柱三维预制构件、整体式预制厨房及卫生间等体系的设计和建造。初步建立了装配整体式的概念,形成了包括设计、生产和施工等合作单位在内的一批长期稳定的合作团队。

引进发达国家技术阶段（2006~2007年），鉴于国内"混凝土结构高层建筑为主流"、"结构体系抗震要求较高"等实际情况，学习发达国家成熟的工业化技术体系、部品体系和管理体系，引进国外建筑领域内的专家和万科共同组成研发团队，完成了以18层住宅为原型的，预制率接近90%的"青年之家实验楼"。从此奠定了万科装配式建筑的技术基础。

中试应用阶段（2007~2010年），2007年上海万科新里程1.3万m^2装配式建筑项目的开工，标志着工业化正式进入市场的中试阶段。在这个过程中，上海、深圳、北京、沈阳等城市也逐渐开始尝试探索适合本地客户市场、劳动力水平和技术能力的预制混凝土体系。与此同时，万科集团开始研究如何降低预制化率以获得更大程度的推广。在2008和2009年分别完成了预制率40%、20%的第五、第六号实验楼，这两栋楼成了到目前为止万科集团内装配式建筑项目主体技术体系的标准定型模板。

全面推广阶段（2010~2015年），在2013年万科明确了工业化推广的"两提一减（提高质量、提高效率、减少对用工的依赖）、可复制、可推广"原则，追求均衡发展，不片面追求预制率指标，并将装配式内隔墙、免抹灰技术、定型模板、整体提升外爬架、穿插提效、市政先行等技术和管理工具与预制技术相结合，再加上集团从2009年开始的对于质量的"实测实量"和"交付评估"管理工具的应用，各一线公司逐渐开始主动积极地开展工业化项目的推进，以2015年为例，万科集团在全国40余个城市，约1500万m^2项目中应用了工业化技术。与此同时，工期也大幅提效，以2016年为例，通过实施"两提一减"的工业化技术和管理体系，55%的项目普遍提效都在20%以上。

工业化2.0阶段：自从2010年万科开展全面精装修交付，万科的研发团队开始将装配式建筑技术体系从主体扩展至内装，在SI分离的原则下进行土建内装一体化的工业化实施方案，在实验楼里实现了最快7天完成装配化装修的尝试。

5.1.1.3 装配式建筑发展成就

在过去的十几年里，万科因地制宜，根据不同地区的具体情况，在集团内逐步形成了装配式混凝土剪力墙体系、内浇外挂体系、全预制框架体系等多种装配式建筑体系；主编、参编了9本国标、行标和地方标准；培养并发展了包括研究、设计、构件生产、总包、新型建材、部品生产及安装、检测等行业内上下游300余家符合装配式建筑发展的新型企业；帮助万科项目中40%的农民工稳定地转化成为产业工人；形成了包括美国、中国在内的120余项技术专利；根据企业自定的衡量标准，共计落成超过6500万m^2的装配式建筑项目，工业化成为万科每年20余万套装修房交付有力的保驾护航工具；在过去的4年里，万科的装配式建筑和绿色星级项目节约碳排放共计约300万t，成品住房每年减少垃圾排放超过40万t。自从全面实施装配式建筑以来，万科的客户满意度获得了明显提升，尤其是"质量"维度上提升更为明显；同时装配式建筑也因为高效的施工周期给公司运营带来了重要的价值。近年来万科积极输出装配式建筑的技术和服务，并致力于在全行业内的推广和应用。

5.2 集团型企业

5.2.1 天津住宅建设发展集团有限公司

5.2.1.1 企业概况

天津住宅建设发展集团有限公司（以下简称"天津住宅集团"）是以科技为先导、以全产业链发展为特色、以建筑产业现代化发展为目标、率先推动I-EPC模式（I-EPC是指以投资为引领的工程总承包模式）的大型建筑产业集团，是住房和城乡建设部批准确立的"国家住宅产业化基地"，致力于提供高品质建筑的整体解决方案。

自2007年起，集团以"智造未来，装配天下"为信念，积极实施建筑产业化发展战略，坚持创新驱动发展，全力推进节能、环保、绿色、低碳产业，确定了一个核心、三个体系和"七化"为特征的发展途径，培育了集土地整理、科研、设计、房地产开发、构配件生产、新型建材与住宅部品制造、建筑施工、装饰装修、节能与环境检测、房屋销售、物业运营管理于一体的完整产业链，创造性地打造出了一条绿色建筑的流水生产线。

5.2.1.2 装配式建筑核心实力

一是打造了综合性较强的专业建筑产业集团。天津住宅集团坚持"两个创新，一个特色"发展理念，能够提供完整、配套、合理、绿色、节能的装配式建筑整体解决方案。

二是培育了能够带动上下游企业共同参与的完整产业链。在建筑设计标准化、部品部件生产工厂化、现场施工装配化、土建装修一体化、全过程管理信息化的基础上，提出了设备设施集成化、建筑与环境和谐化，形成了天津住宅集团"七化"标准，引领全产业链发展。

三是依托建筑产业集团全产业链集成优势，实施EPC+BIM管理模式，充分发挥装配式建造方式的综合优势。

四是拥有"两院五中心三个实验基地"的研发创新平台。由400余名博士、硕士和高中级科技人才组成了强大的科研团队，构成了推进装配式建筑科技研发创新高地。

五是联合清华大学、天津大学、南开大学、天津城建学院等大专院校，建立产、学、研相结合的技术创新体系，加快核心技术的研发与成果转化（图5-1）。

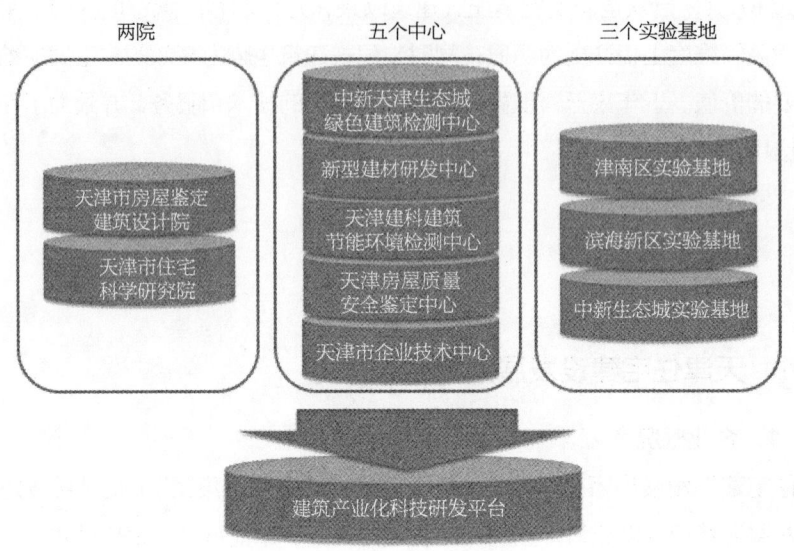

图5-1 建筑产业化科技研发平台

六是拥有专业化的设计、生产、施工、安装技术队伍,成功培养了天津市首批熟练掌握装配式建筑生产、施工、装修技术的"高级蓝领",形成了专业管理及施工人才队伍。

5.2.1.3 装配式建筑核心技术

围绕装配式建筑"结构工业化、内外装工业化、设备设施集成化"三大系统,开展以"七化"技术体系为核心的技术创新(图5-2),形成成熟适用技术体系集成,取得400多项科研成果。

(1)建筑设计标准化。天津住宅集团在实践基础上,总结标准户型,提炼优化标准构件(图5-3)。

(2)部品构件生产工厂化。遵循"少规格、多组合"的原则,创新生产技术,优化生产工艺,创新研发标准化模具、免蒸养混凝土外加剂、轻质混凝土等技术,进一步保障产品质量,降低成本和能耗。

(3)现场施工装配化。在优化构件支撑体系、接缝封堵工艺、提

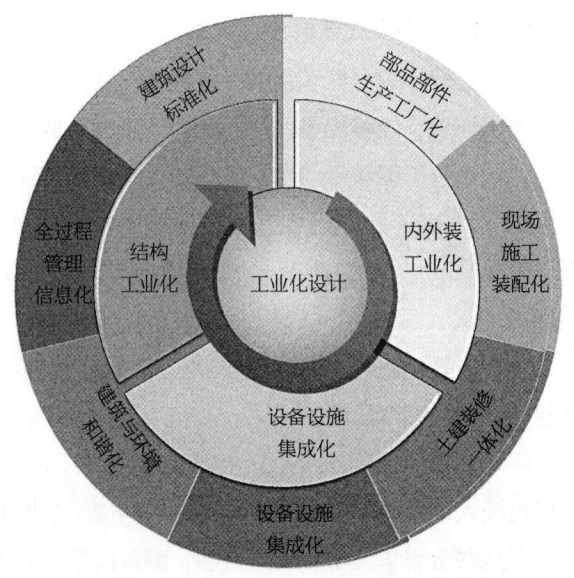

图5-2 天津住宅集团技术体系集成

标准化户型与预制构件种类		
序号	名称	种类
1	户型	18
2	户型模块组合	8
3	预制外墙板	6
4	预制内墙板	2
5	预制叠合楼板	5
6	预制楼梯	1

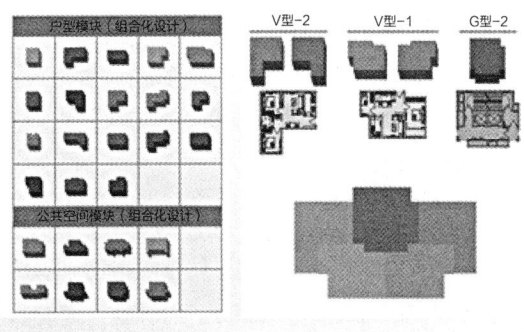

图5-3　标准化户型组合与预制构件种类

高套筒灌浆质量等方面取得一系列研发成果,取得国家专利25项。在质量控制方面创新提出首段、首件验收要求,完成分项工程及检验批划分方案,同时将3D扫描、物联网及云平台引入装配式建筑质量检测,形成完善的结构健康监测系统,保障了工程质量。

(4) 土建装修一体化。发展装配式建筑一体化内装技术、装配化装修、全屋定制等技术,实现土建、机电、装修一体化设计施工。

(5) 设备设施集成化。集成应用水、暖、电、气、空调、新风、燃气、电梯、智能化系统等技术,实现工业化部品的装配施工,全面提升节能环保低碳宜居性能。

(6) 全过程管理信息化。公司积极推进BIM技术在工程中的应用,实现建设全过程管理信息化。目前荣获的各类BIM奖项,包括全国二等奖4项、三等奖4项、全国优秀奖3项等。

(7) 标准体系制定。在完善企业内部涵盖产业链全过程的标准化体系的同时,积极参与国家和地方标准的制定,目前在装配式建筑方面参与编制了8项国家标准、6项行业标准以及7项地方标准。

5.2.1.4 装配式建筑产品体系

公司在武清和滨海新区建有四大生产基地,以先进的技术装备和制造能力,打造了推行建筑产业化的6大类产品生产线。

(1) 以结构装配为核心的装配式建筑生产基地。2015年,天津住宅集团在天津武清区建成装配式建筑生产基地,总产能为23万m³/年,可满足200万m²建

图5-4　装配式建筑生产基地

筑建设需求。基地主要生产以结构装配为核心的预制构件产品系列。同时联合清华大学、天津大学和城建大学等国内科研院校，针对PC关键技术进行了科研攻关，形成了"筑研营造"自主品牌，并成功实现成果转化，包括套筒、灌浆料、配套工装等PC系列构配件、混凝土养护剂等。

（2）以绿色建材为核心的新型建材生产基地。引进德国先进的工艺装备和工艺技术，天津住宅集团建有两大新型建材生产基地。以生产蒸压砂加气制品和各类粉体材料为主产品。加气制品年产能达160万m^3。研发生产的砂加气砌块和板材系列产品，完全达到国家优质标准，其中BO2、B03级产品填补了国家同类产品空白，形成了蒸压砂加气自保温、外墙外保温、内隔墙板、钢结构外围护保温墙板等多项成套体系技术。

砌块　　　　　　　板材　　　　　　　异形构件　　　　　　粉体材料

图5-5　多种成套技术

（3）以装配化装修为核心的住宅部品生产基地。基地研发生产的节能门窗、呼吸式节能幕墙、整体橱柜和卫浴、墙体家具、木制部品等部品，全部形成了标准化、通用化、系列化、工厂化预制和现场装配式、模块化组装成套技术集成。

（4）钢结构生产基地。在天津武清建有集设计、生产、加工、安装经营于一体的钢结构生产基地。拥有国内最先进的全自动钢结构生产流水线，产品涵盖钢结构、重钢、电缆桥架、通风管道等，产品在技术、质量及使用效果上均达到国内领先水平（表5-1）。

产品生产线　　　　　　　　　表5-1

序号	生产线	主要产品	优势及主要性能指标
1	年产23万m^3预制构件生产线	预制三明治外墙、内墙、梁柱、楼梯、阳台、叠合楼板等	建筑构件工厂化生产，尺寸精确，提升质量
2	年产160万m^3砂加气生产线	BO2、BO3、BO4、BO5、BO6、BO7级砂加气混凝土	无机不燃材料，隔热、保温、防火三效合一
3	生产60万t粉体生产线	砌筑砂浆、抹面胶浆、抹灰砂浆、胶粘剂等	粉体材料粘结强度0.1~0.5MPA，满足各种粘贴需求

续表

序号	生产线	主要产品	优势及主要性能指标
4	住宅部品生产线	建筑节能门窗、节能幕墙、木制部品、整体橱柜等	形成了标准化、通用化、系列化、工厂化预制和现场装配式、模块化组装成套技术集成
5	筑研营造PC系列产品	套筒、灌浆料、配套工装等PC系列构件、混凝土养护剂等	PC建筑配套关键技术和产品
6	钢结构生产线	钢结构、重钢、电缆桥架、通风管道	集设计、生产、加工、安装经营为一体的专业钢结构生产基地

5.2.1.5 工程项目实践情况

目前天津住宅集团共计建设了10余个装配式示范项目，规模达100余万平方米，所建示范项目中，部分项目预制装配率超过80%，达到国内领先水平。其中，在双青新家园20号地（荣悦园）、1号地（荣畅园）分别选取2栋18层、4栋建筑（2栋18层，2栋27层）进行现浇、水平装配、全装配综合对比分析研究，为装配式建筑的长足发展积累技术数据（图5-6）。

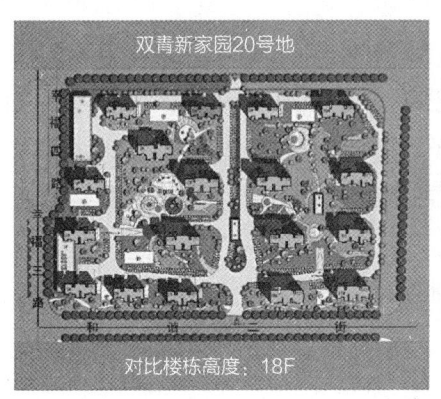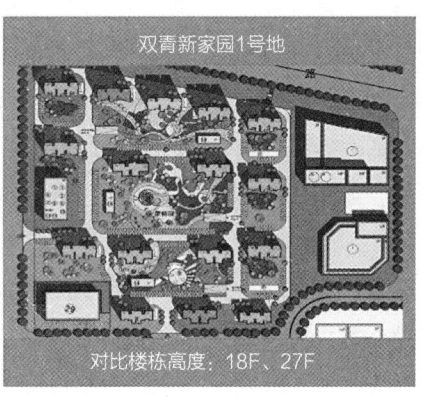

图5-6 双青新家园

2017年，天津住宅集团在中新天津生态城新开工两个地块，开创了在商品房中以I-EPC模式打造装配式建筑的先河（图5-7）。项目总建筑面积约20万m^2，预制率达30%以上，计划申报三星级绿色建筑设计标识及运营标识。

| 32号地块 | 41号地块 |

图5-7 天津住宅集团新开工地块

5.2.1.6 未来发展规划

下一步,天津住宅集团将进一步提高装配式建筑科研、设计、生产、施工、装修技术能力,建设成为全国具有较大规模的装配式建筑研发、生产、建设基地,成为国内市场上占有一定份额的专业建筑产业集团。发挥龙头企业的引领示范作用,带动周边地区装配式建筑产业的快速健康发展。

一是进一步完善全产业链整合能力,推动社会化专业分工,实现产业间、企业间有序配合,构成建筑产业化生产技术集成平台,进一步完善建筑产业集团建设。

二是进一步推动I-EPC管理模式在工程项目中的应用,打造高水平管理团队,提高管理水平,普及应用范围。

三是进一步完善PC自主品牌及预制装配整体式住宅技术集成应用的研发,在结构技术体系、全装修技术体系、构件部品技术体系、机电设备技术体系等方面不断深入科技研发,探索产业化技术体系的新集成。形成成熟的装配式建筑技术体系、标准体系、结构体系。

四是进一步完善预制装配式建筑生产基地建设,丰富产品种类、提高产品质量、扩大产品规模。

五是进一步扩大装配式建筑示范规模,通过规模化降低工程造价,从而提高建筑工程整体效益。实现装配式建造的保障性住房应用面积比率达100%;新开工住宅面积比率30%以上,装配式建筑一体化装修100%。创建三星级绿色建筑(运营标识)2~3个,为推进建筑产业化、建设省地节能环保型住宅切实发挥引导和促进作用。

六是加强产学研合作平台、科技研发平台、成果转化平台和技术咨询服务体系的建设,充分利用已经形成的两院、五中心、三个实验基地,进一步培育科技型企业,提高企业创新能力和竞争力。创建国家高新技术企业1家、市级企业重点实验室3家。加大科技投入，补充和突破一批核心关键技术，加快科技成果向现实生产力的转化。

5.2.2 北京住总集团有限责任公司

5.2.2.1 企业概况

北京住总集团有限责任公司（简称"住总集团"）最早成立于1983年，是以建筑施工、地产开发、现代服务三业并举，跨地区、跨行业、跨国经营的大型国有独资公司，拥有全资企业、控股企业、参股企业及事业部30余家，总资产500亿元，年综合经营额300亿元（图5-8）。累计建成各类建筑近亿平方米，开发建设住宅小区75个计2000余万平方米。

图5-8 集团概况

住总集团在"十二五"期间保持快速发展，产业链一体化初步形成，三大板块良性互动。主业优势体现在：一是住总房地产的保障房建设、棚户区改造等在京津地区具有领先的实施能力，具有向运营与服务转型的资源和能力基础；二是住总集团建筑施工板块优势突出，特别是装配式建筑领域具有先发优势，使得建筑施工业务可与其他板块业务有机连接。

在设计和咨询服务业领域，住总集团在住宅设计、城镇规划等领域具有较强竞争优势，资质与技术资源丰富。北京市住宅建筑设计研究院有限公司具有建筑行业建筑工程甲级资质、风景园林工程设计专项甲级资质、城市规划编制乙级资质。

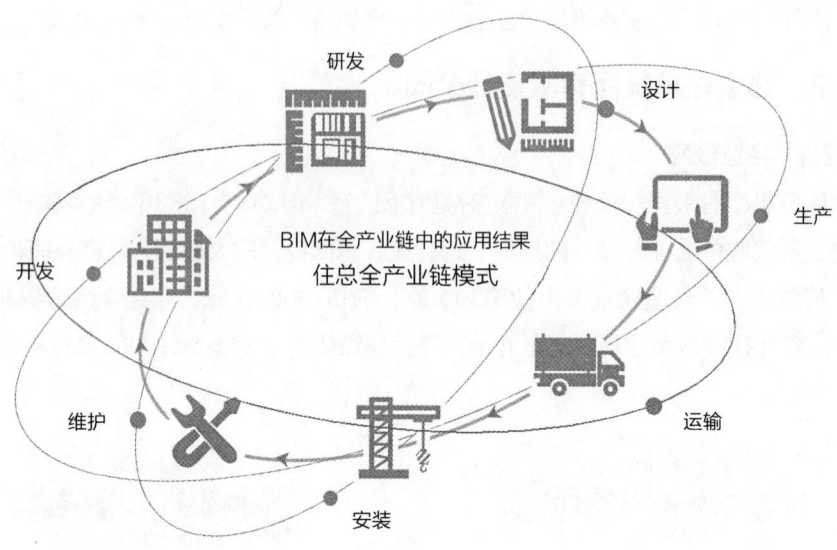

图5-9 全产业链模式7环节

5.2.2.2 装配式建筑核心能力

(1) 设计能力

1983年北京住宅院被批准承担装配式大板、高层住宅的设计与科研工作。截至1990年北京住宅院共完成工业化大板住宅建筑设计工作共计393718m^2。

2006年研究性地完成了首个建设部钢结构节能示范住宅楼——晨光家园的研究设计工作。2008年设计院开始配合万科共同开展工业化建筑的设计和研发工作,在大板建筑设计经验的基础上融合了现代产业化建筑的设计精髓,建立了符合时代要求的工业化建筑体系。

2011～2012年前后完成了北京首个梨园公租房、金域华府一期、五矿如园等水平构件装配式建筑的设计工作。2013年完成万科标准户型的研究工作,建立标准户型库。同期与万科共同打造首个全装配式住宅产业化项目——金域缇香的设计工作。2013～2014年先后完成金域华府二期、金域东郡、万科台湖里、万科长阳天地等项目,截至目前,设计院共完成装配式建筑设计工作835933m^2。

从最初的大板住宅到今天的装配式建筑技术,北京市住宅建筑设计研究院有限公司积累了30余年的实践经验。在设计层面的核心优势集中体现在产业化、绿色建筑、BIM一体化创新技术的设计应用以及MOMA技术体系。基于BIM技术的户型标准库的研发为缩短设计周期、加快项目建设、降低开发成本提供了条件。并与住总、万科联手注资建立产能10万m^3的住宅产业化基地,与万科、远大、城建、中铁建建立了战略合作关系,作为专家参编国家、地方标注图集。产业化项目实施面积近百万平方米。

（2）生产能力

北京住总万科建筑工业化科技股份有限公司（简称"北京住总万科"）成立于2013年7月11日，公司依托住总集团全产业链建造的优势和市场，发挥北京万科在实施住宅产业化项目的经验，加上北京住宅院装配式建筑住宅设计综合能力，以部品部件的制造为基础，逐步发展成为集规划设计、部品制造、施工装配为一体的装配式建筑综合服务商。北京住总万科公司在顺义、保定两个生产厂区预制构件综合年设计产量达10万m^3。顺义总部基地占地面积达11.9ha，总建筑规模74300m^2，建有可满足50万m^2装配式混凝土住宅构件需求的多功能数控板类自动化生产线；保定分厂生产车间积约7000m^2，堆场总面积约6000m^2。

北京住总万科致力于技术创新、标准研发、绿色发展和品牌树立。通过BIM模型应用、RFID技术应用，产品信息自动识别实现可追溯性管理；创建EPC总承包企业，从设计、生产到施工的BIM可视化平台，达到共享资源、协同工作的目的；积极开展针对装配式建筑新产品与新体系研究等。

（3）施工能力

北京住总第三开发建设有限公司简称"北京住三"，是隶属于北京住总集团、具有房屋建筑工程施工总承包一级资质及银行资信等级AAA证书的国有独资企业。年开复工规模达180万m^2，年产值达16亿元以上。在立足北京建筑市场的同时，工程还辐射天津、河北、郑州、兰州等区域。近几年，公司与万科、首开等房地产开发企业形成稳定的战略合作，其中承建的万科金域华府、首开长阳熙悦山等商品住宅，赢得了良好的口碑。

北京住总集团有限责任公司工程总承包部成立于2005年，是北京住总集团有限责任公司下属事业部，年综合完成建安产值近20亿元，年开复工面积近160万m^2。北京住总钢结构工程有限责任公司是隶属于北京住总集团有限责任公司工程总承包部的国有企业，从事钢结构的开发、设计、制作、安装施工等业务，具有钢结构工程承包一级资质，在北京钢结构及模板租赁行业有较大的市场份额。公司的钢结构制作、施工业务已有50多年历史，拥有雄厚的技术实力和施工经验。目前公司有多条H型钢生产线，并形成了配套完整的重钢及轻钢结构加工与机械加工能力。"十三五"期间将重点打造钢结构施工、钢结构加工、模架租赁、施工总承包四大主业。特别是致力于研发、实施，钢结构住宅产业化技术及工程应用与开发，借助住总集团全产业链优势和政策优势，推广新型建造方式。

5.2.3 宝业集团股份有限公司

5.2.3.1 企业概况

宝业集团股份有限公司（简称"宝业"）创建于1974年，是国内第一家在香港联交所主板上市的综合类民营建筑企业（02355.HK），公司主营装配式建筑、建筑施工和房地产开发三大业务。

公司在1994年开始涉足装配式建筑，建成了上海、绍兴、合肥、武汉等四个制造基地，与日本大和、德国西伟德组建了两家合资公司，并与中国建科院、清华大学、同济大学等单位开展了装配式建筑经济技术合作，于2009年被授予"国家住宅产业化基地"。研发的轻钢装配式结构低多层、叠合板装配式结构（PC）高层和套筒连接剪力墙结构（100米以上）等三类装配式建筑产品体系，具备了较好的装配式建筑的研发设计、制造、安装施工能力。

5.2.3.2 装配式建筑核心技术

（1）技术体系类型

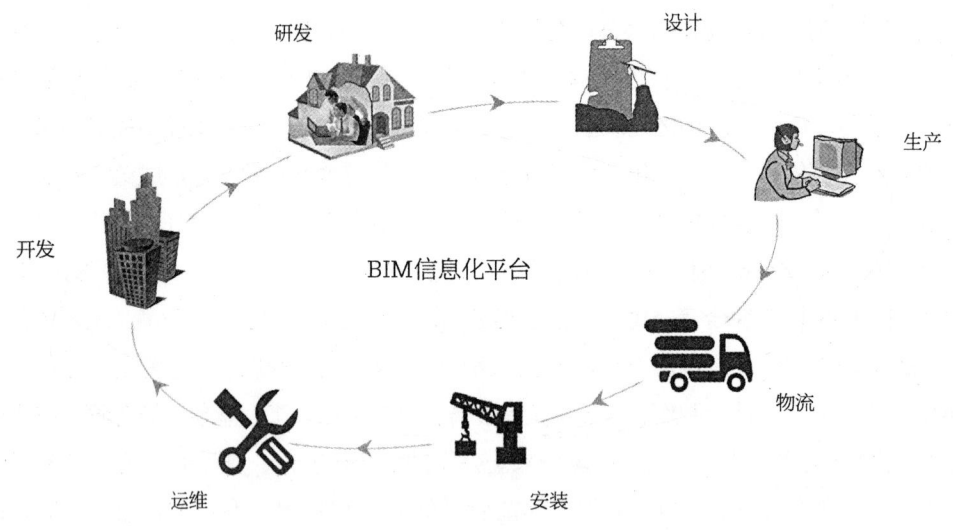

图5-10 宝业集团技术体系

宝业以BIM信息化平台为依托，具有研发、设计、生产、施工等全产业链优势（图5-10）。现拥有浙江、安徽、湖北占地2300亩的产业基地，拥有密柱支撑钢结构低层、钢框架结构多层、预制装配式混凝土结构（PC结构）高层三套产品技术体系。现已应用于高端公建、住宅、政府保障性项目，在建和已建面积达600万m^2（图5-11）。

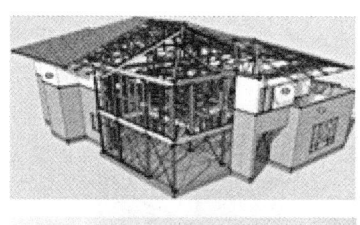  

|低层轻钢工业建筑|多层钢结构工业化建筑|高层PC整体式装配建筑|

图5-11 三套技术体系的工业化建筑产品

（2）预制装配式混凝土结构适用范围

1）在地下车库、人防工程领域：叠合板体系可作为模板使用，自有的支撑系统，可有效节约钢、木支撑及模板系统制作安装时产生的人工费、材料费、机械费。且叠合板可内置特种改性沥青止水钢板，自身防水抗渗等级达到S8及以上，完全满足混凝土自防水要求。

2）地上建筑：采用预制套筒剪力墙和采用现浇与预制相结合的双重技术。采用预制先装法，结合装配式现浇工具模板体系，实现施工工艺的高装配率，节省大量人工，提高成型质量，实现节能、节水、节材和减少建筑垃圾等环保节能目标。

（3）叠合板式混凝土剪力墙结构

叠合板式混凝土剪力墙结构由叠合式楼板和叠合式墙板，辅以必要的现浇混凝土剪力墙、边缘构件、梁、板，共同形成的剪力墙结构（图5-12）。叠合式楼板，预制部分多为薄板，在预制构件加工厂完成，现场安装预制混凝土楼板，一其为模板，辅以配套支撑。叠合式墙板，预制部分由两层预制板与格构钢筋制作而成，现场安装就位后，在两层板中间浇筑混凝土，采取规定的构造措施，提高整体性（图5-13）。

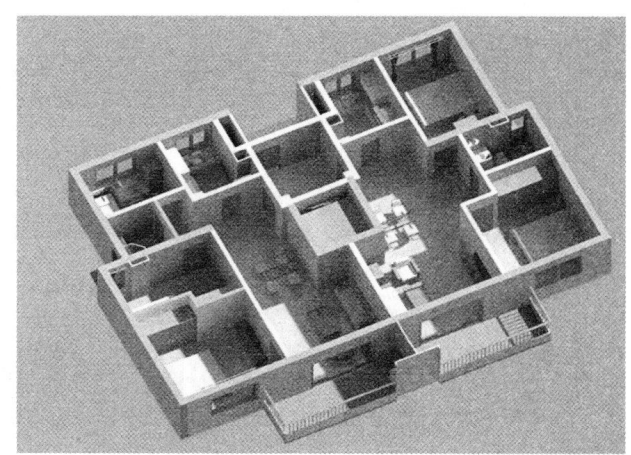

图5-12 叠合板式混凝土剪力墙结构

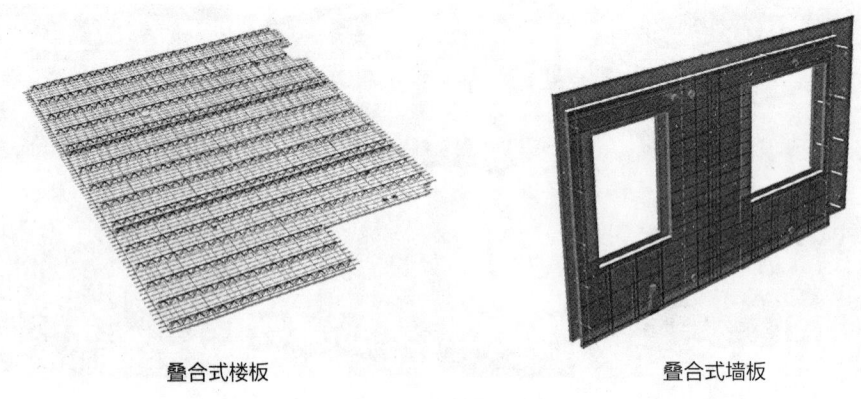

叠合式楼板　　　　　　　　　　　　叠合式墙板

图5-13　叠合式楼板

5.2.3.3　工程项目实践情况

宝业在建和已建装配式建筑达600万m²。包括宝业爱多邦、上海市惠南镇宝业·万华城23号楼、虹桥宝业中心、安徽省合肥市经开区天门湖公租房3号楼、安徽省合肥市新站区平板显示基地配套公租房、安徽省合肥市经开区出口加工区公租房、浙江工业大学之江学院学生公寓新建工程、绍兴市保障性住房（袍江G43-2地块）5号及6号楼、中纺CBD商业中心、美丽乡村等（图5-14）。

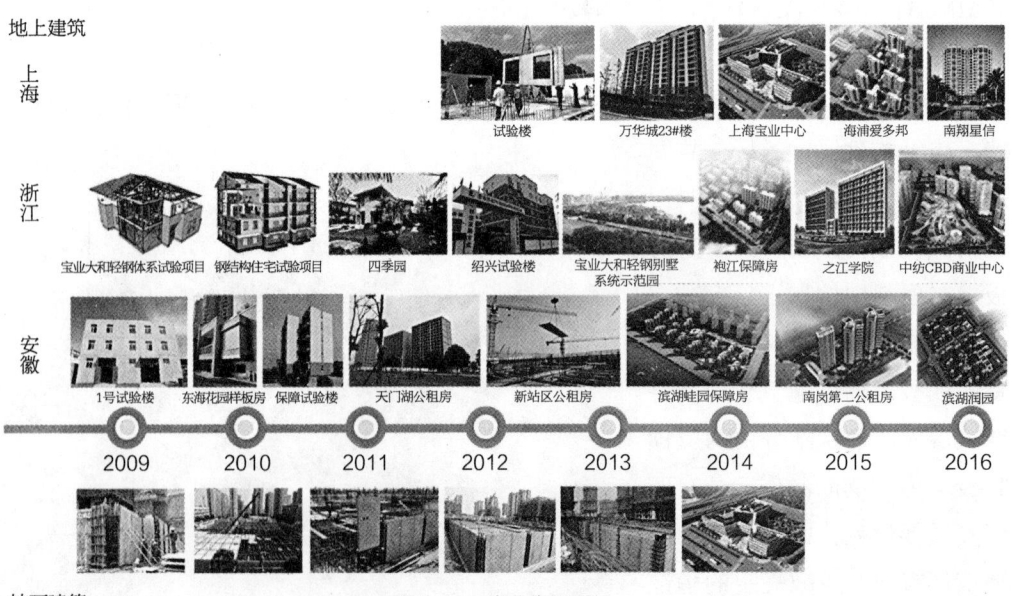

图5-14　宝业集团项目

5.2.4 山东万斯达建筑科技股份有限公司

5.2.4.1 企业概况

山东万斯达建筑科技股份有限公司（简称"万斯达"）是一家以装配式建筑为主营业务的高新技术企业。公司的商业模式定位为客户提供"装配式建筑整体解决方案"的全产业链运营服务模式，从产品研发、标准制定、项目咨询、建筑规划设计、装配式构件设计、构件制造、工程施工、人才培训的整个产业链，为客户提供"一揽子"的整体解决方案。

万斯达产品及服务广泛用于高层住宅、公共建筑、工业建筑等工程。公司作为山东首家装配式混凝土结构企业和装配式钢结构企业以及国内首批PC流水线生产企业，在济南拥有长清、章丘、高新区3家预制构件工厂，并通过子公司设计院及工程公司开展业务（图5-15）。2013年，万斯达获得住宅和城乡建设部"国家住宅产业化基地"称号，2014年荣获山东省住房和城乡建设厅颁布的"建筑产业现代化生产基地"称号。

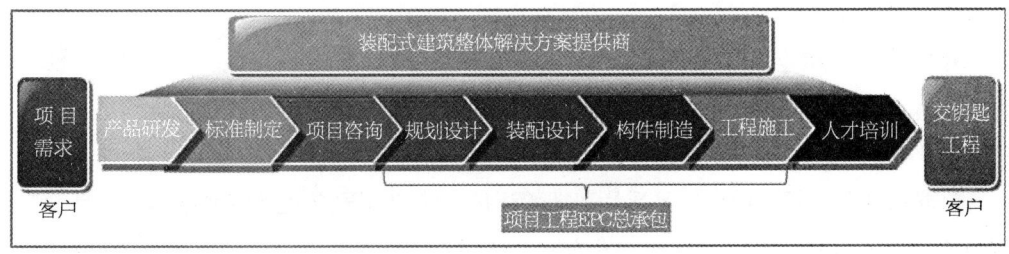

图5-15 整体解决方案

5.2.4.2 装配式建筑核心技术

万斯达依靠持续的技术研发和创新，在国内装配式建筑行业领域取得快速发展。公司"新型装配整体式楼盖体系的关键技术及其应用"荣获2008年"国家科技进步二等奖"，先后通过了ISO9000、14000、18000管理体系认证。

万斯达拥有四大PK快装结构体系，钢框架结构体系、混凝土框架结构体系、预制混凝土剪力墙结构体系及多层板式快装结构体系可满足市面上绝大多数结构形式的装配式需求（图5-16）。

（1）钢框架结构体系

钢框架结构体系主要采用装配式钢结构框架+PK预应力叠合楼板+预制混凝土外墙挂板技术，可以满足多、高层住宅楼，多层商场、学校、医院、厂房、多层及高层办公楼、酒店等建设的需要，并且具有工业化程度高、建设速度快、经济性好的优点。该体系有效

钢框架结构体系

预制混凝土框架结构体系

预制混凝土框架结构体系

多层板式快装结构体系

图5-16 核心技术

减轻建筑自重，装配率高，节省脚手架和模板，充分体现了结构自重轻、抗震性能好、综合造价低、施工速度快的特点。

（2）装配式混凝土框架结构体系

装配式混凝土框架结构体系采用PK预应力叠合楼板+预应力梁+预制柱灌浆套筒+PK非承重自保温外墙挂板相结合的技术方案，适用于大跨度、大空间、大荷载的公建和厂房，装配化率高，减少脚手架和模板支设工作量，与传统框架结构相比，降低楼体自重，提高了建筑的经济性。

（3）装配式混凝土剪力墙结构体系

装配式混凝土剪力墙结构体系采用"预制混凝土剪力墙（使用球墨铸铁灌浆套）+ 预制混凝土梁 + PK预应力叠合楼板"的技术方案，PK预应力叠合楼板技术可以降低叠合楼盖的厚度，提高了建筑的经济性。公司和深圳现代营造有限公司联合研发出比机械加工套筒尺寸更小、受力更好的"球墨铸铁灌浆套筒"，可在一定程度上降低装配式混凝土剪力墙结构住宅的工程造价。

（4）多层板式块状结构体系

多层板式块状结构体系采用纤维石膏空心大板+PK预应力叠合楼板的组合技术方案，工业化程度较高，可以取代砌体结构运用于多层住宅、酒店及低层别墅的建设。该体系可有效促进构件的商品化生产，降低现场施工的劳动强度，提高施工效率。

5.2.4.3 工程项目实践情况

万斯达自2010年起进入装配式建筑领域，先后于过去的5年间，承建了百余个工程项目的建设。其中，济南市西客站安置片区小学项目是济南市第一个装配式建筑试点工程（图5-17）；济南市济水上苑17号楼工程是济南市首座装配式混凝土剪力墙结构全装配式高层住宅（图5-18）；港新园公租房项目是2014年"山东省建筑产业现代化"试点工程项目，也是山东省第一个成规模装配式建筑小区（图5-19）。

图5-17 济南市西客站安置片区小学项目

图5-18 济南市济水上苑17号楼项目

图5-19 济南市港新园公租房项目

5.2.5 龙信建设集团有限公司

5.2.5.1 企业概况

龙信建设集团有限公司（简称"龙信集团"）始建于1958年，为房屋建筑工程施工总承包特级企业，以装配式混凝土技术为突破口，逐步发展成为研发、设计、工厂化制造、建造全过程覆盖，拥有核心技术、核心资源和综合管理能力的建筑工程服务商。

在研发方面，龙信集团技术研发中心与鹿岛建设、中国建筑科学研究院、东南大学合作进行装配式技术研究。在预制构件生产方面，龙信集团在海门、南京两地有现代化装配式构件预制生产基地，可实现年生产预制构件分别为20万m^2、10万m^2。龙信设计院以龙信集团为依托，致力于为集团公司提供技术服务与支持，将装配式建筑及装修设计前置，与土建设计同步。龙信集团积极展开与产业链上下游企业之间的合作，从生产、建筑安装，利用龙信全装修一体化的优势及整合装修上下游资源的优势，结合CSI装配化装修体系，形成具有龙信特色的全装修一体化装配式建筑体系。

目前，龙信集团拥有装配整体式混凝土框架结构体系和装配整体式混凝土剪力墙结构体系等2项核心技术和9个预制率在30%以上的装配式项目，同时还与技术学院合作开展装配式建筑技术培训。龙信集团装配式建筑的市场发展规划是以技术研发、上下游资源整合为基础；通过单体项目实践，进一步对成本、基础材料和施工工艺进行优化；以示范工程的实施，逐步完成市场推广工作。龙信集团拟成为集研发、设计、房地产开发、部品件生产、总承包施工、物业服务于一体的综合性企业，将自身定位为装配式建筑整体服务商。

5.2.5.2 装配式建筑核心技术

（1）装配整体式混凝土框架结构体系

龙信集团预制装配整体式框架结构体系在引进日本鹿岛体系的基础上，综合了竖向节点采用"直螺纹灌浆套筒连接"技术、梁柱节点"键槽连接"技术，主次梁节点灵活采用"牛担板+灌浆套筒连接"技术、预留钢筋锚固段现浇区等技术。

（2）装配整体式混凝土剪力墙结构体系

龙信集团预制装配整体式剪力墙结构体系综合研究国内目前主流的做法：PCF体系、内浇外挂体系、浆锚连接技术、鹿岛的模壁技术体系、西韦德的叠合预制剪力墙技术等，根据不同的项目特点灵活运用，达到安全、经济、快熟的目的。

5.2.5.3 工程项目实践情况

为促进装配式建筑发展，充分发挥示范项目的引领带动作用，推动装配式建筑及部品部件生产的发展，经专家评审，住房和城乡建设部印发了《2016年科学技术项目计划——装配式建筑科技示范项目》，2016年批准列入计划的项目共119项，龙信集团共有4个项目入选，南通市政务中心车库综合楼建筑产业现代化项目、江苏海门龙馨家园老年宾馆项目、海门龙信广场5号楼项目获得装配式混凝土结构示范项目立项，龙信集团装配式建筑混凝土构件生产项目获得部品部件生产类示范项目立项。

5.2.5.4 未来发展规划

下一步，龙信集团将以装配式混凝土技术为突破口，形成行业领先的装配式建筑管理模式与管理体系。短期内，在成品房开发施工的经验基础上，筹建装配式建筑研究院，做好装配式建筑方向研究、标准的确定、基础材料和工艺的研究、上下游资源的整合等工作；中期做好研发单体的实施、成本的优化、基础材料和工艺的优化等工作；后期做好示范工程的实施、市场的推广等工作。最终发展成为研发、设计、工厂化制造、建造全过程覆盖，拥有核心技术、核心资源和综合管理能力的建筑工程服务商，实现从传统劳动密集型施工企业到制造服务商的转型，在公建、住宅领域创建出具有龙信特色的装配式建筑技术体系。

5.2.6 北新房屋有限公司

5.2.6.1 企业概况

北新房屋有限公司（以下简称"北新房屋"）是中国建材集团成员企业，是集团"三新产业发展平台"之一。北新绿色装配式建筑事业起步于1979年，历经数十年的探索和发展，2002年底被住房和城乡建设部确定为首批国家住宅产业化基地。北新房屋拥有研发、设计、生产、安装以及售后服务的系统集成能力，一直致力于中国城镇化和绿色小镇的建设。北新公司已建成北京、四川、江苏、黑龙江、海南等房屋基地，房屋相关配套材料在全国拥有60个生产基地，目前在海外地区设有非洲办事处。

北新房屋拥有房屋建筑工程施工总承包资质，拥有建筑设计甲级资质设计院，结合自身工厂的全国布局，可为客户提供"设计生产安装一体化"的服务及全套解决方案。

5.2.6.2 装配式建筑核心技术

北新房屋的装配式建筑有适合新农村及城镇化建设采用的冷弯薄壁体系（3层以下建筑），还有城市住宅、公寓、学校、医院、酒店会所等建筑的复合钢结构体系（适用于6层及以下建筑）。两种体系经过了数十年的艰辛积累，已具有一定的规模。

北新房屋的装配式建筑技术融合了日本KC薄板钢骨技术体系的先进优势，和澳大利亚、新西兰的房屋结构技术经验，并经过自主创新、不断研发积累。截止到2016年底，北新装配式建筑已申请技术专利164项，并参与了2项国家"十三五"课题及1项国家自然科学基金项目。目前，北新房屋已在海内外国家和地区建设了近100个绿色小镇，覆盖了国内近30个省份及直辖市、海外30多个国家和地区。北新房屋将在绿色小镇的基础上，串联成片，打造绿色生态城，从而成功完成北新装配式房屋、绿色小镇和绿色生态城的转型升级。

5.2.6.3 工程项目实践情况

目前，北新房屋已在海内外很多国家和地区建设了大量的装配式建筑项目。2012年，北新房屋建设了北京密云石城镇绿色小镇；2013年下半年，四川广安绿色小镇项目开始启动，涉及六区市县与三大园区，建设了800余户新型房屋，包含了几个集居住、文娱、商业于一体的综合小镇；内蒙古响沙湾沙漠绿色小镇是国内第一个沙漠中的绿色低碳五星级酒店；云南大理绿色小镇包括联排、独栋、花园洋房共79户。在海外，北新房屋用绿色装配式建筑打造的绿色小镇，赞比亚绿色小镇共4527户住宅，60余万平方米；委内瑞拉绿色小镇是北新房屋在海外建设的又一大型项目，是委内瑞拉国家"住房计划"的重要组成部分；巴新一千栋绿色小镇共829户。未来北新房屋将在绿色小镇的基础上，串联成片，努力打造绿色生态城，从而完成北新装配式房屋、绿色小镇和绿色生态城的转型升级。

5.3 设计型企业

5.3.1 中国建设科技集团

5.3.1.1 企业概述

中国建设科技集团股份有限公司（简称"中国建设科技集团"）以中国建筑设计研究院为主要发起人，联合中国电力建设集团有限公司、中国能源建设集团有限公司及北京航天产业投资基金共同发起，于2014年6月23日正式创立。中国建设科技集团主营业务涵盖建筑与市政工程勘察、设计、服务、工程承包及城镇规划、建筑与市政工程技术研发等领域。目前，中国建设科技集团已在全球60多个国家和地区完成设计项目2000余项。

5.3.1.2 装配式建筑发展情况分析

中国建设科技集团装配式建筑方面的研究可以追溯到新中国成立初期的装配式大板住宅建设。近年来，中国建设科技集团围绕钢筋混凝土结构、钢结构、木结构、竹结构、内装、外围护等装配式建筑的关键领域，组织编制了40多本国家建筑标准设计图集，有力支撑了我国装配式建筑的发展。在借鉴国外SI体系的基础上，结合我国装配式混凝土结构、钢结构主体应用状况，创造性地提出了较完善的装配式建筑理论，明确指出"住宅产业化不等于主体产业化，主体产业化不等于PC产业化"的"两个不等于"理论。以经济适用、以人为本为原则，形成了融合建筑内装部品体系、BIM技术、绿色技术、建筑产品等先进建造技术在内的装配式混凝土结构+内装工业化、钢结构+内装工业化、装配式混凝土结构、钢结构等解决方案，有效地解决了我国装配式混凝土领域面临着的理论指导及关键技术体系缺失的问题。

在研发和生产能力方面，中国建设科技集团开展了大量的科研课题研究，包括承担"十二五"国家科技支撑计划项目课题、国家科研院所课题、住房和城乡建设部课题等，各项课题成果涵盖新产品、新技术、新工艺、新标准、新专利、产品库等多方面内容。中国建设科技集团还编制了装配式建筑核心标准规范、国家建筑标准设计等文件，注重装配式建筑领域科技研发的同时，积极开展装配式建筑领域市场项目实践。集团设计了"北京雅世合金公寓""上海绿地威廉公馆"，获"詹天佑奖"；上海金地未来、万科金色里程、万科金色城市等3个项目获"詹天佑优秀住宅小区金奖"。"十三五"期间工业化建筑设计逾1000万m^2。中国建设科技集团还组建了以国家住宅工程中心、装配式建筑工程研究院、CSP研发中心、中国百年住宅建设项目管理办公室、BIM中心、Building SMART中国分部、智能化工程中心为核心的装配式建筑工作团队，积极探索适合中国特色的装配式建筑道路。

5.3.1.3 装配式建筑核心技术

（1）装配式住宅建筑一体化集成设计技术。按照系统理论，采用结构化的方法，提出装配式混凝土结构住宅建筑的集成化整体设计和基础技术策略；构建一体化集成设计的技术系统分布理论和空间系统分布理论；研究主体结构、围护结构、设备管线和装饰装修四个系统之间的衔接关系，研究编制具有适应不同系统的接口标准，制定统一规范，形成系统和协调的技术方案。

（2）装配整体式混凝土结构住宅建筑设计与集成技术。装配式混凝土结构的设计包括技术策划、主体结构构件设计、建筑构件设计、机电专业配合、预制构件加工图设计，并兼顾施工的设计。主要包括装配式混凝土剪力墙结构和装配混凝土框架结构。从建筑的整体进行设计，各专业密切协作。

（3）标准化设计技术研究。中国建设科技集团加快装配式建筑图集的编制，以充分发挥标准化引领作用，尽快破除装配式建筑发展瓶颈问题。一是开展国内外装配式建筑标准规范体系的研究；二是加快编制装配式建筑领域标准规范；三是形成装配式建筑国家建筑标准设计体系，包括设计指导类、施工指导类、构件及构造类；四是加强模数化关键技术研究；五是推广装配式建筑国家建筑标准设计。

（4）装配式室内装修集成技术（SI内装体系）。重点研发了住宅内装部品化集成技术、SI住宅内装分离与管线集成技术、隔墙体系集成技术、干式地暖节能集成技术、整体厨房与整体卫浴集成技术、新风换气集成技术、架空地板系统与隔声集成技术、不降板的同层排水技术等核心技术。采用精细化设计和模块化产品的集成，实现在室内装修方面达到快速、环保、高质、高效、易维护的室内环境。

5.3.1.4 未来发展规划

一是借鉴日本、新加坡、中国香港等国家和地区成熟的建筑部品生产施工技术，结合标准院正在实施的绿地项目和亿达项目等，针对我国建筑行业特点，开发适合我国国情的、技术上适应国内规范和市场用户使用习惯、成本经济、可国产化的装配化内装部品体系，形成基于装配式内装需求的部品厂家资源库，解决装配式内装应用过程的技术接受度和市场接受度低的问题。

二是进一步加强建筑部品检测认证体系建设，及时跟踪和解决装配式建筑部品检测认证实施过程中的重大技术问题；及时收集国内外标准技术法规及合格评定的有关信息，进一步完善符合我国特色的建筑部品认证标准技术法规及评定方法。为广大优秀建材企业进入工业化住宅建设领域提供畅通的渠道，为装配式建筑建设提供安全、经济、适用、耐用、长寿命的产品和技术，确保住房的建设质量和性能。

三是强化建筑信息模型技术应用，提升工程建造效率和质量。以设计为龙头的优化设计、成本最小、优化市政站点、合理管线长度与埋深、科学管线综合、以实现成本控制。建立设计与生产、设计与安装阶段之间信息协同技术，通过构建有效的数据传递标准和流程，实现产业链协作方之间的信息协同，提升产业链整体的效率和质量的提升。将施工管理与工法技术与工程实践相结合，形成一套实用的、可指导工程项目总承包的技术体系。

5.3.2　北京市建筑设计研究院有限公司

5.3.2.1　企业概况

北京市建筑设计研究院有限公司（以下简称"BIAD"）是与新中国同龄的大型国有民用建筑设计机构。自成立以来，经过几代人的开拓创新、励精图治，在建筑设计及科研领域取得了突出的成绩，建筑设计作品遍及全国31个省市自治区，累计完成1.5亿m²建筑面积的设计项目。业务范围包括：城市规划、投资策划、大型公共建筑设计、民用建筑设计、室内装饰设计、园林景观设计、建筑智能化系统工程设计、工程概预算编制、工程监理、工程总承包和全过程工程咨询服务等领域。1998年通过ISO9001质量管理体系认证，2009年被评为国家高新技术企业，2015年成为国家住宅产业化基地。

5.3.2.2　装配式建筑核心技术

BIAD是一家具有自主研发建筑工程技术能力的科技型设计企业。面对国家和行业发展要求，结合建筑工程的具体要求和企业对建筑产品的需求，自觉地开展建筑工程技术体系的研究、整合与发展，以科技创新引领技术进步始终是BIAD的传统及核心竞争力。

2007~2015年，BIAD响应国家和北京市推动住宅产业化发展的要求，根据企业提升住宅建筑质量的实际需求，积极开展了相关技术领域的论证和研究工作。在对国内外装配式建筑技术体系现状及发展趋势分析、总结和归纳的基础上，确立了适合我国严寒寒冷地区装配式住宅建筑技术体系的发展目标、技术路线和发展途径，即满足我国6度~8度抗震设防烈度要求，住宅建筑节能不低于65%的可持续发展标准，建筑最大适用高度80~120m，建筑围护系统具有良好的保温、密闭和耐久性能，与建筑装修结合性好，能够满足快速建造和缩短建设工期要求等。通过较为系统的理论和试验研究，并结合试点示范项目的工程验证，主持研发了装配整体式剪力墙结构住宅建筑技术体系。该技术体系涵盖了装配式住宅产品开发系统、建筑系统、结构系统、设备和装修系统、预制构件和建筑部品系统、装配施工系统、建筑性能与成本控制方法、管理和评价体系、标准化设计方法、设计信息化应用系统、关键部品部件和材料开发等各方面。具有技术全面、技术组合完整、适用性广、成熟度高、可持续发展性强等特点。其中复合夹心保温预制外墙板技术和产品，较好地解决了住宅建筑外围护墙长期存在的质量通病问题，取得良好的经济和社会效益。该技术体系已经成为现行国家、行业和地方标准的通用技术体系，在全国得到了普遍推广应用。

2015年以来,BIAD积极响应国家大力发展装配式建筑的号召,先后开展了装配式空心板剪力墙结构和施工体系、装配式型钢链接剪力墙结构体系及老旧建筑性能提升改造的工程全套技术、地下工程结构装配化施工技术及结构设计方法、装配式综合管廊结构体系、装配式框架结构工程应用技术、新型建筑围护墙体技术、装配式建筑与绿色建筑、超低能耗建筑技术结合等多领域的研究、产品开发及试点工程的设计工作,取得了大量的成果。装配式建筑技术正在从住宅建筑向教育建筑、办公建筑、科研建筑、商业建筑等迅速地扩展。

5.3.2.3 装配式建筑项目实践

在装配式建筑发展的新时期中,BIAD秉承"建筑服务社会"的企业发展理念和"开放、合作、创新、共赢"的经营方针,十年间累计完成三十余项、近五百万平方米的装配式建筑工程,代表项目有北京中粮万科假日风景、沈阳春河里、北京长阳半岛1号地、大连万科城、北京住总·万科金域华府、合肥蜀山四期公租房、北京百子湾公租房、厦门海沧保障性住房二期、厄瓜多尔基础教育学校项目等。作为技术推广的重要工作,主编及参编了二十余项国家、行业、北京市地方的标准和标准设计图集、技术措施、技术指南等,与十余家国内设计企业开展技术交流和设计咨询服务。

5.3.2.4 未来发展规划

装配式建筑尚处于发展期,在技术体系、管理系统、工艺工法、关键产品、技术应用等方面还有大量需要研究、发展和完善的内容;在丰富装配式建筑应用类型、提高建筑质量和品质、发挥装配式建筑的系统优势等方面仍有极大的发展空间。到2020年的4年内,BIAD计划在以下几个方面开展工作:

一是与企业开展合作,以通用技术体系为基础,开发适合企业的专有技术体系和高品质、高性能的建筑产品体系。

二是积极开展工程实践,通过推行建筑师负责制、建筑设计—建造一体化等建筑业改革新举措的实践,不断提高装配式建筑的发展水平以及经济和社会效益。

三是积极开展装配式建筑的技术推广工作,通过推行全过程工程咨询等新型服务业务,帮助更多的开发企业、设计企业、施工企业了解、掌握和用好装配式建筑技术。

四是进一步加强技术和产品的研发工作,提高装配式建筑技术体系的系统性和发展性,提升装配式建筑技术应用的综合效益;研发重点包括:地下建筑工程的装配化建造、适合农业和农村建筑的低多层装配式建筑技术和建筑产品、适合城市更新的"快拆快建"技术和工法体系等。

5.3.3 华阳国际设计集团建筑产业化公司

5.3.3.1 企业概况

华阳国际设计集团成立于2000年11月,设有深圳、广州、上海、长沙、重庆、香港六家公司及建筑产业化公司、BIM技术应用研究院、造价咨询公司。华阳国际是"国家住宅产业化基地""深圳市住宅产业化示范基地"及"深圳市BIM工程实验室"。

华阳国际设计集团建筑产业化公司(简称"华阳国际")成立于2014年,前身是华阳国际设计集团新建筑事业部,是全国首家从事装配式建筑设计研究的专业机构,提供涵盖工业化建筑设计、生产与施工技术咨询、定制产品研发、项目运维与成本控制咨询以及政策标准及课题研究在内的全产业化链技术咨询服务,以集成"工业化+绿色+BIM"技术为研发特色,为不同的建筑产品提供装配式系统解决方案。

5.3.3.2 装配式建筑核心能力

(1)集成研发理念

公司整合工业化技术、绿色技术、BIM技术三大优势资源,启动"工业化+绿色+BIM"的集成研发。目前已针对不同项目类型及装配式建筑技术应用特点,形成了装配整体式混凝土结构、木结构和钢结构三大应用技术体系。

(2)标准化研究成果

近十年来承担了国内多家房地产企业(万科、金地、深业、中信、红星美凯龙等)一系列的建筑标准化研究,积累了深厚的标准化设计基础,为装配式建筑的设计与实施提供技术支撑。

(3)工业化项目设计经验

公司承接各类装配式建筑设计项目50余项,建成项目50余项,装配式建筑项目总建筑面积超过500余万m^2,遍布华南、华北、华东、西南、西北等地区,并为近十个城市研发设计了当地首个工业化实践项目。

(4)参与国家和地方标准制定

公司拥有领先的工业化研究与设计团队,并积极参与行业标准的制定,先后参与编制装配式建筑领域国家级标准11项,省市级地方标准18项。

(5)全产业链优势资源和整合能力

公司与装配式建筑领域众多专家保持紧密联系,并与产业链的上下游企业进行广泛合作,通过共同开展课题研究和参与试点工程,累积了一批覆盖全产业链的优势资源及有效整合经验。

(6) 形成一套保障性住房系统解决方案

公司在保障性住房领域有着长久且丰富的设计研究经验，承接了10余项重大保障性住房项目的设计工作，形成了一套系统针对保障性住房的专项解决方案；并主导研究深圳市《保障性住房标准化系列化设计研究》等课题，为政府部门的政策、标准制定提供依据和支持。

(7) 成本控制能力

公司在设计并建成的十余个工业化项目中，累积了丰富的全过程设计（方案至构件图）经验及全过程造价咨询（估算至结算）经验，为客户提供符合用户产品需求的、有效的成本控制解决方案。

5.3.3.3 工程项目实践情况

近年来，华阳国际完成了深圳万科第五园第五寓、深圳龙悦居三期、万科云城等各类装配式建筑设计项目超50余项，装配式建筑项目总建筑面积超过500余万m²。项目类型覆盖了装配式剪力墙结构体系、装配式框架结构体系、内浇外挂体系、预制预应力结构体系和钢结构体系等各种结构体系。遍布华南、华北、华东、西南、西北等地区，并为近十个城市研发设计了当地首个装配式建筑实践项目（图5-20）。

龙跃居三期

天津万科生态城

万科第五寓

厦门万科湖心岛

天津万科生态城

万科建研零碳中心

图5-20 华阳国际装配式建筑项目

5.4 部品生产型企业

5.4.1 深圳海龙建筑科技有限公司

5.4.1.1 公司简介

深圳海龙建筑科技有限公司（简称"海龙公司"）是中建国际投资（中国）有限公司旗下专门从事装配式建筑产品研发、设计与施工业务的专业公司，设有广东、安徽和山东三个片区、五大生产基地，年总产能170万m^3混凝土预制构件（折合建筑面积600万m^2）。公司产品涵盖了住宅、酒店、写字楼、厂房、医院、道桥隧道等各类工程，包括各种类型的预制内外墙板、楼面板、楼梯、阳台、复合GRC外墙板、整体厨房及卫生间、桥梁、涵管、地下管廊等产品。

5.4.1.2 装配式建筑发展情况

海龙公司开展装配式建筑的历史最早可追溯至20世纪90年代，1998年开始承接香港房屋署装配式建筑工程，2001年开始涉足香港房地产开发装配式项目及公共建筑装配式项目，拥有国际标准的装配式建筑生产及建造经验，2012年凭借央企、外资的背景，多元的海内外融资渠道和装配式工程管理经验等综合优势，开始进入内地装配式建筑业务。

海龙公司装配式业务现设有南、中、北三大装配式建筑产品研发及生产专业公司。广东海龙建筑科技有限公司主要服务港澳及内地南方区域，设有深圳基地及珠海基地，占地共约300亩，产能达到40万立方混凝土构件。安徽海龙建筑工业有限公司主要服务中部区域，设有合肥生产基地及宿州生产基地，占地共约560亩、产能达到90万m^3的混凝土构件（图5-21）。山东海龙建筑科技有限公司要服务北方区域，设有济宁生产基地，占地共约446亩、产能达到40万m^3的混凝土构件。

图5-21 安徽海龙合肥生产基地

配合工程管理，海龙公司建立健全了施工现场以及生产车间的工人培训体系，建立了施工现场的吊装、灌浆等装配式产业工人培训学校，在工厂对模具安装、套筒安装等工人作技术培训。

5.4.1.3 装配式建筑核心技术

依托中建国际投资（中国）有限公司，海龙公司拥有一系列装配式建筑生产和施工核心技术。

（1）装配整体式剪力墙结构体系采用"预制剪力墙 + 灌浆套筒 + 叠合楼板 + 保温复合构件 + 其他预制墙体"的技术方案。该体系是装配式剪力墙结构住宅的发展主流，技术成熟可靠。

（2）全预制装配式框架结构技术实现了结构构件全预制，解决了预制梁柱节点连接、预制与机电设计、浇筑、温度控制及色差等技术难题，实现了90%以上预制率，达到国际领先水平。

（3）装配式混凝土复合预制构件技术采用于墙体间加设保温隔热板及外保温砂浆一次成型等多种方式，建造自重轻、节能减排、保温隔热性能良好的复合预制构件。

（4）装配式钢筋混凝土整体预制卫生间技术采用钢筋混凝土结构，结构墙运用钢筋搭接灌浆方式连接，实现了六面体整体预制和全装修技术。在工厂内整体预制并一体化装修，与主体结构同步施工。从根本上解决了卫生间现场施工工序多、渗漏水等技术难题。

（5）玻璃纤维增强水泥（GRC）面层与混凝土整体复合成型技术将GRC材料与预制外墙复合而成，将外墙围护与装修一次成型，加快了装配式建筑施工进度，降低了后期装饰成本。

（6）"反打工艺"室外装饰一体化技术是在工厂将装饰层与结构层反打一次成型，粘接牢固，节省后期装修工作。

（7）基于BIM和RFID的预制构件全过程管理技术实现了装配式建筑标准化设计、信息化管理、施工过程管控和运营维护管理。

5.4.1.4 工程项目实践情况

基于香港和内地20多年的装配式建筑实践经验，目前已完成装配式建筑业务：香港实施项目109个，总建筑面积达1300万m^2；内地实施项目11个，总建筑面积达200万m^2。具体项目包括香港沙田52区1~4期、香港东涌映湾园、香港天赋海湾、深圳中海天钻项目、合肥蜀山四期公租房项目、合肥庐阳湖畔家园公租房项目、合肥万锦花园商品住宅项目、安徽省国际妇女儿童医学中心等（图5-22）。

| 香港沙田52区1-4期 | 香港天赋海湾 | 合肥蜀山四期公租房项目 |
| 合肥庐阳湖畔家园公租房项目 | 合肥万锦花园商品住宅项目 | 安徽省国际妇女儿童医学中心 |

图5-22 完成典型装配式建筑项目

5.4.2 北京市燕通建筑构件有限公司

5.4.2.1 公司简介

北京市燕通建筑构件有限公司（以下简称"燕通公司"）于2013年8月由北京市政路桥集团和北京市保障性住房建设投资中心两大国有企业为加速推进北京市保障性住宅建设、践行住宅产业化理念合资组建。2017年4月北京市住宅产业化集团股份有限公司收购其100%股权。业务包括深化设计、新产品新技术研发、构件制造、构件灌浆安装施工、建厂咨询和构件厂信息化管理服务等六个板块。公司在建立北京市第一条装配式建筑构件自动化生产线和昌平生产基地基础上，持续扩大产能，目前已形成昌平、顺义和平谷三个工厂，建设了多条现代化流水线产能格局，年实际生产能力大于20万m^3。

5.4.2.2 装配式建筑核心能力

（1）生产能力

昌平基地：2013年建设生产车间1.5万m^2，2014年与河北新大地机电公司联合开发了国内领先水平的"北京市第一条装配式建筑构件生产流水线"，2016年研发了国内第一条游牧式构件生产流水线，实际年产能10万m^3。

顺义基地：2016年建设生产车间3万m^2，与河北新大地机电公司联合研发新型预制构件流水线2条，实际年产能10万m^3。

（2）科技研发能力

2017年来承担了一系列国家和地方装配式建筑课题研究工作，包括"预制装配式混凝土构配件生产制造中关键问题研究""结构装饰保温一体化外墙板及配套产品研发和工程示范""真空绝热保温板复合预制剪力墙开发与应用"、"装配式住宅用耐候密封材料关键技术研究与应用"等，取得了丰硕成果，获得发明和实用新型专利15项、计算机软件著作权2项。

一是预制构件立体储存技术研究。重点研发板类构件立体存储运输一体架，将单位面积存储量提高2倍，装车效率提高3倍。

二是快速装配模板研究。针对边模板重量大、需要行车配合和大量人工等弊端，研发了玻璃钢模具，重量只有钢模板的四分之一，大大提高了工作效率，实现了降本增效。取得多项发明专利。

三是预制装配式路面研究。开发了2种预制路面产品，在台湖公租房项目、丁各庄公租房项目和焦化厂公租房项目应用预制路面板2万m^2，应用效果得到各级领导的好评。

特别是2016年，公司主持了北京市科委"中央引导地方科技发展专项"《装配式新型墙材体系与构件套筒灌浆连接关键技术研究与应用》项目。项目发明了一种可在-5℃温度使用的钢筋套筒连接用低温灌浆料，在北方地区冬季，可明显延长装配式建筑安装工期，具有显著的社会效益和经济效益。同时，发明了一种灌浆饱满性监测（检测）仪器，提出了灌浆饱满性在线监测新方法，对于保证装配式混凝土结构工程质量具有重大意义（图5-23、图5-24）。

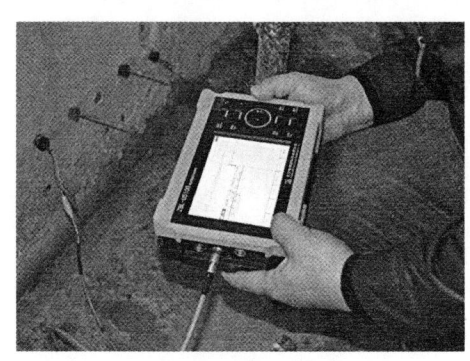

图5-23 灌浆饱满度监测仪

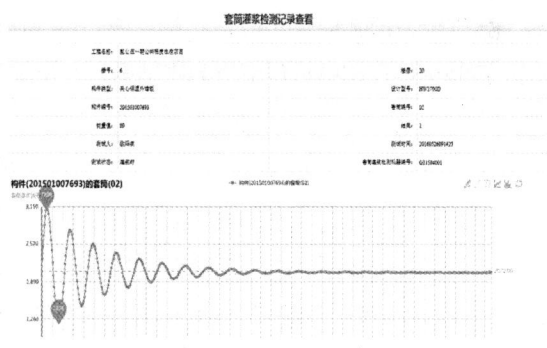

图5-24 灌浆饱满度监督信号

5.4.2.3 工程项目实践情况

公司成立4年来，完成了通州区马驹桥物流基地公租房、温泉C03地块、郭公庄一期公租房、和平乐园公租房、首开华润城（白盆窑）项目等20多个装配式住宅项目，总建筑面积大于200万m^2，预制构件10万余立方米。典型项目情况如下：

（1）通州区马驹桥公租房项目。国内首个全部住宅均采用"装配式剪力墙结构和装配化装修"的规模化保障房小区,北京市首个全部清水混凝土外立面小区,也是北京市已建成的最大规模装配式住宅小区,包括10栋16层住宅楼,共3004户,总建筑面积21.1万m^2,地上建筑面积16.2万m^2(图5-25)。使用的装配式构件包括三明治外墙板、内墙板、阳台、空调板、装饰板、叠合板、楼梯、PCF构件合计28661件,构件方量23864m^3(图5-26)。

图5-25 马驹桥公租房项目封顶照　　图5-26 马驹桥项目墙板安装

（2）海淀区温泉C03地块公租房项目:由4栋16层住宅楼组成,总建筑面积8.7万m^2,地上建筑面积4.4万m^2,共1046户。除采用"装配式剪力墙结构、装配化装修、外立面清水混凝土装饰效果"外,是国内首个采用"真空绝热板预制三明治复合外墙板"项目。该项目深化设计由燕通公司独立完成,装配式构件包括三明治外墙板、内墙板、叠合板、楼梯、PCF板,预制构件5087件,构件方量6456.5m^3。该项目"模拟EPC模式",通过设计院、预制构件厂和总承包单位紧密结合,化解了许多传统建筑模式下管理痛点,装配施工速度大大提高,平均单层装配速度只有4天。

（3）郭公庄一期公租房项目:采用装配式剪力墙结构、集成化内装和清水混凝土外立面。由6～21层住宅楼20栋,总建筑面积21.2万m^2,地上建筑面积14.7万m^2,共3002户(图5-27、图5-28)。项目外立面复杂,不仅构件品种多,而且承重装饰构件多,装配首层全部采用PCF板在北京市尚属首次,施工难度大。预制构件共14类,638种规格,13550块,混凝土总方量9000m^3。在预制构件生产、运输、安装环节全面采用了装配式构件信息管理系统(PCIS)。

5.4.2.4　下一步工作计划

随着国家和北京市大力推广装配式建筑政策不断落地,北京市预制构件需求量快速增长。2017年,主要完成通州区台湖公租房、朝阳区百子湾公租房、焦化厂公租房和副中心周转房等四个大型装配式住宅项目,总建筑面积大于200万m^2,预制率50%左右,构件需求量约22万m^3。

图5-27　郭公庄一期公租房项目　　　　图5-28　郭公庄一期公租房项目封顶

燕通公司将依托住宅产业化集团，抢抓机遇，扩大产能，通过管理创新、科技创新，提升企业综合实力和市场竞争力，确立行业龙头地位。科研方向包括：①全预制装配式住宅体系、超低能耗装配式结构体系研究。②预制构件深化设计软件研究。③钢筋加工智能化研究，包括箍筋对焊机器人、桁架筋焊接机器人、钢筋网片绑扎机器人的联合研发与推广。④板类构件拆装模板机器人研究。⑤套筒灌浆技术研究。完成"北京市钢筋套筒灌浆连接质量控制指南"和"钢筋套筒灌浆连接冬期灌浆施工工法"。

5.5　设备制造型

5.5.1　三一集团有限公司

5.5.1.1　企业概况

三一集团有限公司（简称"三一集团"）创建于1989年，目前是中国最大的工程装备制造企业之一，每年为全球超过40%的混凝土生产运输施工提供产品及服务，其中包含中国近50%商品混凝土的生产运输及泵送，以及国内主要的装配式混凝土成套装备。在产业领域方面，三一集团涵盖高端装备制造、新能源以及装配式建筑等板块。在全球布局方面，除中国的16个产业园以外，三一集团在美国、德国、印度、巴西等地都建有研发制造基地，业务覆盖全球126个国家和地区。

5.5.1.2　装配式建筑核心技术

2014年，三一集团于成立三一筑工科技有限公司（简称"三一筑工"），致力于通过互联网+装备制造技术改造传统建筑业，旗下包含三一快而居住宅工业有限公司（简称"三一快而居"）。三一筑工通过"PC+"与全产业链伙伴合作，将装备、设计、工法、开发、运维、服务、金融、大数据、物联网、云平台融入装配式建筑，提供全新的PC建筑解决方案。三一快而居专业从事装配式构件生产线、构件及住宅的研发、设计与施工，是国内最大的PC成套装备提供商，为国内市场提供近60%的PC装备，并于2015年成为"国家住宅产业化基地"。

三一筑工发挥覆盖全建筑产业链的成套建筑工业装备（含PC生产、混凝土工业制造专用运输、工地施工等）、建筑设计体系、工业管理及升级能力、专业人员培训等方面的优势，以信息化技术、智能物联技术、大数据技术为基础，为装配式建筑提供从研发设计，到生产制造、工程施工、装饰装修、人员培训等全产业链服务，提供面向未来建筑产业新生态的整体解决方案。通过基于互联网大数据平台，集成建筑设计院、制造工厂、研发中心、展览展会、休闲体验等功能体系，打造绿色建筑梦想的产业集聚生态圈。

三一快而居则利用自身的工程机械装备优势研发了装配式建筑成套装备，其中PC自动化流水线及PC构件专用运输车的自动化、智能化、信息化程度较高。2015年三一快而居的装配式建筑装备销售额达1.3亿元，PC自动化生产线的国内市场占有率50%以上。着力打造全国最大的PC成套装备研发生产基地、装配式建筑人才培养基地、具有装配式建筑领域示范作用的研发和生产基地，现已形成集专用设备生产、构件生产及住宅销售于一体的全产业链发展模式。

2015年4月，住房和城乡建设部批准以北方工业大学、三一集团有限公司、中国建筑发展有限公司共同成立"新型建筑工业化集成建造工程技术研究中心"，全面推动建筑工业化的技术研究，构建评估监测体系，搭建专业人才培养和交流平台。

5.5.1.3 未来发展方向

一是打造"绿色建筑生态产业园"项目。该项目以装配式建筑与高端制造作为抓手，打造包含设计、生产、运输、施工、装修、社区管理等环节，从"整体装配式"到"智能智慧家居社区"的全建筑链条集群型生态产业项目。绿色建筑产业生态园将建筑业相关企业整合到一起，形成一个整体，让信息流和物流同步进行，极大提升效率，在一定区域内产生集群效应。

二是致力于将卓越的装备制造技术和工业互联网技术运用到建筑工业化领域。打造具有三一特色的"PC+"模式，规划建设各类工业园区。以PC建筑专家+装备制造品牌+优秀的投资开发和建筑商+地方政府+建筑开发基金+金融组建本地投资企业，承接本地工程和建筑开发，发展本地建筑工业化体系。运用三项核心能力（设计、装备、工法）寻找建筑商及开发商合作伙伴；协助政府发展本地建筑工业化体系；实现改造传统建筑，建设美好智慧城市的愿景。

5.5.2 河北新大地机电制造有限公司

5.5.2.1 企业概况

河北新大地机电制造有限公司(简称"河北新大地")成立于1997年,是国内最早进行混凝土预制构件成套装备研发、生产制造的企业之一,也是国家住宅产业化基地。河北新大地在京津高铁建设中,通过自主研发高速铁路成套无砟轨道板、轨枕系统生产及施工装备制造技术,积累了大量的科技研发和实际生产经验。在此基础上,自主研发了用于装配式建筑的各类混凝土预制构件生产线,取得了突出的业绩。

5.5.2.2 装配式建筑核心技术

河北新大地掌握了混凝土预制构件成套装备的技术,拥有混凝土预制构件生产所需设备系统的研发、制造及技术服务能力。公司对各种预制混凝土构件生产工艺进行了较为深入的研究,能够为不同客户提供预制工厂整体规划方案的设计、设备制造、配套模具的生产和延伸技术的支持服务。

根据装配式建筑特点,河北新大地研制开发了适用于不同类型构件的生产线:按生产内容(构件类型)可分为:①外墙板生产线;②内墙板生产线;③叠合板生产线;④预应力叠合板生产线;⑤梁、柱、楼梯、阳台生产线。按流水生产类型(模台和作业设备关系)可分为:①环形流水生产线;②固定生产线(包含长线台座和固定台座);③柔性生产线;④游牧式生产线。

各类混凝土预制构件生产线的特点如下:

(1)环形流水生产线一般采用水平循环流水方式,采用封闭的连续的按节拍生产的工艺流程,可生产外墙板、内墙板和叠合板等板类构件,采用环形流水作业的循环模式,经布料机把混凝土浇筑在模具内、振动台振捣后需要集中进行养护,使构件强度满足设计强度时才进行拆模处理的生产工艺,拆模后的混凝土预制构件通过成品运输车运输至堆场,而空模台沿输送线自动返回,形成了环形流水作业的循环模式(图5-29、图5-30)。

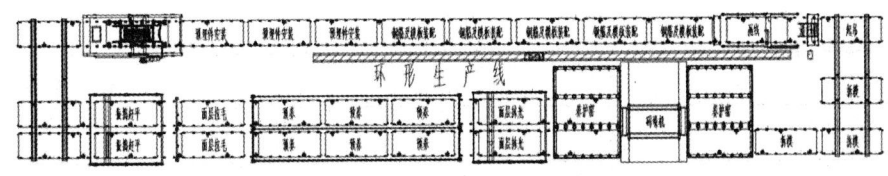

图5-29 典型环形生产线布置

(2)固定生产线又可分为长线台座生产线和固定台座生产线,其基本思路是采用模台(或模具)固定、作业设备移动的生产方式进行布置。长线台座生产线是指所有的生产

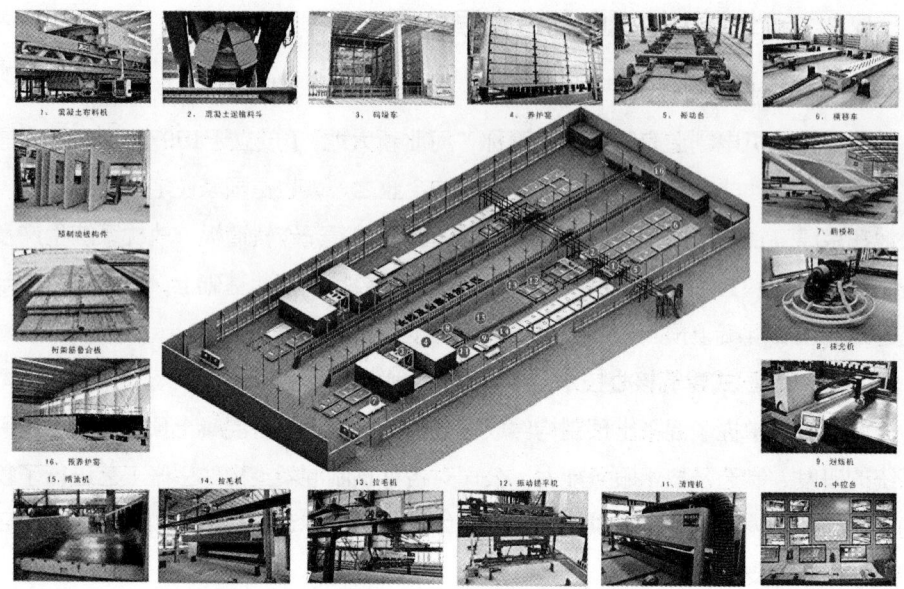

图5-30 混凝土预制构件环形生产线设备

模台通过机械方式进行连接，形成通长的模台，图5-31是一种典型的长线台座生产线布置。固定台座生产线则是指所有的生产模台按一定距离进行布置，每张模台均独立作业；图5-31是一种典型的固定台座生产线布置。采用立式模具进行内隔墙等产品生产的组织方式也属于固定生产线的一种。

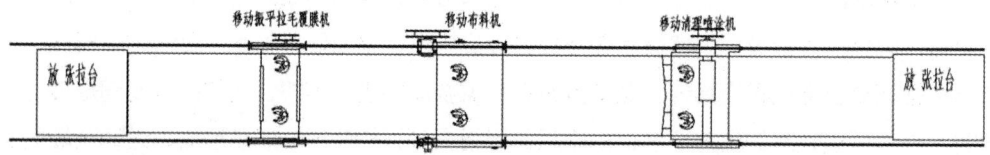

图5-31 典型长线台座生产线布置

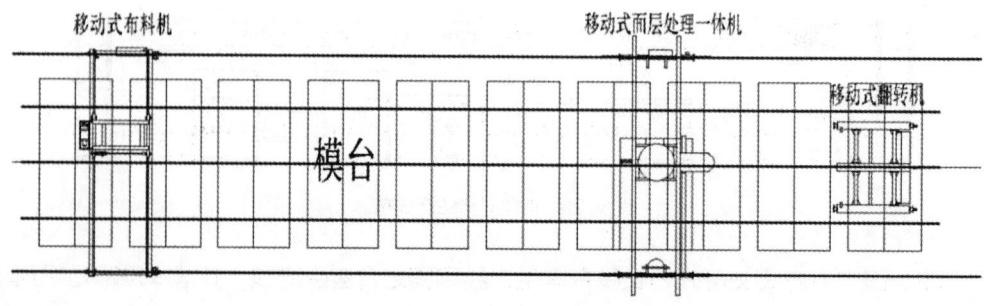

图5-32 典型固定台座生产线布置

目前，长线台座生产线主要用于各种预应力楼板的生产，固定台座生产线主要用于生产截面高度超过环形生产线最大容许高度、尺寸过大、工艺复杂、批量较小等不适合循环流水的复杂外墙和异型构件。

（3）柔性生产线综合了传统环形生产线和固定生产线各自的优势，其特点是将人工加工工位与设备加工工位区分开来，通过一台中央运输车来转运组织（图5-33）。相对传统的环形生产线，有以下优点：

1）在混凝土预制构件的加工工艺中，人工的装边模，装钢筋，装预埋件，装保温层的工位用时很多，是生产线的瓶颈工位。

2）在环线生产线中，由于模台在规定线路上运行，由于各工位需要时间不同，很容易出现"快等慢"的情况。

3）在设备作业的工序，仍然保留了流水线的特性，环形流水线的优势依然保留。

4）内墙板、外墙板、叠合板、异性构件均可以生产，调度灵活，可以适应多品种小批量的生产组织。

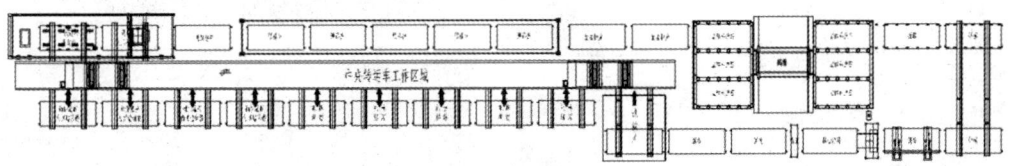

图5-33 典型的柔性生产线布置

（4）游牧式生产线，即采用游牧式的生产方式生产预制构件，其所有设备及其相关基础等尽量都采用易于搬迁、易于移动的方式，在成本、物流等方面具有固定式PC构件厂不可比拟的优势，搬迁后不影响现场原有土地（图5-34）。

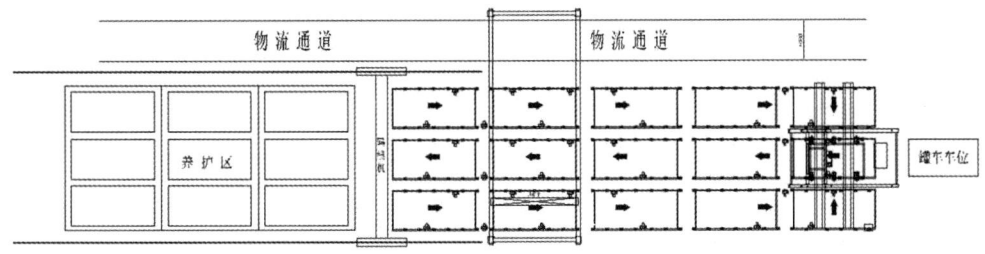

图5-34 典型的游牧式生产线布置

5.5.2.3 公司业绩

目前，PC构件生产线已达83条，中小构件生产线20余条，轨枕生产线40余条，高铁轨道板生产线50余条（图5-35）。

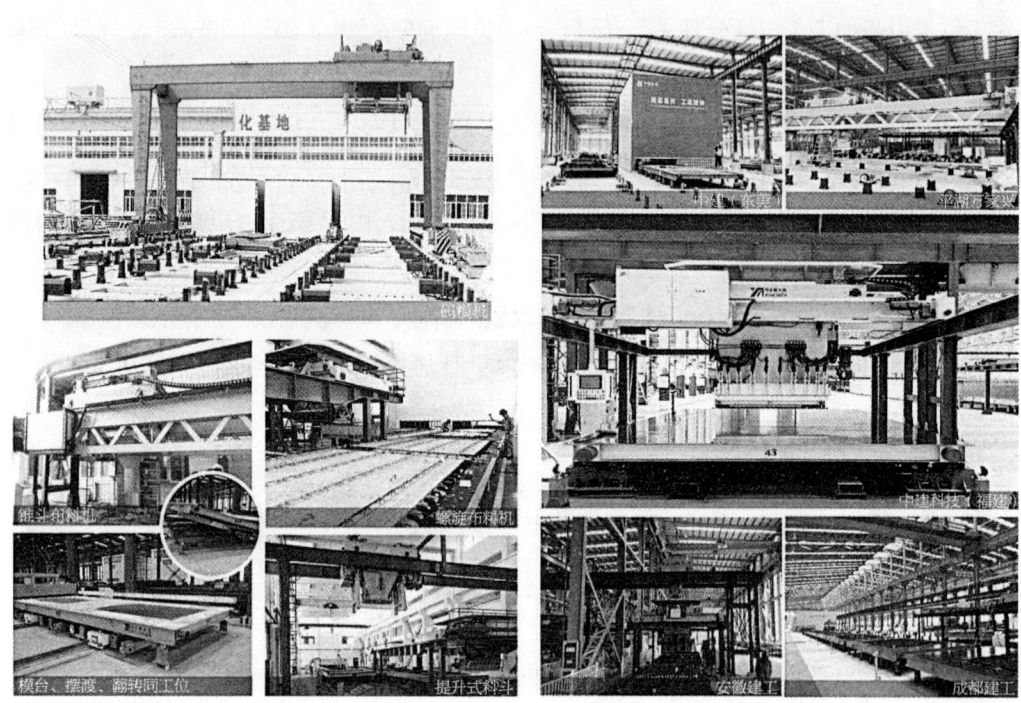

预制混凝土生产线专业设备　　　　　　　生产线案例

图5-35　预制混凝土生产线案例

Chapter 6 典型项目发展情况

要打造完善的装配式建筑产业链条,实现装配式建筑的跨越式发展,必须以项目为抓手,扎扎实实将发展目标和发展任务落到实处。通过典型项目突出体现装配式建筑的技术新成果和综合效益,进而引导开发建设单位在设计理念、技术集成、建造方式和管理模式等方面开拓创新,切实推动建筑业转型升级,走出一条依靠科技进步和管理创新的内涵式、集约式发展道路。

6.1 装配式混凝土建筑项目

6.1.1 合肥市大杨镇湖畔新城复建点项目

6.1.1.1 项目概况

该项目位于安徽省合肥市,是政府保障性住房,项目总建筑面积43.67万m²,地上建筑面积33万m²,地下建筑面积10万m²,共30个住宅单体建筑,高度为20~33层,采用装配整体式混凝土剪力墙结构,标准层预制率约为50%(图6-1)。项目采用工程总承包模式,实现了设计生产施工一体化。项目于2015年7月开工,预计于2017年12月竣工。

图6-1 合肥大杨镇湖畔新城复建点项目

6.1.1.2 装配式技术应用情况

(1)建筑专业

本项目单体1~5层为现浇剪力墙结构,第6层开始预制,预制构件种类为夹芯保温外墙板、阳台、空调板、楼梯、叠合楼板和防火隔墙板，内墙采用轻质条板（图6-2）。预制构件全小区统一考虑，设计时通过减少户型种类、户型设计标准化，将墙板种类做到最少，相同尺寸墙板编号一致。全小区楼梯尺寸唯一。设计阶段考虑后期生产以及现场运输布置、施工组织及安装，为后期工作减少阻碍。

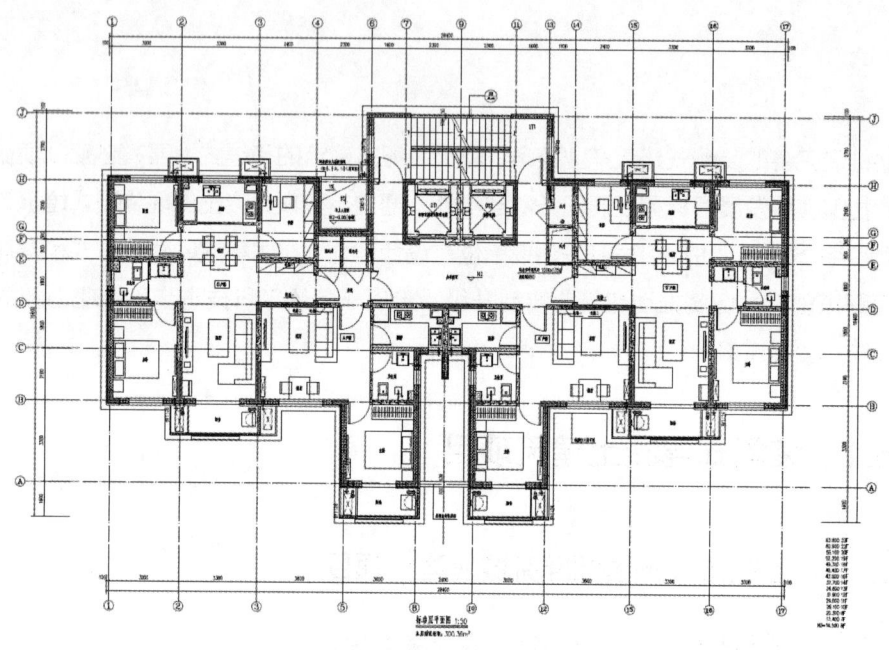

图6-2　建筑单体标准层平面图

装配式混凝土剪力墙结构住宅建筑的设计关键在于连接节点的构造设计。本项目外墙防水材料主要采用发泡芯棒与密封胶。水平缝采用企口缝，防水构造采用构造防水与材料防水相结合的防水构造，垂直缝采用结构自防水+构造防水+材料防水相结合的防水构造，门窗采用先装法，避免雨水渗漏。板缝防水构造见图6-3、图6-4。

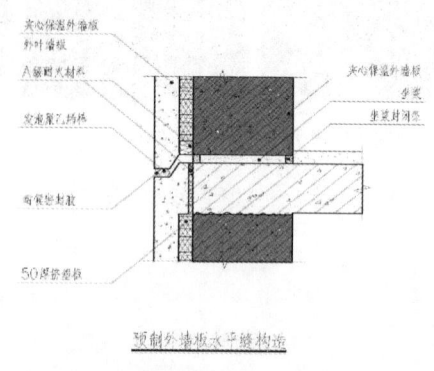

图6-3　预制外墙板水平线与垂直线构造

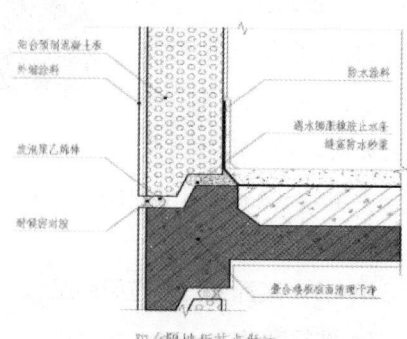

图6-4　板缝防水构造

（2）结构专业

项目应用了多连梁（Multiple Coupling Beam）剪力墙板和楼梯间防火隔墙板。MCB剪力墙是通过使结构中某些层间连梁在较大地震中优先破坏，耗能，达到保护结构中重要部位，提高结构整体抗震性能的目的。实现方式有两种：一种是通过将窗下墙设置成适宜跨高比的耗能连梁，连梁下部洞口用轻质填充材料封堵，填充工艺可以在工厂或施工现场完成；另外可以通过将实体墙开设一个或多个结构洞或结构缝的方式实现，洞口和缝隙用轻质填充材料封堵，填充工艺可以在工厂或施工现场完成。

目前国内常用的楼梯间防火隔板的连接方式为：下部支承在踢蹬上，上部和楼梯板底部用角钢焊接或栓接。本项目采用新型挂板连接方式，防火隔墙板两端挑出牛耳直接挂在两端的踢梁上（图6-6）。这种连接方式受力简洁，制作和安装较为方便。

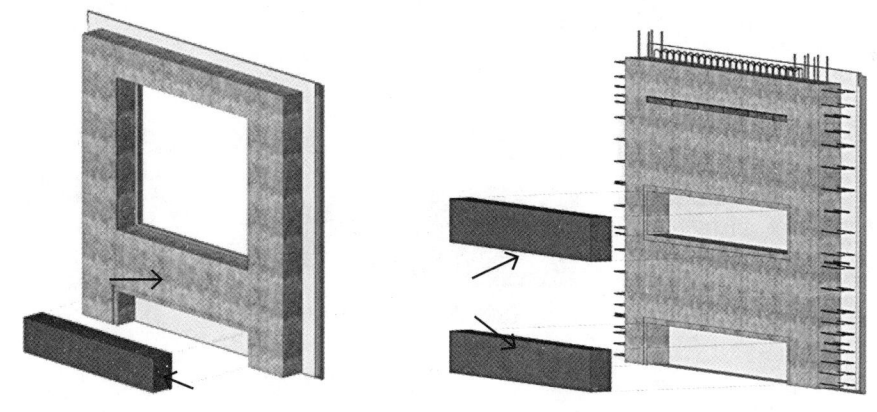

（a）窗下设置耗能连梁　　　　　（b）实体墙设置结构洞或结构缝

图6-5　MCB剪力墙实现方式

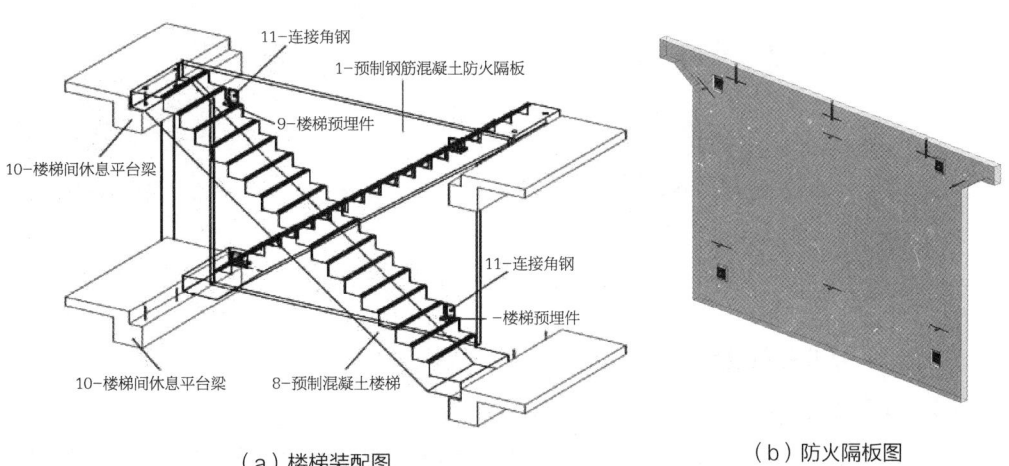

（a）楼梯装配图　　　　　（b）防火隔板图

图6-6　楼梯防火隔板图

（3）信息化技术应用

在施工图和深化图设计过程中，项目基于Revit平台进行了二次开发，研发出一套用于中建MCB剪力墙体系的参数化构件深化设计程序。在设计阶段使用BIM软件分别对单个专业的碰撞和各专业之间的碰撞进行了分析检查（图6-7、图6-8）。根据设计中碰撞的检测结果对模型进行修改，达到最优化模型后再进行深化设计，避免了施工中的可能发生的碰撞。

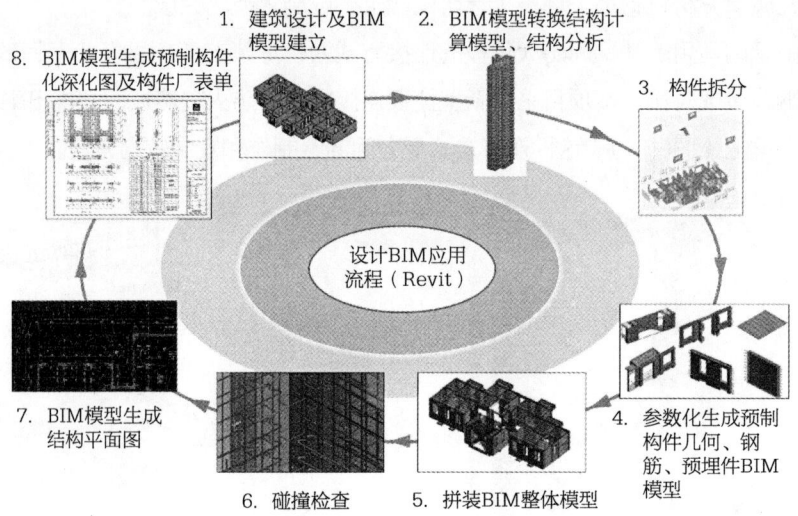

图6-7　BIM技术设计流程图

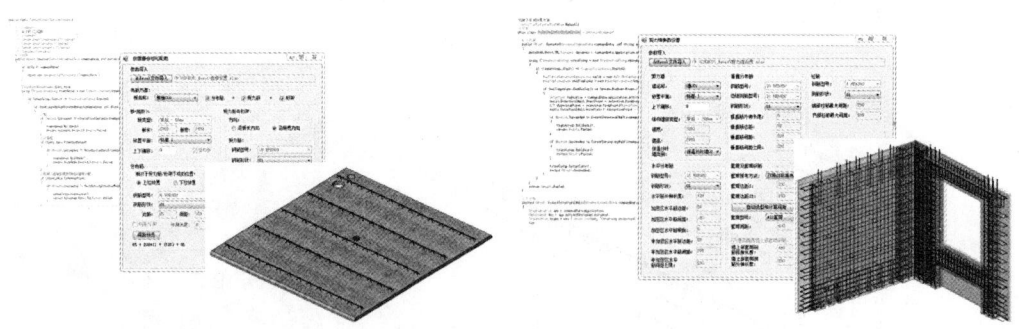

图6-8　参数化生成预制构件BIM模型图

6.1.1.3　成本和效益分析

（1）成本分析

项目采用三明治外墙板，预制构件价格为2450～2500元/m²，折算到建筑平方米造价，约增加120～160元/m²，但是使用三明治外墙，可减少落地式脚手架的使用，减少局部抹灰和模板,如单独使用三明治外墙板综合造价可控制在增加130元左右。如采用三明治外墙板+叠合楼板+楼梯,内墙现浇方式建设,装配率可达到45%,建筑平方米造价可增加300元左右。具体土建和安装成本见表6-1。

本项目中关于增量成本存在下列问题:结构设计有待改进;摊销与折旧费用计取不合理;建筑预制率低,施工成本高;运输与安装效率低下,导致运输与安装成本比例较高;技术体系和管理模式落后,导致预制构件生产企业管理费用较高等。

(2)用工及用时分析

根据施工计划安排,考虑现场环境、技术间歇、天气等各种因素,并根据以往工程施工经验和工程进度安排情况,2015年8月到12月之间,每月高峰期计划投入的劳动力约1600余人,该阶段主要施工内容为主体结构和装饰装修施工,专业队伍配备计划如表6-2、图6-9。

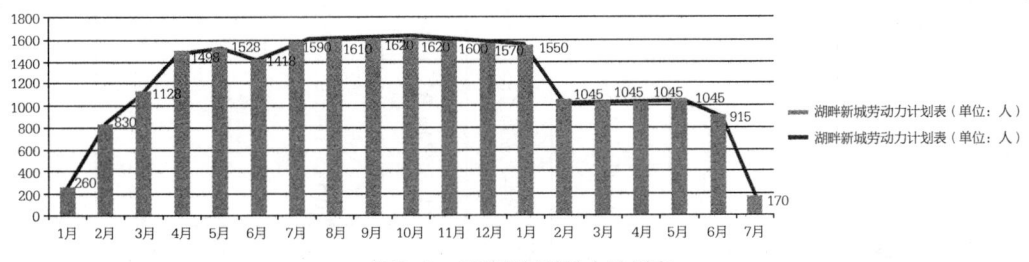

图6-9 湖畔新城劳动力计划表

6.1.2 深圳龙悦居三期项目

6.1.2.1 项目概况

本项目是华南地区的第一个装配式建造的保障性住房项目。该项目总建筑面积约21.6万m²,整个小区由六栋26~28层高层住宅组成,包含35m²、50m²、70m²三种户型共4002套(图6-10)。设计采用"模数化""标准化""模块化"工业化设计理念,以实用、经济、美观为基本原则,发挥工业化优势,控制造价,让装配式建筑的推广价值得到体现。

图6-10 实景图

项目工程造价表

表6-1

土建				安装				单体总造价		
项目名称	建筑面积（m²）	土建工程造价（元）	造价指标（元/m²）	项目名称	安装工程造价（元）	造价指标（元/m²）		项目名称	总工程造价（元）	总造价指标（元/m²）
A1号楼土建（33层）	11206.50	19208411.96	1714.04	A1号楼安装（33F）	3929434.03	350.64		A1号楼总造价	23137845.99	2064.68
A2号楼土建（商业）	2229.03	3500594.85	1570.46	A2号楼安装（商业）	729137.07	327.11		A2号楼总造价（商业）	4229731.92	1897.57
A3号楼土建（26层，两单元）	18834.80	32714852.71	1736.94	A3号楼安装（26F*2）	6643704.89	352.74		A3号楼总造价	39358557.60	2089.67
A4号楼土建（28层）	9643.83	16596970.75	1720.99	A4号楼安装（28层）	3446336.13	357.36		A4号楼总造价	20043306.88	2078.36
A5号楼土建（32层）	10899.70	18832733.83	1727.82	A5号楼安装（32层）	4008714.83	367.78		A5号楼总造价	22841448.66	20955.60
A6号楼土建（26层，两单元）	18834.80	32383784.21	1719.36	A6号楼安装（26F*2）	6643704.89	352.74		A6号楼总造价	39027489.10	2072.09
A7号楼土建（28层）	9543.83	16218717.86	1699.39	A7号楼安装（28层）	3446336.13	361.11		A7号楼总造价	19665053.99	2060.50
A8号楼土建（22层）	7511.82	12960464.49	1725.34	A8号楼安装（22层）	2772193.38	369.04		A8号楼总造价	15732657.87	2094.39

项目劳动力计划表（单位：人）

表6-2

年度	2015												2016						
工种/月份	1月	2月	3月	4月	5月	6月	7月	8月	9月	10月	11月	12月	1月	2月	3月	4月	5月	6月	7月
吊装工	0	0	0	0	100	100	100	100	100	100	60	20	0	0	0	0	0	0	0
支护工人	60	60	0	60	100	0	0	0	0	0	0	0	240	60	60	60	60	60	0
木工	0	240	300	500	500	300	240	240	240	240	240	240	60	25	25	25	25	25	0
混凝土工	20	60	120	120	120	60	60	60	60	60	60	60	160	40	40	40	40	40	0
钢筋工	60	160	300	350	350	200	160	160	160	160	160	160	30	20	20	20	20	20	0
架子工	0	0	40	0	30	30	30	30	30	30	30	30	60	60	60	60	60	60	20
杂工	40	40	80	80	80	70	60	60	60	60	60	60	0	0	0	0	0	0	0
桩基工	10	30	10	0	0	0	0	0	0	0	0	0	240	80	80	80	80	80	20
瓦工	0	80	80	80	80	80	240	240	240	240	80	80	80	80	80	80	80	60	20
防水工	0	60	60	80	80	70	70	70	70	70	40	50	50	60	60	60	60	60	20
油漆工	0	0	8	8	8	8	10	20	30	30	40	40	40	60	60	60	60	50	20
焊接工	10	40	60	60	60	40	50	40	40	40	40	40	30	30	30	30	30	30	10
机械操作员	40	40	40	40	40	40	40	40	40	40	40	40	40	30	30	30	30	30	20
精装修工人	0	0	0	0	0	200	250	250	250	250	250	250	250	250	250	250	250	200	20
机电安装工	0	0	10	60	60	200	250	250	250	250	250	250	250	250	250	250	250	200	20
其他专业工种	20	20	20	20	20	20	30	30	30	30	30	30	30	30	30	30	30	30	20
总计	260	830	1128	1498	1418	1590	1610	1620	1620	1600	1570	1550	1045	1045	1045	1045	915	170	

注：
- 土方桩基施工阶段
- 土方桩基施工与地下室施工重合阶段
- 地下室施工与主体施工重合阶段
- 主体施工与装修施工重合阶段
- 装修施工及附属工程阶段
- 竣工验收阶段

6.1.2.2 装配式技术应用情况

（1）建筑专业

标准化设计是装配式建筑设计的基础，从住宅单元或房间单元标准化的过渡到整幢建筑的标准化，以致最后到标准体系，这是标准化住宅发展的一个普遍的过程。本项目在模数网格基础上形成三种标准化户型单元，再进行简单复制、镜像组合形成标准组合平面，同时也实现外墙种类最少化与标准层公共空间配置标准的一致（图6-11）。

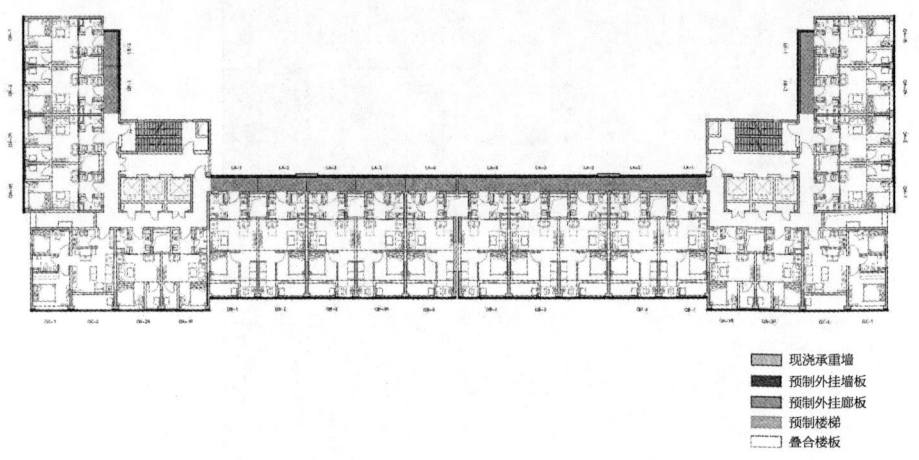

图6-11 标准层户型平面图

预制构件按照应用的位置分为外墙、外廊和楼梯，根据每个部位的预制构件按照三种户型模块进行分类，通过协调优化实现模具种类数量最少。本项目中外墙经过优化设计后使用三种模具（以单体户型模块为一个基本单位，按4.2m和4.4m设计外墙标准构件宽度），外廊使用三种模具，楼梯使用一种模具。一个标准层的构件模具又可以应用在整栋楼的标准层上，进行重复使用，通过这种设计手法降低现场施工的误差值和提升模具的使用周转率，实现整个项目施工设备的经济性。

（2）结构专业

该项目为外挂板式现浇剪力墙预制结构工法体系在深圳市实际项目中的第一次大规模应用。主体结构采用现场浇注混凝土，外墙采用预制混凝土构件，不参与主体结构受力。

连接节点设计：项目中针对不同部位的预制构件连接节点都进行了标准化设计，有利于构件生产标准化和现场施工连接作业标准化。如预制墙体与柱子交接处、预制外墙转角处的连接构造、预制外廊与梁连接处的节点构造处理等（在后期的项目中，通过利用相同的连接方式实现不同方式的凸窗外墙设计），通过节点的独到设计降低整个项目的施工复杂程度。

防水设计：项目中预制外墙拼接防水采用构造防水与材料防水相结合。为避免材料年久失效需要更换的隐患,通过合理设计预制外墙侧面的企口、凹槽、导水槽等达到构造防水的要求(竖直缝设置空腔构造与现浇混凝土构造排水,水平缝设置排水槽构造与反坎构造防水)。墙体内、外侧辅以防水胶条(硅酮密封胶)达到材料防水的要求,同时起到防尘、保温及确保外墙面的整体效果。

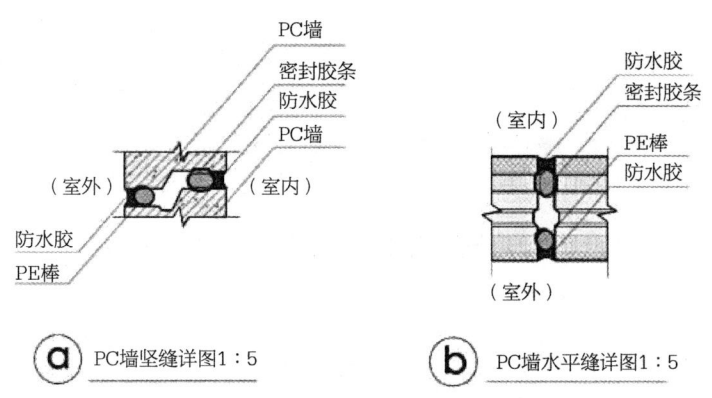

图6-12 预制墙防水节点大样图

(3)施工技术情况

预制墙板顶部采用固定连接,两侧及底部自由的悬挂式连接技术。预制墙板顶部预留封闭箍形式悬挂于外周梁侧面,为保证墙板与梁的可靠受力在与梁相交部位设置抗剪槽;为了防止预制墙板形成平面外的悬臂构件,设计在墙底部设置了每块墙板不少于2个的限位连接件,使其在平面内可以变形以释放在风、地震荷载作用下的层间变形且控制平面外的变形(图6-13、图6-14)。墙底部限位连接件与施工时墙板的调整定位结合使用,提高重复利用率,以最大限度地节约经济成本。

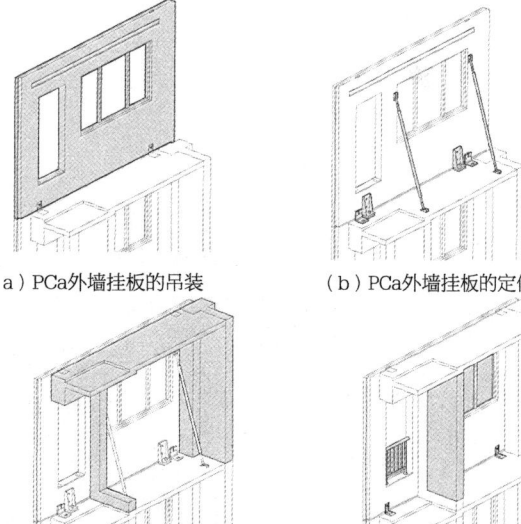

图6-13 预制外墙的施工过程示意图

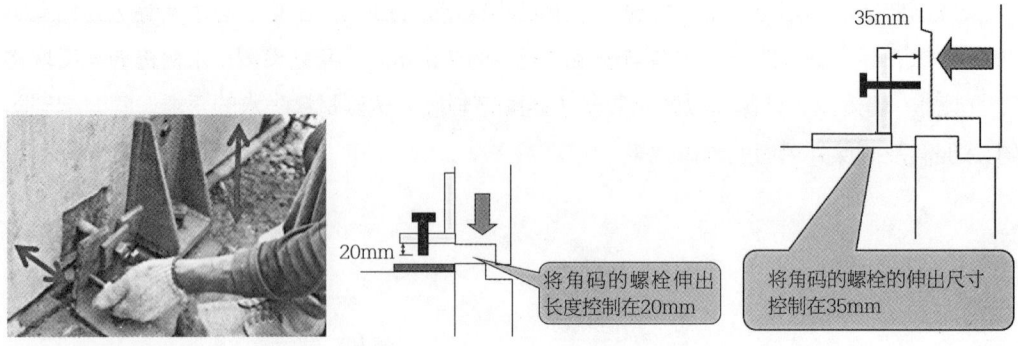

图6-14 预制外墙位置调节示意图

6.1.3 上海青浦新城63A-03A地块商品房项目

6.1.3.1 项目概况

本项目总用地面积27938.2m²,其中地上建筑面积56917.49m²。拟建8栋16~18层建筑,其中1~7号、8号左单体采用双面叠合板式剪力墙结构,8号楼右单体采用装配整体式剪力墙结构;8号商业采用装配整体式预应力框架结构体系,单体预制率不低于45%,项目采用EPC总承包模式,于2015年7月开工,预计于2018年12月竣工(图6-15、图6-16)。

图6-15 项目鸟瞰图

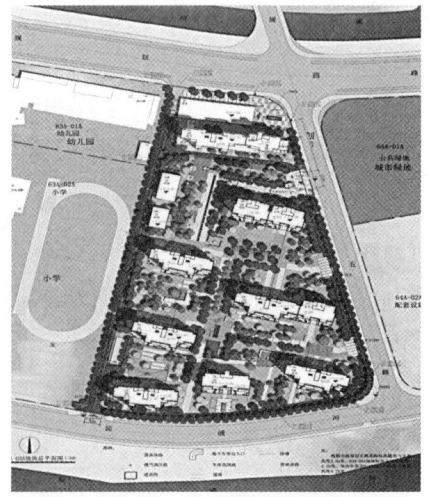

图6-16 项目总平面图

6.1.3.2 装配式技术应用情况

（1）建筑专业

以项目7号楼为例，单体建筑面积7828.58m^2，采用双面叠合板式剪力墙结构体系，楼盖采用叠合梁板。预制率为45.2%，预制构件包括了双面叠合剪力墙、叠合梁、叠合楼板、预制楼梯、预制阳台、预制空调板等（图6-17）。

该项目的户型为115m^2+115m^2，每个开间都位于模数网格内，开间尺寸满足模数化要求。设计围绕基于装配式建筑的标准模数系列，形成标准化的功能模块，设计了标准的房间开间模数、标准的门窗模数、标准的厨卫模块，并将这些标准化的建筑功能模块组合成标准的住宅单元，各功能模块的尺寸详见表6-3。

图6-17　7号楼效果图

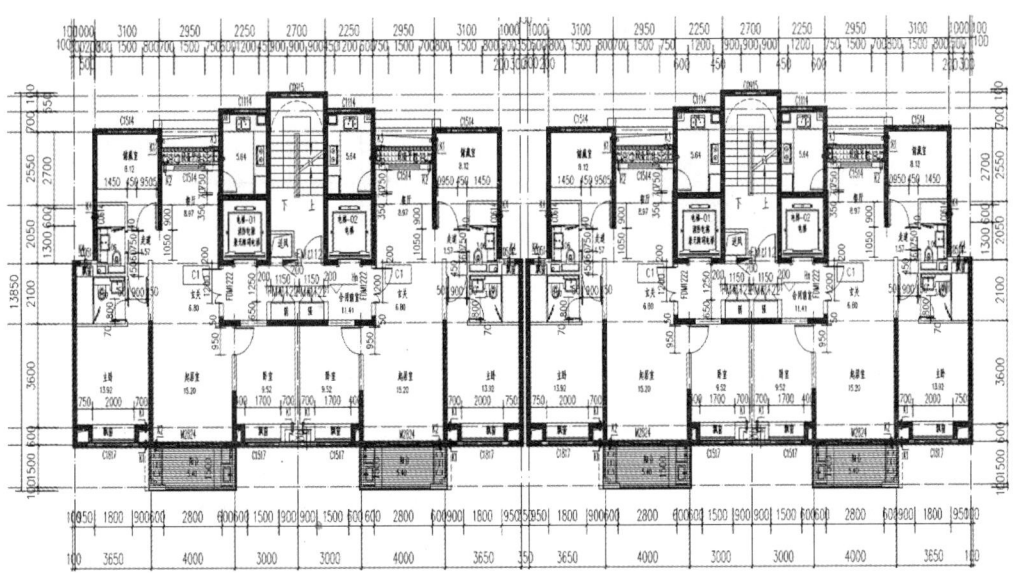

图6-18　7号楼标准层平面图

标准化户型尺寸 表6-3

房型面积（m²）	房型类型	标准化元素	起居厅（mm）	餐厅（mm）	主卧室（mm）	卧室（mm）	卧室（mm）
115	三房两厅	开间	4000	2900	3600	3000	3000
		门窗	2400	1500	1800	1500	1500
		进深	6300	3300	3600	3600	2700

根据标准化的模块，再进一步进行标准化的部品设计，形成标准化的楼梯构件、标准化的空调板构件、标准化的阳台构件，大大减少结构构件数量，为预制构件的规模量生产提供基础，显著提高构配件的生产效率，有效地减少材料浪费，节约资源，节能降耗。

（2）结构专业

本工程叠合楼板采用密拼方式连接，预制板厚度为60mm，现浇混凝土厚度根据楼板总厚度分为80m和120mm，拼缝出附加板底通长钢筋（图6-19）。

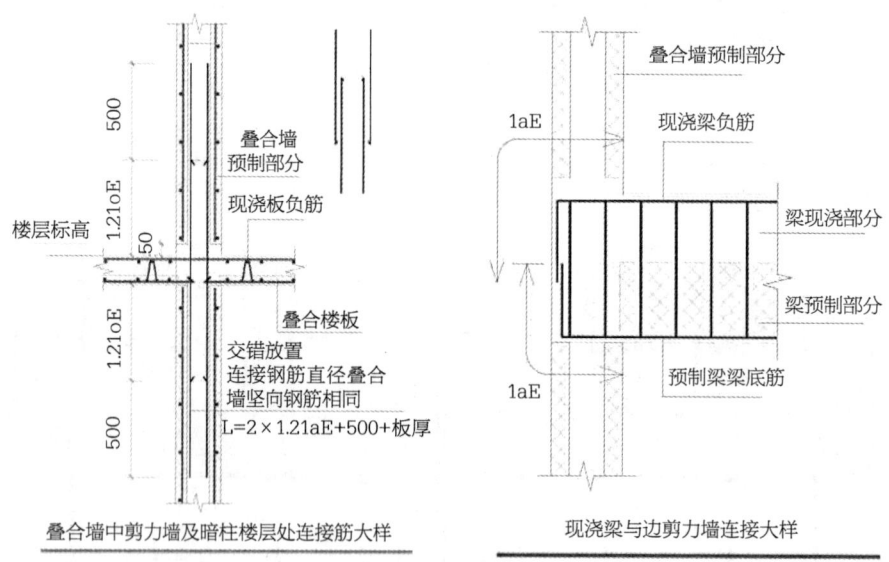

图6-19 双面叠合楼板通用节点大样（一）

双面叠合墙板拼接节点处采用现浇，现浇节点区域应满足《装配式混凝土结构技术规程》JGJ1-2014和《高层建筑混凝土结构技术规程》JGJ3-2010相关规定。现浇节点和预制叠合墙板直接连接钢筋直径不应小于叠合墙板内分布筋，如图6-20。

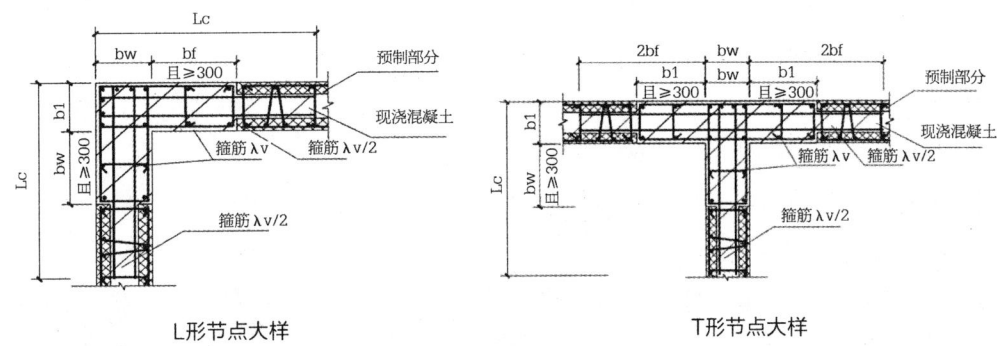

L形节点大样　　　　　　　T形节点大样

图6-20　双面叠合楼板通用节点大样（二）

本项目叠合墙板与现浇主体之间采用连接可靠、构造简单、施工便捷、防水性较好的标准化节点，如L形、T形和一字形节点，如图6-21，配套模板同样标准化设计，达到降低施工难度、节约成本、提高效率的目的。

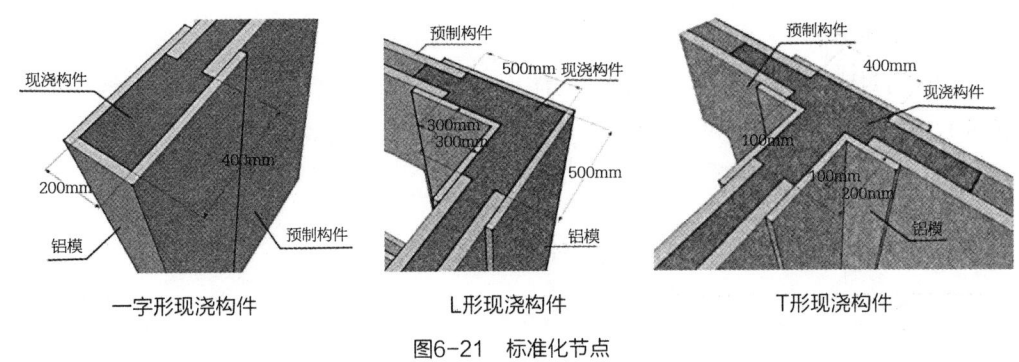

一字形现浇构件　　　　　L形现浇构件　　　　　T形现浇构件

图6-21　标准化节点

（3）水暖电专业

装配式建筑除了主体结构外，水暖电专业的集成才是装配式建筑的核心，采用BIM三维软件将建筑、结构、水暖电专业通过信息化技术的应用，将水暖电点位与主体装配式结构实现集成化，并检测各专业间在生产、施工过程中的碰撞问题。

（4）信息化技术应用

工程项目设计阶段：通过对专用BIM设计软件进行接口开发，将三维数字模型传输到系统平台上，各专业的设计人员通过密切协调完成装配式建筑预制构件各类预埋和预留的设计，并快速地传递各自专业的设计信息。通过碰撞与自动纠错功能，自动筛选出各专业之间的设计冲突，帮助各专业设计人员及时找出专业设计中存在的问题；

预制构件生产阶段：将BIM模型直接获取产品的尺寸、材料、钢筋等参数信息，所有的设计数据直接转换为加工数据，制定相应的构件生产计划，向施工部门传递构件生产的进度信息。在信息化平台上将信息模型与预制构件所有信息进行关联,有效地保证预制构件的质量和建立装配式建筑质量追溯机制。

项目施工阶段:利用BIM技术进行装配式建筑的施工模拟和仿真,对施工流程进行优化;同时对施工现场的场地布置和车辆开行路

图6-22 现场施工

线进行优化,减少预制构件、材料场地内二次搬运,提高垂直运输机械的吊装效率,加快装配式建筑的施工进度(图6-22)。

6.1.3.3 成本和效益分析

(1)成本分析

为综合对比叠合板式混凝土剪力墙结构体系与传统建筑结构的造价分析,将7号楼与传统方法施工的现浇建筑进行比较,对比分析发现该项目的成本增量约为256元/m^2。其主要原因如表6-4所示。

7号楼与传统建筑成本增量分析表 表6-4

分项		相比传统建筑成本变化	原因
设计成本		增加	设计环节增加了深化设计阶段
机械费		增加	相比其他预制混凝土结构体系,叠合体系构件具有重量轻、体积大等优点,可大大降低塔吊机械费等,但相比传统现浇体系不可避免地增加了塔吊使用次数,因此机械费是增加的
材料费	预制构件	增加	以前以商混和钢筋单卖到工厂,现在的预制构件单价相比前者要贵,预制构件已成为增量的主要原因,但本项目预制构件厂与项目近,因此运费大大减少
	模板	降低	叠合体系已经是模板,不必另支模。只在边缘约束构件和其他必要的地方支模,模板费用大大减少
	抹灰砂浆	降低	预制构件表面光滑,精度达毫米级,相关抹灰砂浆用量大大减少
人工费		降低	主要工作由工厂工人和机械设备完成

（2）用工分析

与传统建筑相比，23号楼用工数量减少了43%，主要是钢筋工、木工、架子工等的投入。

（3）用时分析

在剔除其他因素影响（如现场参观接待等），该项目可实现6~7天完成一个标准层，基本与传统建筑标准层持平。但传统建筑需要投入更多的工人，标准层施工工人平均工时也节约了近43%。由于墙板的所有受力钢筋与楼板部分受力钢筋在工厂埋入预制部分，现场只需要在节点处做少量的钢筋连接绑扎；最后，泥工只需要将二次浇筑的混凝土填充进去振捣密实就能完成所有工作，墙体和楼板的预制件表面平整光滑，室内墙面和天花板面也无需抹灰找平。

6.1.4 上海宝业中心项目

6.1.4.1 项目概况

本项目位于上海市闵行区虹桥商务区，是集办公、商务、会议等功能的办公建筑，由A楼、B楼与C楼组成，总建筑面积为26779.09m^2。建筑为单体五层办公楼，最高高度22.80m（图6-23、图6-24）。项目于2013年7月开工，主体结构已于2016年6月竣工，预计于2017年11月全装修交付。主体结构采用混凝土框架结构，各子楼之间的连廊采用钢结构体系，外立面采用玻璃纤维增强水泥（GRC）整体外围护系统。

图6-23 项目效果图

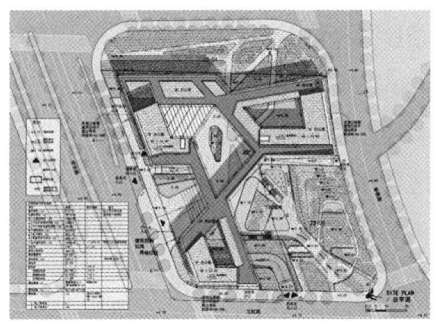

图6-24 项目总平面图

项目将体量错位部分抬高令地面层交通能够内外贯穿，抬高部分形成连桥，将三座四层高的办公楼连接起来，三个核心筒分别跟不同广场相连，将人流交通分散至不同区域（图6-25）。屋顶为绿化空间，立面设计以遮阳屏板做原体，根据自然光对室内的影响于屏板斜度作相对改变（图6-26）。

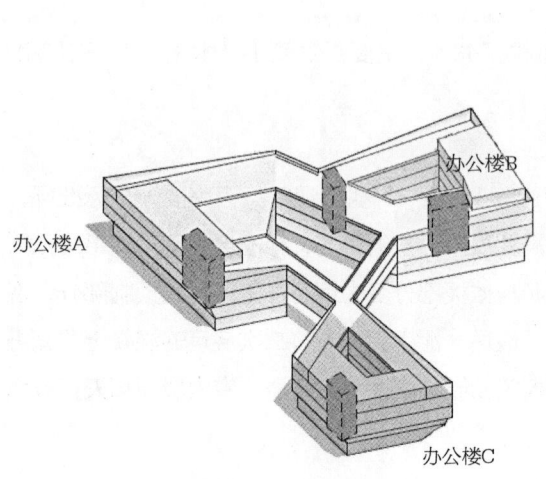
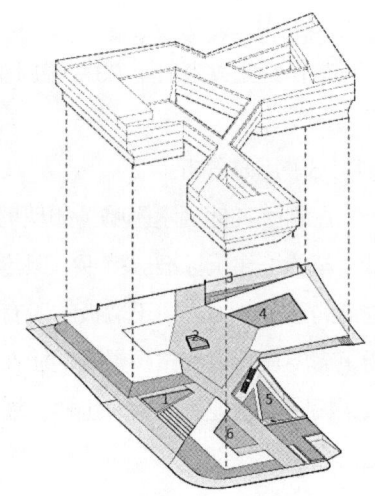

图6-25 连桥设计　　　　　　图6-26 庭院空间设计

6.1.4.2 装配式技术应用情况

项目以水波为元素进行建筑立面的设计，同时将建筑底层局部架空，以形成桥的空间。建筑外立面为达到水波凹凸波浪的要求，对外围护造型凹凸深度的要求达到600mm。GRC墙板是一种新型质轻高强的预制墙板，在满足立面造型效果的同时，通过局部加肋增强技术，可生产大块的GRC墙板，以保证墙板表面特性和强度、质量要求。

（1）GRC墙板设计

本项目所用GRC墙板除需要满足外立面装饰效果，更需赋予多重使用功能，实现GRC墙板的多种可行性。因此，项目对GRC墙板提出了多方面的功能要求：集立面采光与遮阳于一体；门窗一体化；自清洁性；三维可调节连接方式；一次等压腔防水；二次防水、防火、保温构造。GRC墙板在设计时还考虑了GRC墙板自重、脱模吸附力、翻板、吊装及运输等环节最不利施工荷

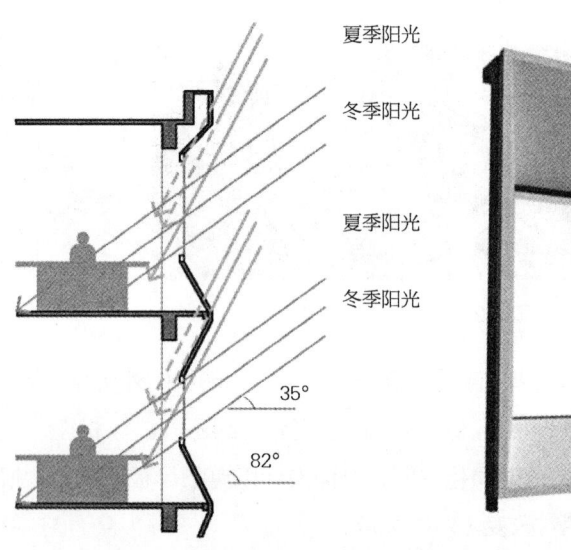

图6-27 采光与遮阳设计　　　　图6-28 GRC外墙板效果图

载影响,并考虑动力系数,保证该GRC墙板在生产、运输、吊装、安装过程中的安全与稳定。

(2) GRC板生产制作

项目采用"少规格、多组合"的设计理念。多组合,根据本项目建筑外立面特点,结合GRC墙板特点,通过深化设计将本项目用GRC板分成854块,共405种规格尺寸,且每种墙板尺寸的内倾角造型不同,以满足光照需求。为形成外立面变化有序的波浪效果,达到外装饰的总体效果,所用固定玻璃窗尺寸多样,共有297种规格。

少规格,所有GRC墙板都是同一种形状类型,且中间都有固定窗和通风扇。若采用传统生产思路进行GRC墙板生产,该项目有405种规格尺寸的,将需要405套模具,造成费时费工,不符合工业化建筑的发展方向。因此,为了保证GRC墙板在工厂的顺利生产,在模具制备上创新性地采用了CNC(数控铣削)技术,对基础木模坯进行多次切削成型的技术,使一套模具可以制作出不同形状的GRC墙板,将大大减少模具种类,提高生产效率,这在行业中也是首次尝试。

(3) 施工技术与工艺

GRC外围护系统采用水平方向进行运输,墙板堆放应按编号顺序先出后进,堆放平稳,不应叠层堆放。该项目GRC外围护系统是一种集成化程度的外装饰墙板系统,由专业化工人进行现场安装,可有效保证安装效率和质量。利用三维可视化模拟技术,对GRC墙板进行模拟施工指导,提前发现问题和指导现场施工。GRC墙板现场安装时,应制定专项安装方案,并对所有GRC墙板按安装顺序进行编号,在搬运和吊装过程中应有保护措施,防止板块挤压碰撞。因GRC墙板轻质高强,单块板的质量远低于同类型的PC混凝土墙板,现场施工用塔吊即可满足要求(图6-29~图6-32)。

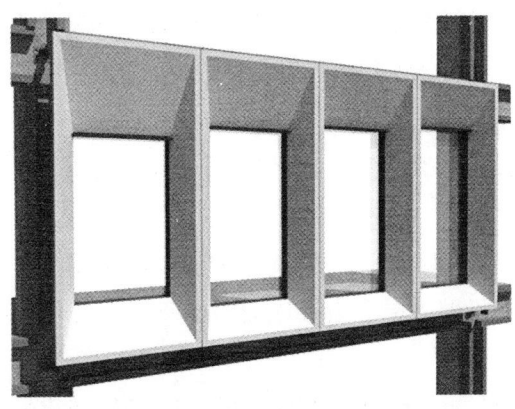

图6-29 GRC墙板安装

图6-30 室内石膏板封闭

图6-31 GRC墙板工厂养护

图6-32 GRC外围护系统吊装

（4）信息化技术应用

项目中管线种类多、数量大、材质各异，其中包含大量的管线交叉作业，通过BIM三维可视化技术，通过碰撞与自动纠错功能，自动筛选出各专业之间的设计冲突，帮助各专业设计人员及时找出专业设计中存在的问题及时发现问题并予以改进，大大减少后期变更。同时，该GRC外围护系统是国内首次运用，采用三维可视化技术进行虚拟施工，以便很好地为施工服务。

6.1.4.3 绿色建筑技术应用情况

项目是美国LEED铂金、绿建三星项目。在设计过程中综合考虑了四节一环保的理念，充分利用自然采光、自然通风，采用建筑自遮阳一体化设计，外立面采用GRC外挂墙板，并且在技术经济性合理下，选取合理的主动式技术，主被动技术相结合，达到三星级绿色建筑的要求，不仅提高了生态效益，也为用户提供了良好的室内环境（图6-33）。

项目技术亮点包括：

（1）建筑布局形成良好的区域通风、采光及生态景观。下沉式庭院及内庭院采光天窗有效改善地下一层的自然采光，采光达标区域面积占总地下功能空间面积的32.14%；场地透水地面面积占室外地面的44.9%，有效减少场地雨水径流并改善区域微气候条件。

（2）围护结构综合考虑保温、通风、采光及遮阳；采用参数化设计的GRC外挂墙板，外墙透明部分南向借用幕墙构件形状形成自遮阳，东西向采用可调外遮阳卷帘，有效削减太阳辐射得热量。

（3）空调冷热源由区域能源中心的三联供系统供给，生活热水由建筑一体化太阳能热水系统及区域能源中心的余热供应；采用节能型照明灯具和设备并按照功率密度目标值进行设计。

（4）在办公层、餐厅等处设置CO_2浓度传感器，接入BA系统，实现与相应区域新风机的联动，室内设置PM2.5监测；地下车库设置CO探头，实现与排风机的联动，确保室

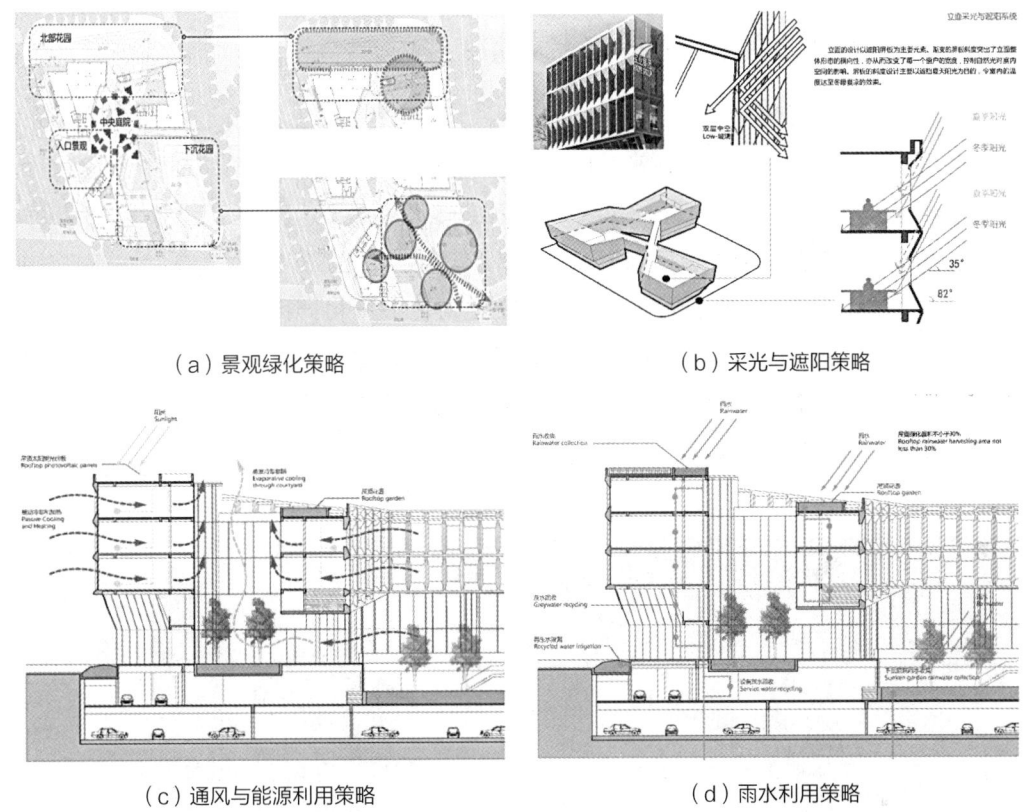

(a)景观绿化策略　　　　　　　　(b)采光与遮阳策略

(c)通风与能源利用策略　　　　　　(d)雨水利用策略

图6-33　绿色建筑策略

内空气品质。

（5）结构优化与节材：优化品字型建筑平面布局的桩配筋；采用钢结构连廊；地下空间局部侧墙和楼板位置使用叠合板预制构件；减少现场施工的材料浪费及环境污染。可再循环材料使用率超过10%。

6.1.4.4　成本和效益分析

（1）成本分析

本项目采用的异形GRC外围护系统是国内装配式建筑外墙多样性的一次重大探索，为建筑外立面的多样性提供了新的途径。其总体成本相比其他系统有一定增加，最主要的原因在为追求建筑的外立面效果，采用了较多的模具，造成GRC总体生产成本的上升。

（2）用工、用时分析

高度集成化的GRC外围护系统，将门窗、通风、遮阳等功能集成为一体，大大减少了现场工作量，工人数量大幅减少。同时，门窗、通风器、遮阳设备等都在工厂安装，现场只是进行安装，施工工期减少明显。

6.1.5 南通政务中心停车综合楼项目

6.1.5.1 项目概况

项目位于江苏南通市,总建筑面积为48972.21m²,主要建筑为车库及餐厅、会议用房及业务用房。单体建筑高度为63.3m,地下2层,地上高区16层低区8层。项目采用工程总承包模式,由建设单位将施工图设计、材料设备采购和工程施工全部委托给龙信建设集团,通过对设计、采购、施工的统一策划、统一组织、统一协调和全过程控制,实现了设计、采购、施工之间合理有序交叉搭接,通过局部服务整体、阶段服从全过程的指导思想优化设计、采购、施工,将采购纳入设计程序,对设计可施工性进行分析,提高工程整体质量、有效控制投资。项目于2015年5月开工,已于2016年11月竣工。

图6-34 项目效果图

6.1.5.2 装配式技术应用情况

(1)建筑专业

项目遵循"简单、规整"的设计原则,平面布置简单、灵活,并进行了柱网、楼梯间以及外立面的标准化设计。地下室为现浇框架剪力墙结构,二层以上为装配式混凝土结构,低区采用装配整体式框架结构,高区核心筒位置采用现浇剪力墙结构,其余采用装配整体式框架结构。项目实现外围结构构件全部预制,实现施工过程中无外模板、无外脚手架、无砌筑、无粉刷。预制率达到50%,采用的预制构件包括梁、柱、叠合板、楼梯、加气混凝土板、花池等,构件采用标准化设计,尽可能统一尺寸,降低构件制作成本。

（2）结构专业

项目通过结构体系优化实现了外围结构构件全装配。车库部分原现浇方案剪力墙较多，优化后剪力墙较少，集中设置于核心筒部位，外围梁柱全预制装配，采用一道次梁，充分发挥叠合板性能，提高吊装效率。办公部分原现浇方案采用200厚砌筑内墙，墙下需设置次梁，优化后采用150厚轻质隔墙板（ALC板），部分次梁可取消。

连接节点设计方面，项目根据设计要求将预制框架梁部分底部钢筋直接锚入框架节点内，减少了梁端键槽内U形钢筋的数量，提高了节点的抗震性能。框架柱上下连接节点采用直螺纹灌浆钢套筒连接技术，预制柱层间上下钢筋连接长度仅为8d（图6-35、图6-36）。

图6-35 预制梁与楼层角柱连接节点三维模拟图

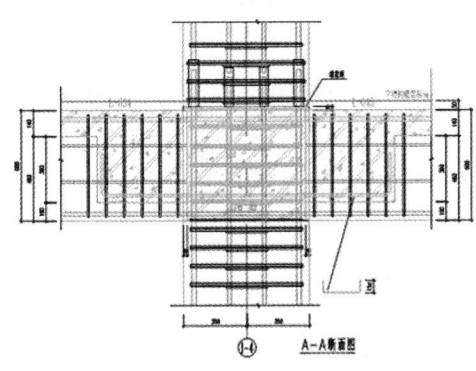 

图6-36 框架柱上下连接节点

（3）水暖电专业

项目在主体装配结构的协调技术中借助BIM技术，先使土建的模型基本构架用软件建立起来，再进行装修布局的建模，而后再考虑机电专业的原始蓝图及装修后需要优化的管路进行建模，达到零碰撞，而后进行构件的设计，使在工程出现的各种问题都有效地在模型中进行解决。

项目组织科研力量开展了装配式建筑机电安装的研究，简化了预留套管在预制梁中的操作过程，提出了预留套管不要焊接也能固定的方案，简化了施工工艺，同时也确保了质量。在机电各类线盒的预埋方面，运用了红外线定位仪，把现有的各类机电模型导入其装置，不需要人工一个个的定位，只要符合模型进行红外扫射定位，定位好后进行人工复核就可，也大大降低了对人工的需求。

（4）全装修技术应用

项目将装修设计与建筑设计同步，节约了设计成本，减少了土建与装修、装修与部品之间的冲突和通病，实现了设备配套精细化，提升使用环境舒适度，杜绝了二次浪费，缩短了综合工期。主要从以下几个方面进行全装修设计：确定装配化装修技术体系；装修材料部品件前置，标准部品与室内空间尺寸统一；室内设计与建筑设计紧密互动一步到位。重点部位技术主要包括电梯厅整体装饰系统、部品件模数化系统、室内各部位收口节点做法等。

（5）信息化技术应用

本项目从项目初期建模开始，到项目成本、质量与技术、进度、安全以及后期的运维管理，信息化技术主要采用BIM技术进行项目的管理。

成本管理方面：利用初期完成的各专业模型进行各专业成本计算，包括土建专业工程量计算、钢筋工程量计算、安装专业工程量计算。同时利用BIM技术进行PC结构深化设计、构件碰撞检查以及施工方案模拟，对PC专项施工进行优化设计、指导施工，确保了施工安全性，避免了因返工造成的成本增加。

管线综合方面：采用BIM技术进行管线综合布置，检查管线之间的碰撞，对管线进行重新排布，指导安装管线，合理避让，有效地控制了空间高度，避免了返工造成的材料浪费和垃圾产生，有效地消除了能源浪费。

质量控制方面：按照流程将现场质量问题影像资料通过客户端上传到BIM系统，并生成质量问题分析报告。通过BIM技术在施工质量控制中的应用，11月共拍摄并上传各类问题照片共43张，有效控制项目施工质量。

进度管理方面：基于BIM技术的计划进度与实际进度比对主要是通过方案进度计划和实际进度的比对，找出差异，分析原因，实现对项目进度的合理控制与优化。

运维管理方面：项目利用BIM平台将运维阶段所需要的信息与模型进行了挂接，实现运维阶段的高效性和标准化管理。设备自动维护提醒，利用平台内置功能设置设备到指定更换、维修时间自动提醒。利用软件自动生成二维码信息张贴与设备上，后期只需简单扫描便可获取设备信息。

6.1.5.3 成本和效益分析

（1）成本分析

项目总工期450天，总投资约1.8亿元，4.89万m^2，相比传统现浇建造方式，共节约财务成本1420万元，施工成本增加300元/m^2，加上前期研发费用，总成本增加1500万元，资金成本和传统方式建造基本持平。

（2）用工分析

传统现浇方式施工人员约需要50人，本项目施工人员约为20人，较传统现浇方式减少60%。

（3）用时分析

传统现浇方式工期约需要740天，本项目工期450天，较传统结构工期缩短40%。

6.2 钢结构建筑项目

6.2.1 中建钢构天津厂公寓楼项目

6.2.1.1 项目概况

该项目由1号楼、2号楼两栋楼组成，地上6层，层高3m，建筑总高度19.25m，建筑面积6000m^2，无地下室，采用桩基础。项目钢柱采用冷弯方钢管，间距以600mm为基本模数；钢梁采用热轧H型钢，与钢柱采用栓焊连接。钢构件选用薄涂型防火涂料，外包A级防火石膏板。外墙选用ALC板基墙+保温装饰一体板，内墙选用ALC

图6-37　建筑外立面实景图

板，楼板选用可拆卸的钢筋桁架楼承板。项目于2015年6月开工，已于2016年底竣工。

6.2.1.2 建筑实施情况

（1）建筑专业

在户型设计上，参照天津市保障房户型设计，充分考虑对居住空间的深入挖掘，动静分区、功能合理、全明设计,形成通风良好、空间紧凑、体型方正的布局,只有极少的建筑造型装饰设计。建筑的体形系数为0.27,体形系数较小,建筑围护结构的保温隔热处理在设计上已经取得了很好的成效。

(2)结构专业

主体结构采用钢框架体系,钢柱分别为300mm×300mm×14mm、300mm×300mm×12mm、300mm×300mm×10mm的方钢管,钢梁分别为HM294mm×200mm×8mm×12mm和H300mm×150mm×6mm×8mm的H型钢,材质均为Q345B;地脚锚栓尺寸规格为L50mm×3mm、L30mm×4mm,材质Q235B。公寓楼用钢量约78kg/m²(含钢楼梯)。

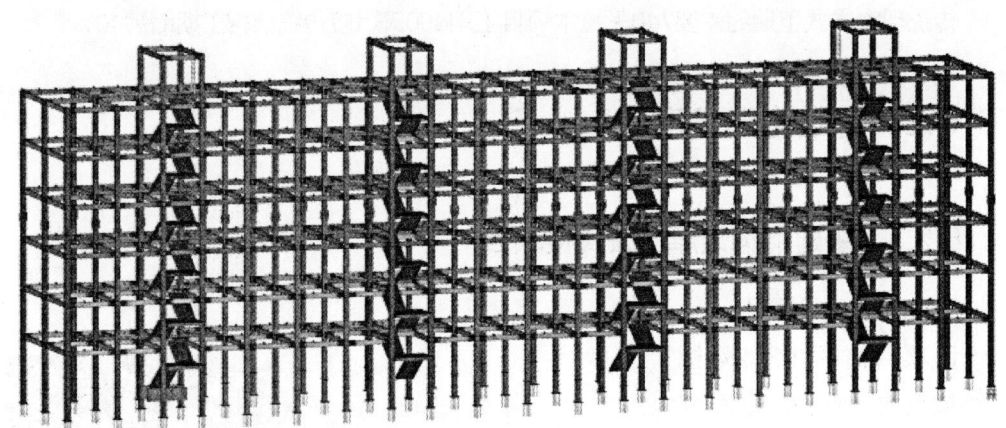

图6-38 公寓楼结构体系示意图

图6-39 预制钢楼梯　　　　图6-40 柱梁连接节点

设计时对用量较大构件采用统一规格,可与钢厂协商定制,此举在降低成本的同时提高了加工速度,力学性能优越。

图6-41 定制方钢管

图6-42 定制H型钢

(3)全装修技术应用

项目采用了装修设计一体化的方式建造施工,在建筑设计之初,明确建筑的使用功能,施工建造过程中,室内所有管线全部预埋,实现装修时插座零拆改,无任何水电改造等施工,同时,综合家具尺寸与功能房间的合理布置,与建筑功能实现了融合施工(图6-43)。

(4)信息化技术应用

采用Autodesk Revit等软件创建建筑、结构、给水排水等可视化信息模型,在建筑模型中自动生成三视图、大样图等相关信息,进而对项目进行材料统计、工程量计算、造价计算等。基于BIM技术的设计信息管理模块,将部分三维碰撞检测结果和RFI(信息邀请书)进行联动,提前发现设计阶段的部分碰撞问题,实现了RFI中的2D图片与3D模型进行链接,查看3D模型中的碰撞点和及时获取相应信息(图6-44、图6-45)。

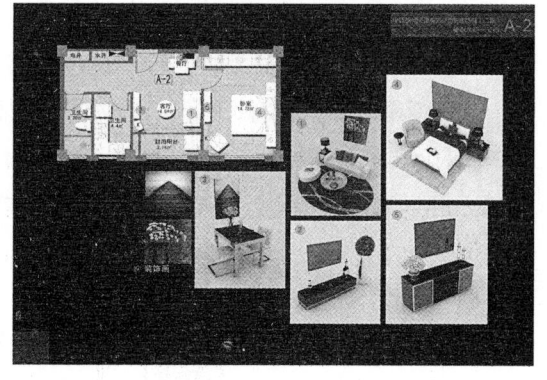

图6-43 一体化装修设计

6.2.1.3 装配式技术应用情况

(1)钢结构框架方面

公寓楼主体结构采用钢框架结构,钢柱与钢梁的连接节点采用栓焊连接。钢构件表面做防腐以及防火处理,楼梯采用钢楼梯。钢管柱使用冷弯成型方钢管,钢柱以三层半为一节。钢梁采用热轧H形钢,部分采用焊接H形钢,梁柱节点处采用梁贯通式。现场安装采

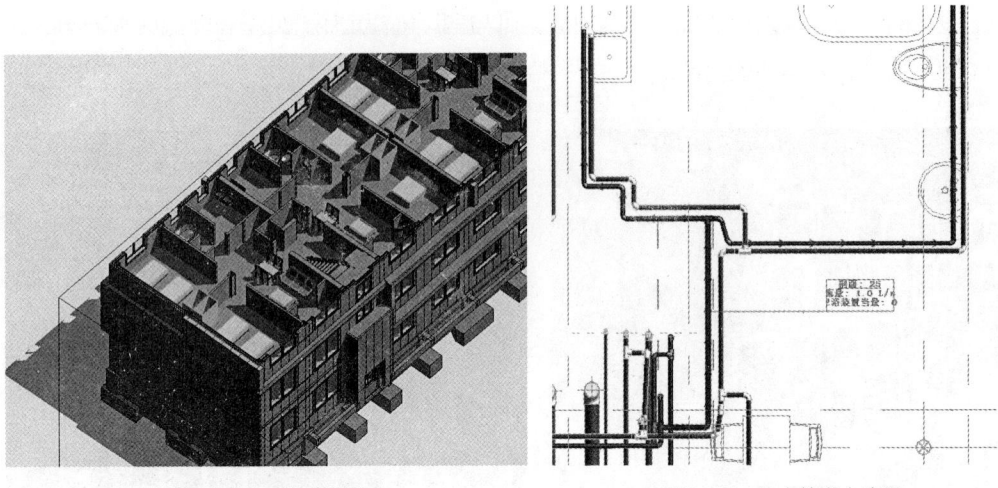

图6-44 三维模型图　　　　图6-45 热水管道水流图

用翼缘焊接、腹板栓接的做法。

（2）蒸压砂加气混凝土板（ALC板）

ALC板是以硅质材料和钙质材料为主要原料，以铝粉为发气材料，配以经防腐处理的钢筋网片，经加水搅拌、浇筑成型、预养切割、蒸压养护制成的多气孔板材。板材宽度以600mm为模数，长度以及厚度可根据工程实际定制生产。ALC板外墙采用钩头螺栓进行固定，内墙可选用直角钢件或U形卡（图6-46）。

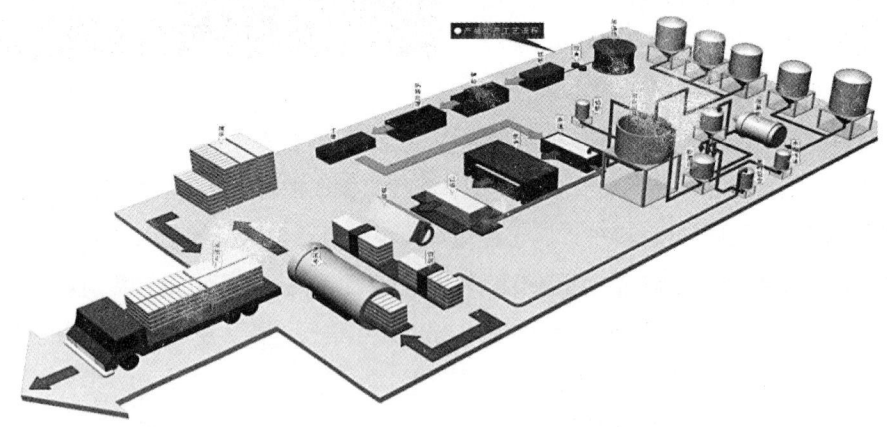

图6-46 ALC板生产工艺流程图

（3）保温装饰一体板

本项目采用的保温装饰一体板是由喷涂完装饰面后的无机板与保温材料复合而成，一体板集保温、装饰于一体，标准板材尺寸为1220mm×2440mm，保温层厚度可根据项目实际情况调节。保温装饰一体板采用"粘、挂"结合的方式进行连接，粘贴采用"点框法"（图6-47）。

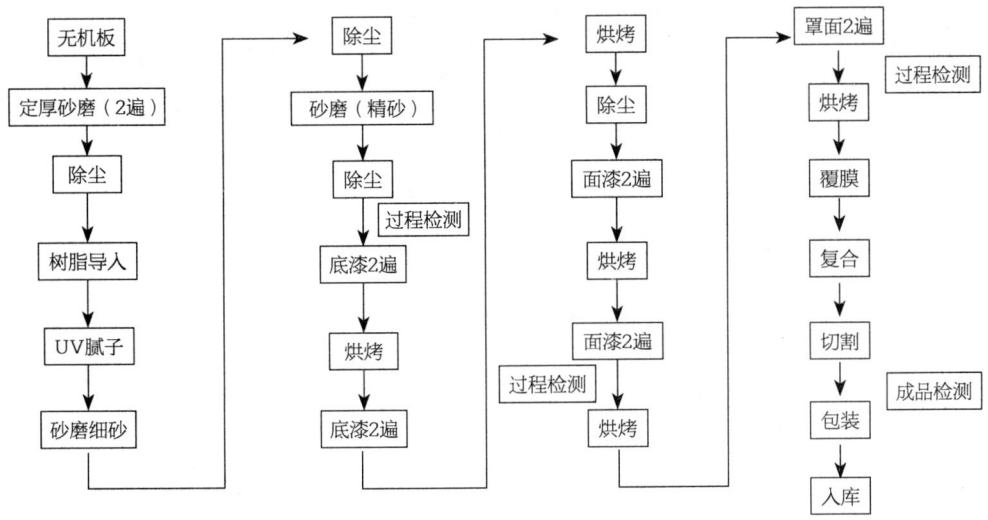

图6-47 保温装饰一体板工艺流程图

（4）可拆卸钢筋桁架楼承板

本项目楼板厚度为100mm，可拆卸钢筋桁架楼承板钢筋桁架高度为70mm，相比压型钢板和传统桁架楼承板，可拆卸桁架楼承板不仅施工现场免支模，而且它的底模可拆除回收循环利用，避免了后续吊顶施工，极大地提高了施工效率（图6-48）。

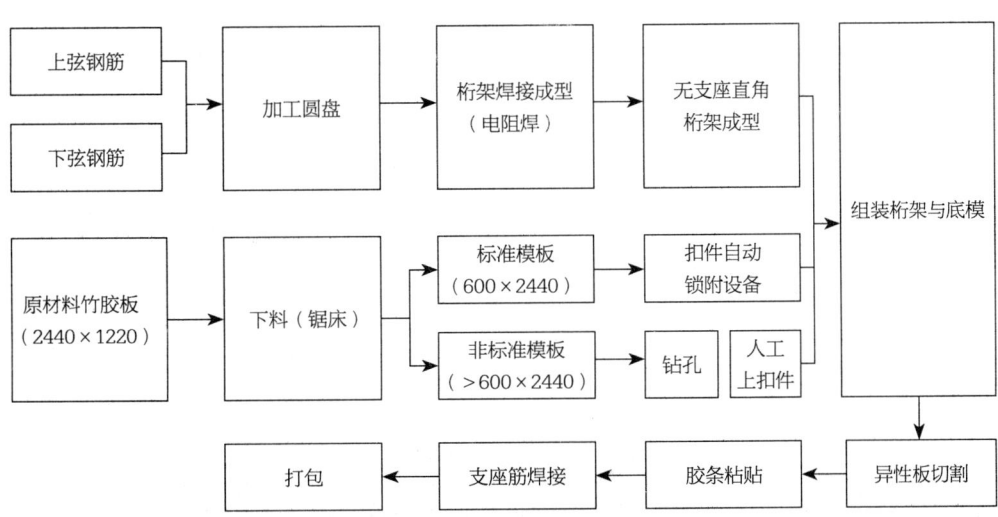

图6-48 可拆卸钢筋桁架楼板生产工艺流程

图6-49 可拆卸钢筋桁架楼板加工设备

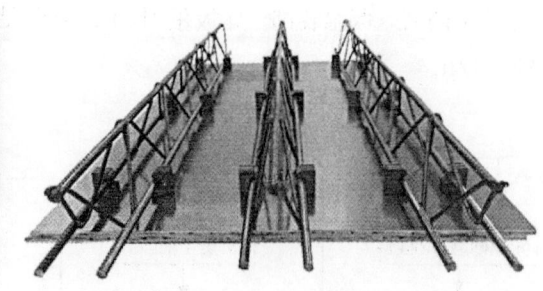
图6-50 可拆卸钢筋桁架楼板成品

6.2.1.4 成本和效益分析

（1）成本分析

项目公寓楼共2栋，其中1号楼公寓楼主体结构为现浇混凝土结构，内外墙体采用蒸压加气混凝土砌块，楼板为现浇混凝土楼板，外保温采用保温装饰一体板（80mm石墨聚苯板）；2号楼公寓楼主体结构为钢结构，内外墙体采用的100mm/150mmALC板材，楼板采用可拆卸式楼承板，外保温采用保温装饰一体板（80mm石墨聚苯板），根据上述两栋建筑实际发生成本进行对比，数据如表6-5所示。

工程造价对比表　　表6-5

序号	项目名称	造价（万元）		单位造价（元/m²）建筑面积		占比	差价
		混凝土建筑	钢结构建筑	混凝土建筑	钢结构建筑		
	合计	716.29	1204.38	2931.41	3144.19		212.78
1	建安成本（2+3+4+5）	542.56	892.30	2220.42	2329.47	100.00%	109.05
2	主体结构	272.09	472.67	1113.51	1233.95	52.97%	120.45
3	二次结构/AAC	52.47	107.77	214.75	281.34	12.08%	66.59
4	传统保温/保温装饰一体板	74.72	103.84	305.79	271.09	11.64%	-34.70
5	专业分包工程（包含桩基、机电、消防、给排水、门窗、采暖工程）	143.28	208.03	586.38	543.09	23.31%	-43.29
6	精装修工程	173.73	312.08	710.99	814.72	34.97%	103.73

备注：本工程钢材购买时间为2014年，当时钢材价格比目前高约500元/t，其影响价格为30~40元/m²。

根据分析，建安成本（包含主体结构、二次结构、外保温、专业分包等工程）装配式钢结构建筑相比传统混凝土现浇建筑高出约4.91%，建安成本（仅包括主体结构、二次结构）装配式钢结构建筑相比传统混凝土现浇建筑高出约14%，其主要的影响因素为钢结构、ALC板材以及精装修的成本略高，其中，抗震设防烈度为7度半的多层钢结构主体结构相比现浇混凝土主体结构高出约100元/m^2，ALC板材相比加气砌块、抹灰高出约60元/m^2，精装修方面，钢结构建筑相比混凝土建筑单位成本高出约100元/m^2。

（2）用工分析

钢结构建筑相比现浇混凝土建筑，用工种类更少，用工工时更省，以本项目2号公寓楼为例（图6-51、图6-52）。

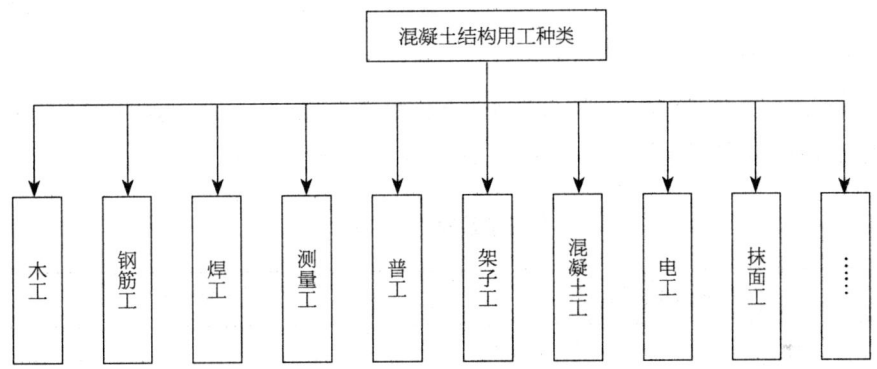

图6-51 混凝土结构的主要用工种类

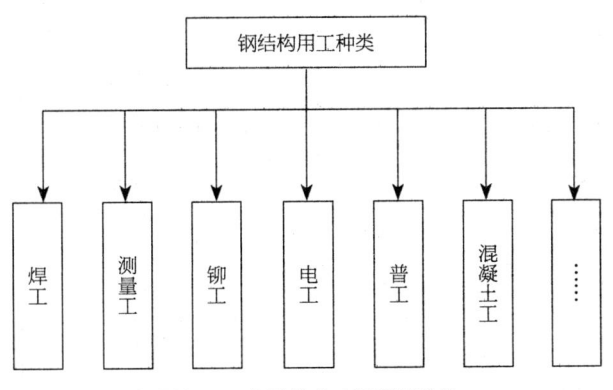

图6-52 钢结构的主要用工种类

相比混凝土结构，钢结构的用工种类变少。通过2号公寓楼施工过程的详细统计，其用工节约可达35%，工人产量提升近3倍，用工、工人产量的对比情况如表6-6所示。

用工对比分析表 表6-6

序号	项目	多层建筑（6层）	
		混凝土建筑	钢结构建筑
1	主体结构施工时间（月）	1.3	0.7
2	高峰期用工情况（人）	60	40
3	工人产量（m^2/(人·月)）	40	150
4	用工节约情况	节约近35%	

备注：混凝土建筑的建筑面积2353m^2，钢结构建筑的建筑面积3647m^2

（3）用时分析

通过对比，主体结构钢结构工时工效比混凝土结构提升约37%，建筑整体，钢结构工时工效比混凝土结构提升约42%，具体的对比分析如表6-7所示。

工时工效对比分析表 表6-7

序号	混凝土建筑		钢结构建筑	
1	专业	工时工效（人·小时）	专业	工时工效（人·小时）
2	土建	18560	土建	11465
3			钢结构	3016
4			可拆卸楼承板	3510
5	主体结构用工工时	18560	主体结构用工工时	17991
6	小计每平方米用工工时	7.89	小计每平方米用工工时	4.93
7	二次结构	6870	ALC墙板	4680
8	机电专业	1210	机电专业	1350
9	整体结构用工工时	26640	整体结构用工工时	24021
10	总计每平方米用工工时	11.32	总计每平方米用工工时	6.58

备注：混凝土建筑的建筑面积2353m^2，钢结构建筑的建筑面积3647m^2

6.2.2 北京成寿寺B5地块定向安置房项目

6.2.2.1 项目概况

项目总用地面积6691.2m², 拟建4栋9~16层装配式钢结构住宅, 总建筑面积31685.49m², 其中地上建筑面积20055.49m² (包含住宅建筑面积18655.49m², 配套公建面积1400.00m²), 地下建筑面积为11630.00m², 绿地率30%, 容积率3.0。项目采用EPC总承包模式, 已于2016年3月开工, 预计于2017年12月竣工(图6-53)。

图6-53 效果图

6.2.2.2 装配式技术应用情况

(1)建筑专业

以3号楼为例, 建筑总高度为49.05m, 单体建筑面积6875m², 地上16层, 地下共3层, 首层层高4.5m, 其余层高2.9m; 根据建筑功能和业主要求, 采用钢框架钢板剪力墙结构体系, 楼盖采用钢筋桁架楼承板, 外墙采用预制混凝土外墙挂板、蒸压加气混凝土条板(图6-54)。

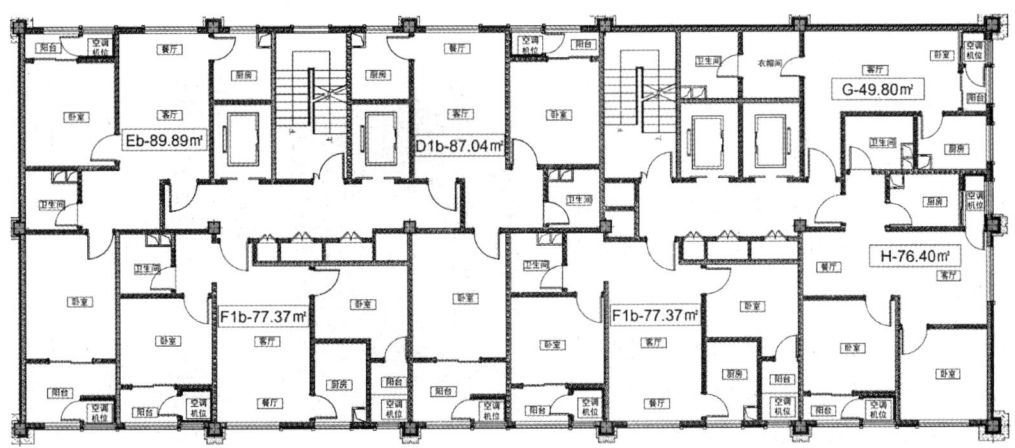

图6-54 3号楼楼平面图

(2)结构专业

采用钢框架钢板剪力墙结构形式,标准柱网6.6m×6.6m,采用400、350方管柱/箱型柱,内灌C40自密实混凝土,H350×150焊制H型钢梁,抗侧力构件采用阻尼器和钢板剪力墙,梁偏心布置保证室内无梁无柱,钢柱、钢梁采用栓焊连接。

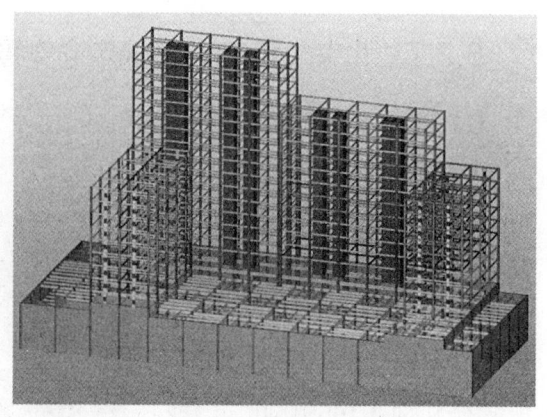

图6-55　钢结构设计图

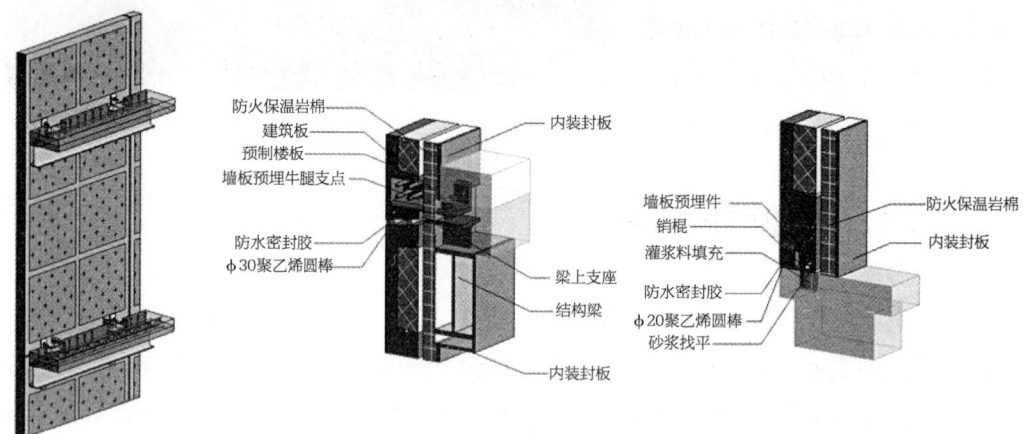

图6-56　预制混凝土外墙挂板

(3)水暖电专业

装配式建筑的设计应是涵盖主体结构、水暖电专业、装饰装修集成一体的装配式设计,采用BIM三维软件将建筑、结构、水暖电、装饰等专业通过信息化技术的应用,将水暖电位与主体装配式结构、装饰装修实现集成一体化的设计,并预先解决各专业间在设计、生产、装配施工过程中的协同问题。

图6-57　蒸压加气混凝土墙板节点

典型项目发展情况

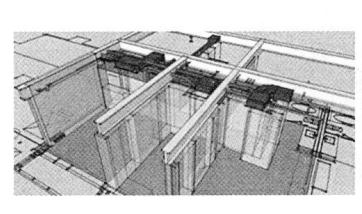

图6-58　水平方向的水暖电设计　　　　　　图6-59　竖直方向的水暖电设计

（4）信息化技术应用

工程项目设计阶段：通过同图软公司的合作开发的BIMCloud云，将三维数字模型传输到建谊ChinaBIM的系统平台上，各专业的设计人员通过数据无缝的对接、全视角可视化的设计协同完成装配式建筑钢梁、钢柱、墙板、楼板、水暖电、装饰装修的设计，并实时增量传输各自专业的设计信息。

装配式构件生产阶段：将BIM模型实时获取构件的尺寸、材料、性能等参数信息，通过建谊ChinaBIM平台将参数信息转换为符合CNC的加工数据，并制定相应的构件生产计划，向施工单位实时传递构件生产的进度信息。

项目施工阶段：通过建谊ChinaBIMCloud平台对装配式建筑的施工开展全视角和多重进度匹配的虚拟施工，对包含施工现场场平布置、运输车辆往来路线、施工机械、塔吊布置在内的施工全流程进行优化。提高装配式建筑的施工效率，缩短整个项目的施工周期。

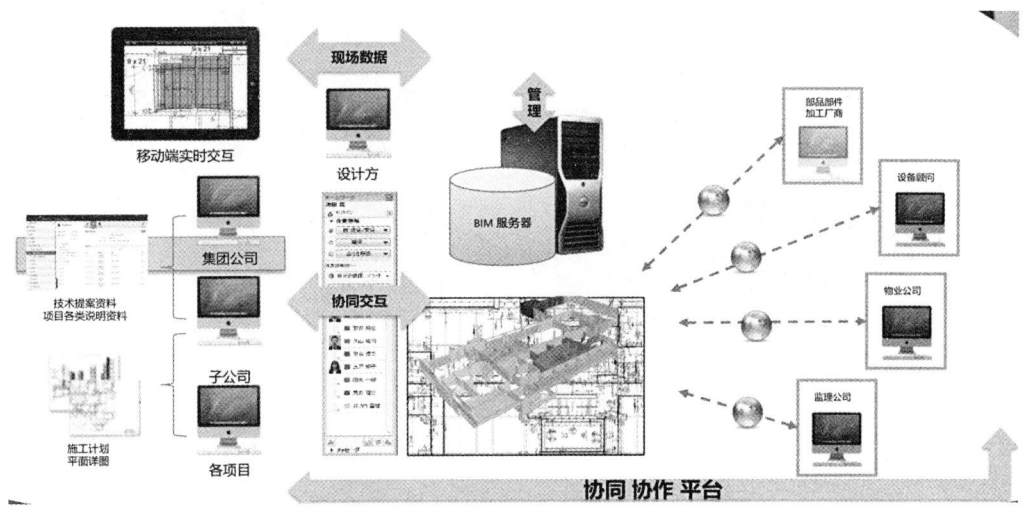

图6-60　建谊&图软BIMCloud云（一）

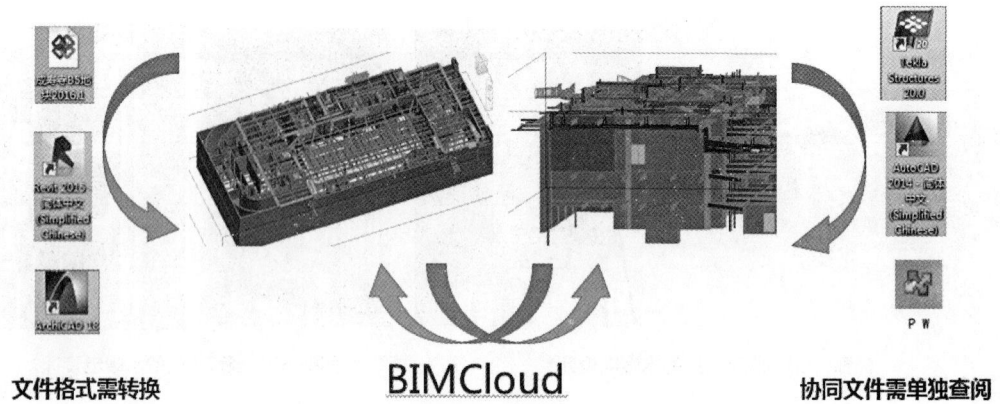

文件格式需转换　　　　　BIMCloud　　　　　协同文件需单独查阅

图6-61　建谊&图软BIMCloud云（二）

6.2.2.3　构件生产、安装施工技术应用情况

（1）构件生产

3号楼所用构件主要分为三类：一类是钢梁、钢柱；一类是预制混凝土外墙挂板、蒸压加气混凝土条板；一类是钢筋桁架楼承板。预制混凝土外墙挂板、蒸压加气混凝土条板一般采用自动化流水线生产，一般为经济批量的形式开展标准化的生产制作。主要生产流程环节为：①自动清扫机清理台模；②机械支模手自动放线、支模；③喷涂脱模剂；④固定预埋件，如牛腿等；⑤绑扎纵横向钢筋及格构钢筋⑥混凝土分配机浇筑，平台振捣；⑦养护室养护。

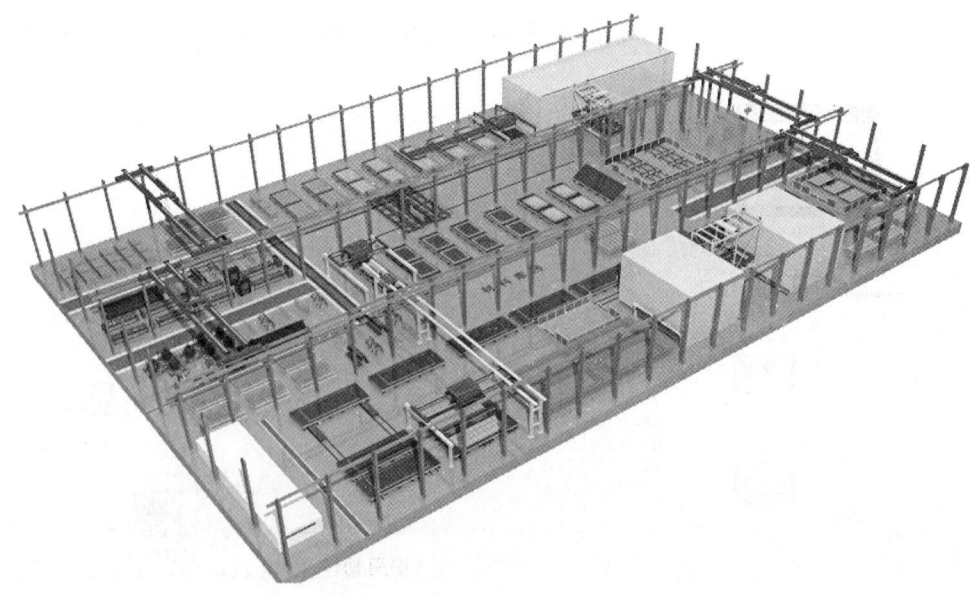

图6-62　钢梁、钢柱生产加工制作

（2）施工安装

图6-63 施工安装现场

图6-64 钢梁、钢柱安装现场

图6-65 墙板安装现场（一）

图6-66 墙板安装现场（二）

6.2.3 杭州钱江世纪城人才专项用房一期二标段项目

6.2.3.1 项目概况

项目位于浙江省杭州市萧山区钱江世纪城，属于保障性住房项目。一期二标段由5栋高层组成，总建筑面积185516.7m^2，其中地上部分建筑面积118992.2m^2，地下部分面积67524.5m^2。项目由东南网架施工总承包，结构形式为钢框架—支撑体系，已于2014年9月开工，预计于2017年10月竣工。

图6-67 鸟瞰图

图6-68 现场实景图

6.2.3.2 装配式技术应用情况

（1）建筑专业

以3号楼为例，地下2层，局部带夹层，地上塔楼建筑层数30层（不含屋面层及机房层），塔楼带2层裙房，建筑总高度为98.1m，住宅层每层为6户，地上建筑面积12492m²，标准层高2.9m。项目设计根据国家标准采用统一模数协调尺寸，共设计三种户型，其中70m²系列两种、50m²系列一种，共1632套。三种户型面积占总建筑面积的比例为100%。

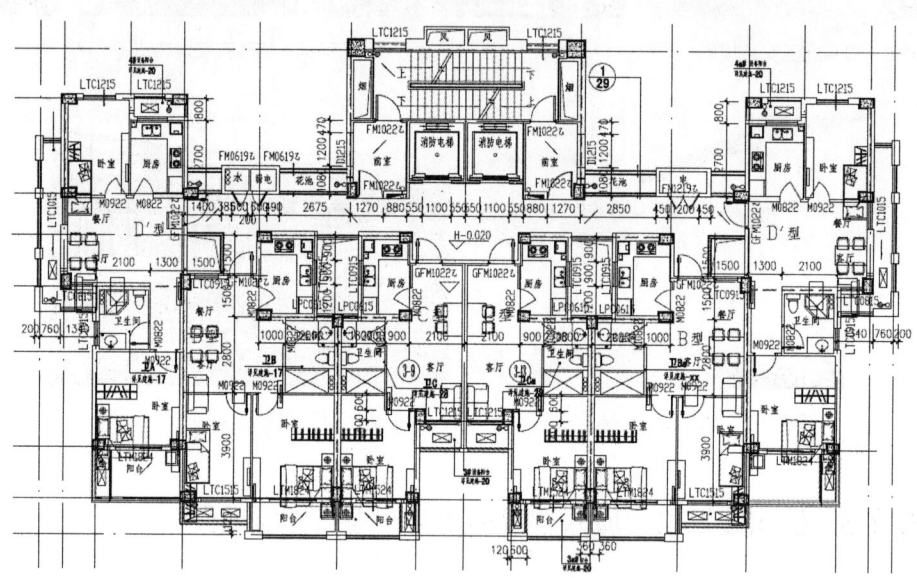

图6-69　标准层平面图

项目内外墙体均采用纤维水泥板轻质节能复合墙体，墙体以轻钢龙骨为骨架、以纤维水泥板覆面，外墙外侧为高密度板，外墙内侧及内墙面为中密度板。

（2）结构专业

本工程构件及部品的安装连接施工简便，安全可靠，梁柱节点均采用栓焊结合，墙板等部品与主体连接采用柔性连接件，系统性强，同时经济性能好。

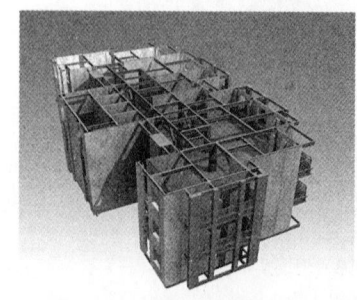　　

图6-70　纤维水泥墙体标准层三维轴侧图　　图6-71　贯通横隔板式梁柱连接节点

梁柱构件吊装严格安装专项方案要求，采用分配梁起吊。围护结构采用装配式条板，表面平整，处理无需抹灰，仅刮腻子层即可。外墙采用纤维水泥板结合轻钢龙骨外挂，施工过程无需搭设脚手架，仅采用吊篮即可完成施工，同时，根据进度设置安全防护系统。楼板采用桁架模板，钢筋桁架车间加工成型，现场铺设，施工过程无需搭设模板及支撑架。

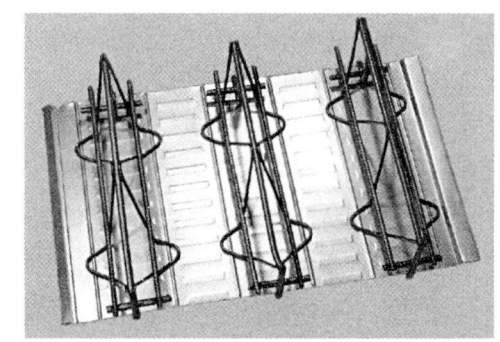

图6-72 钢筋桁架楼承板

（3）一体化装修技术与施工工艺

根据装修一体化设计特点，结合项目实际情况，编制一体化装修施工组织设计方案，实现部品的工厂生产与现场施工工序、部品的生产工艺与施工安装工艺的协调配合。本项目还采用了标准化的整体厨房和集成卫浴，提高装饰装修质量和改善居住品质。

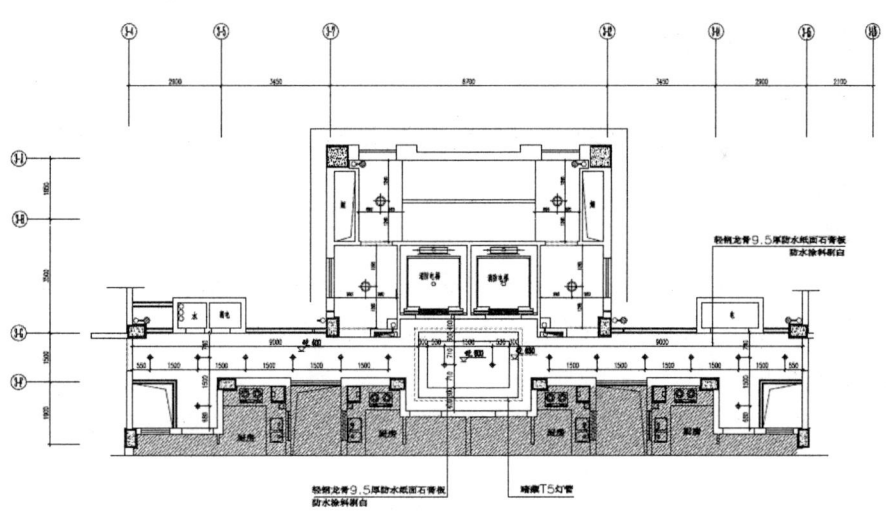

图6-73 一体化装修设计平面图

（4）全装修技术应用

本项目装修设计与主体结构、机电设备设计紧密结合，并建立协同工作机制；装修设计采用标准化、模数化设计；各构件、部品与主体结构之间的尺寸匹配，易于装修工程的装配化施工，墙、地面块材铺装基本保证现场无二次加工。

（5）信息化技术应用

方案设计：采用结构性能分析、通常采用有限元抗震分析、建模分析、碰撞检查等，以及方案优化等。

深化设计：通常采用tekla structures模型，并采用ERP企业管理系统，随项目设计、构件生产及施工建造等环节实施信息共享、有效传递和协同工作；建立信息模型等。

构件设计：通常采用设计软件，有力学测算软件、深化设计软件、抗震分析软件等，并采用条形码将设计信息传递给后续环节。

（6）预制构件生产制作及质量控制

公司拥有成套构件加工生产线，包括梁、柱、楼板、墙体（联盟企业），以及完善的ISO质量管理体系和通过AISC美标质量管理体系认证。同时，针对不同的构件、部品，均有相对应的技术标准、工艺流程和指导书，经过培训并通过考核的专业操作工人能很好地完成构件加工和制作。

本工程中的所有构件在加工阶段，对其进行编号、设置二维码，包含制作日期、合格状态、生产工段及责任人，作为原始数据录入公司ERP系统的质量可追溯模块。构件生产过程中，质量自检记录及驻场监理质量验收记录均完整归档保存，和出厂检验报告、进场验收报告一同作为工程验收资料。

6.2.3.3 成本和效益分析

（1）成本分析

项目综合造价与混凝土基本持平，随着用工紧张及人工成本上涨，其综合社会经济效益将更加明显。

（2）用工分析

项目构件采用工厂化生产，现场作业量减少。相比传统的钢筋混凝土，单幢峰值建筑工人100人，而钢结构仅需30人左右，人工用量减少约70%。

（3）用时分析

项目采用钢结构，大幅缩短了建设周期，较传统混凝土结构工期缩短了27.34%。

施工速度比较　　　　　　　　　　　　　表6-8

结构体系	钢结构	钢筋混凝土结构
有效施工周期（日）	930	1280
相对提前工期（%）	27.34	0

（4）四节一环保分析

以3号楼（裙房以上标准层）为案例，进行钢结构方案与混凝土方案分析节能减排、资源节约比较，节约钢材22.5%、降低施工用水63.39%、施工用电30.64%、木材消耗

88.89%、水泥33.38%,减少施工垃圾和二次装修垃圾50%以上,墙体中工业废弃物利用率达70%以上,降低能耗37.38%,减少二氧化碳排放31.92%。

各方案消耗情况 表6-9

项目	3号楼钢结构方案	3号楼混凝土方案	较混凝土方案节约(%)
单位面积能耗（MJ/m²）	2051.89	3276.6	37.38
单位面积CO_2排放（t/m²）	0.2237	0.3286	31.92
施工用水（吨）	9123	24921	63.39
施工用电（度）	536516	773578	30.64
木材消耗（吨）	33.9	305	88.89

6.3 木结构建筑项目

6.3.1 江苏省绿色建筑博览园展示馆——木营造馆

6.3.1.1 项目概况

项目位于常州市武进区,是集"展示、办公"等功能为一体的绿色建筑技术集成工程示范。项目占地2.6亩,建筑面积2161m²。主展厅为2层,办公用房3层,层高4.2m,总高度13.15m。项目采用工程总承包模式,于2015年8月开工,已于2015年11月竣工。

项目采用生态建筑材料木结构作为承重和围护体系,主体结构为重型胶合木结构,树形柱和大跨梁的采用充分体现了木结构的现代感及形态美。木结构框架梁、柱均采用工厂生产、现场装配的方式,提高施工效率,减少施工污染。同时建筑中还运用绿色种植屋面、太阳能屋面、节能门窗等绿色生态技术,已获二星级绿色建筑设计标识。

图6-74 项目实景图

6.3.1.2 装配式建筑技术应用情况

（1）标准化设计

构件设计方面：项目北向展厅采用6跨胶合木梁柱剪力墙结构，每跨所采用的构件尺寸、除山墙外，形式基本一致，符合标准化模数设计要求。南向展厅部分木结构梁、柱、桁架构件均按照模数进行设计。2层平台每处树形柱由四片相同的胶合木弧形构件拼接而成，符合标准化模数设计要求。

图6-75 装配施工现场

节点设计方面：项目大部分胶合木柱脚、柱与梁间节点、木桁架与胶合木梁节点均按标准化进行设计。胶合木梁端开槽打孔形式仅与梁高有关，且所有柱脚采用基本铁件相互组合形成不同的节点连接，从而大大减少节点形式。

（2）结构设计

胶合木梁柱—木质剪力墙混合承重体系：展示馆办公楼部分结构体系采用了胶合木梁柱-剪力墙结构体系，包括胶合木柱、胶合木梁、木基结构板、顶梁板、底梁板、墙骨柱和石膏板。木基结构板设置在墙体中间，墙骨柱为多根，分别设置于顶梁板与底梁板之间形成墙骨框架，墙骨框架对称布置在木基结构板的两侧，且四周与木梁、木柱采用螺栓杆连接。石膏板设置在墙骨框架的外侧，且边缘与墙骨框架外侧平齐，所述木柱与木梁连接形式为螺栓连接。

图6-76 四片树形构件　　图6-77 梁柱角部节点　　图6-78 梁柱节点

图6-79 胶合木梁柱—框架剪力墙结构体系

梁柱式木结构植筋柱脚节点：项目采用梁柱植筋节点，包括木柱、植筋、胶黏剂、装配式连接件、节点紧固件和钢垫板等。木柱与支撑结构间通过装配式过渡金属连接件、植筋和节点紧固件连接。螺杆事先在工厂通过胶黏剂植于柱脚根部，并外露一定长度的丝扣，装配式连接件通过紧固件（或化学植筋）固定于混凝土结构层上，柱底部在植筋部位采用自攻螺钉进行横纹增强，现场安装时将木柱定位与过渡连接件，拧紧螺帽即可完成安装。此种连接方式使施工更加便捷快速，效率提升50%，且安装后从室内看不到高出地面的柱脚，满足美观要求。

图6-80 装配式植筋连接节点

仿生树形支撑结构体系：展示馆建筑中采用了树形结构、胶合木桁架以及胶合木梁柱-剪力墙板等多种新型高效的结构形式，实现力与美的结合。树形结构拥有优美的仿生结构形态，实现多点支承代替传统柱的单点支撑，体现了力流从上到下、从分散到集中的汇聚过程，做到力与形的完美结合，可以广泛应用于大空间建筑结构承载体系中。项目在入口处的2楼平台位置应用了该项技术，树形柱自1楼伸至2楼平台，并向四个方向对称发散，现状如天然树枝自由生长至屋面，支撑2楼平台雨篷。项目中共采用四棵这样的树形结构，实现主入口平台处开阔的建筑区域，很好地解决了人流分散的空间要求。

（3）预制构件设计生产与施工

项目主要承重结构构件，梁、普通柱、平台树形柱均采用工厂加工的胶合木构件，均为预制构件。胶合木受力构件在工厂完成生产加工，二次开槽打孔，工

图6-81 树形柱结构

厂预制拼装，降低了现场安装的误差。现场胶合木主体框架搭建完毕后，木质剪力墙的墙板现场装配。屋盖受力胶合木搭建完毕后，部分采用规格材龙骨外封板材形成屋面层，部分采用桁架的形式丰富立面造型，涉及的材料也都采用了预制构件，提高了施工效率。

图6-82 胶合木三角形屋架　　　　图6-83 主展厅梁柱

项目构件连接均采用预制钢连接件，其中胶合木柱脚采用新型专利，植筋装配式连接节点。梁柱节点处采用双柱夹梁，配合钢板螺栓连接，现场安装效率大大提升。预制墙板现场与主体胶合木梁、柱采用螺栓、木螺钉等形式连接，方式简单，效率高。

图6-84 梁柱连接节点

（4）绿色技术应用情况

保温遮阳一体化铝合金门窗围护系统：采用木骨架墙体保温体系+三玻两腔铝合金窗+多种遮阳技术。

图6-85　内置百叶遮阳一体化铝合金标准化外窗

图6-86　铝合金卷帘一体化内平开标准窗

再生能源利用技术：斜屋面放置光伏电板，实现太阳能光伏综合利用与建筑一体化。

生态绿化综合技术：通过木结构屋面模块化覆绿系统、中庭绿化、垂直绿化、室内绿化等多种生态绿化植物配置技术，改善住宅的室内气温、形成生物气候缓冲带、净化空气、降低噪声、有效保护屋顶、延长建筑物寿命、减缓风速和调节风向等作用。

图6-87　木营造馆绿色屋顶系统

智能感知性低能耗健康空调系统：热泵驱动的热、湿负荷独立控制的高效、环保、健康新型空调系统，采用中静压风管式、环绕气流嵌入式、智能感知环绕气流嵌入式，并配有控制系统和新风系统。智能感知室内人员活动情况，提升室内人员的舒适感。远程操控系统DIS-AIR，可借助Android界面或者iPhone界面通过远程管理操控空调，随时随地遥控。选用带有去除PM2.5功能全热交换器，对直径≥10um的可吸入颗粒物去除效率达到95%以上。

（5）信息化技术应用情况

项目采用BIM技术进行精细化设计，在精确定位，构件算量统计、碰撞检测以及效果图展示等方面体现极大优势，提高了设计的质量及后期施工的效率。在构件统计方面，项目应用BIM技术中"构件与图纸实时同步"的功能统计算量，提高效率。避免以往对照二维图纸进行构件统计中的工作量大、统计复杂以及校核难度大的问题。在碰撞检测方面，将利用BIM技术尽早将碰撞点反馈给设计人员，显著减少由此产生的后期变更，提高了现场施工的效率，避免返工。

〈结构框架明细表〉			
A	B	C	D
长度	体积	结构材质	合计
3700	0.67	木质—木料	30
5799	1.42	木质—木料	12
5800	1.07	木质—木料	4
7899	1.42	木质—木料	8
7900		木质—木料	28
7902	1.80	木质—木料	6
10000		木质—木料	73
12100		木质—木料	28
13300	1.48	木质—木料	1
16300		木质—木料	79
16600	1.48	木质—木料	23
20500		木质—木料	133
22600		木质—木料	21

图6-88　构件算量统计

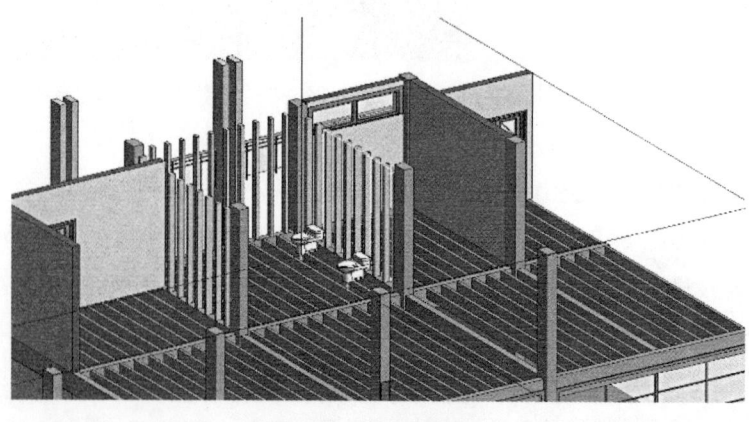

图6-89　管道碰撞检查

图6-90　木营造馆BIM模型图

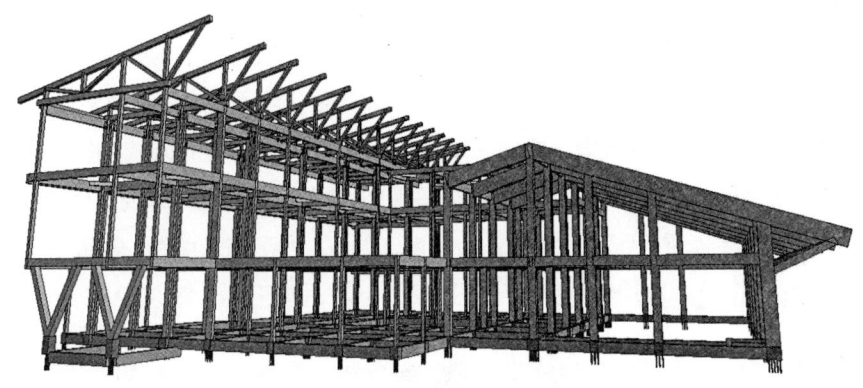

图6-91　结构整体装配图

6.3.1.3　成本和效益分析

（1）成本分析

项目受力构件都采用预制胶合木构件，经过防火、防腐处理后直接外露，展现木结构天然木质纹理，除有特殊要求，不需要进行二次装修，降低了二次装修费用。本项目胶合木构件和规格材整体用材量换算到整体建筑平方方造价约为1600元/m²，但是由于装修成本降低约300元/m²，另外由于木材自重轻，是钢的1/16，是钢筋混凝土的1/5，现场施工成本降低约500元/m²，因此项目整体增量成本约为800元/m²。

（2）用工用时分析

项目现场施工从2015年5月至2015年9月，约4个月。其中现场基础1个月，预制木构件现场安装2.5个月，后期1.5个月。由于构件提前预制，现场只需要木工进行组装，节约了常规建筑需要多工种配合作业的情况，方便现场调度，降低了造价。木结构所有结构构件和连接件都是标准化生产的，工厂加工效率高；所有构件都是现场直接安装的，不存在湿作业，效率高、速度快、周期短。最高峰现场施工投入劳动力30余人，充分体现木结构建筑装配化效率高的特点。

（3）未来改进方向

项目墙体木质剪力墙未采用模块化设计，后期可结合各专业，采用一体化设计；卫生间未采用集成式卫生间；BIM未运用到后期管理、运营。未来改进方向：完善以BIM为核心的信息化技术集成应用，全过程运用BIM信息化技术；提高项目的整体装配率，争取达到80%；完善被动式超低能耗技术的应用，使整栋建筑综合节能率达85%。

6.3.2 贵州省黔东南州榕江县游泳馆项目

6.3.2.1 项目概况

项目位于贵州省黔东南州榕江县，设计时以木结构元素为主，将黔东南地区民族特色——"鼓楼""风雨桥""吊脚楼"等融为一体。项目总建筑面积11455m^2，建筑地下1层，地上2层，建筑高度为20.05m。建筑地下室及1层采用混凝土框架体系，2层以上采用木结构体系。项目木结构屋架梁、柱均采用工厂生产、现场装配的方式，提高了施工效率，减少了施工污染。游泳馆中部花桥和鼓楼采用传统木结构，充分体现了民族特色和地域特点。泳池上部屋盖采用张弦木拱体系，跨度50.4m，为国内跨度第一和面积第一的现代木结构屋盖。项目于2015年11月开工，已于2016年7月竣工。

图6-92 项目实景图

6.3.2.2 装配式建筑技术应用情况

（1）标准化设计

泳池上部屋盖采用张弦木拱体系，跨度50.4m，共16跨，每跨所采用的构件尺寸、除山墙外，形式基本一致，符合标准化模数设计要求。项目连接节点单一，规格少，针对不同类型构件受力特点，节点进行分类设计，形成不同类型的参数化通用节点，如装配式植筋节点、挂式螺栓/销栓节点等，有效提高装配速度。另外，不同尺寸的木构件，根据木构件截面强度、挠度双项控制的原则，设计出标准化的节点。

图6-93　连接节点图（一）　　图6-94　连接节点图（二）

（2）结构设计

项目采用胶合木张弦拱体系，张弦拱结构体系简单、受力明确，自平衡的张弦木拱支承于滑移支座，消除支座水平推力。木拱采用6根木撑杆与主索形成张弦结构，并与纵向索和屋面索形成完整稳定体系。屋盖具备必要的刚度和承载力、良好的变形能力和耗能能力，具有明确的计算简图和合理的荷载传递途径。

（3）预制构件设计生产与施工

游泳馆部分屋顶承重结构构件、梁采用工厂加工的胶合木构件，均为预制构件。胶合木受力构件在工厂完成生产加工，二次开槽打孔，工厂预制拼装，降低了现场安装的误差。木拱为2mm×170mm×1000mm双拼胶合木构件，沿弧长三段拼接。木拱采用6根木撑杆与主索形成张弦结构，并与纵向索和屋面索形成完整稳定体系。自平衡的张弦木拱支承于滑移支座，消除支座水平推力，有效地降低了造价，提高了施工效率。采用木结构与玻璃形成的"天河"结构悬挂于主拱。

图6-95　胶合木屋架

构件连接均采用预制钢结构连接件,其中胶合木柱脚采用专利技术——植筋装配式连接节点,减少安装误差,降低了安装难度。梁柱节点处采用双柱夹梁,配合钢板螺栓连接,现场安装效率大大提升。预制墙板现场与主体胶合木梁、柱采用螺栓、木螺钉等形式连接,方式简单,效率高。

图6-96 拉索连接节点

图6-97 腹杆连接节点

图6-98 胶合木拱吊装

图6-99 游泳馆整体施工

6.3.2.3 成本和效益分析

(1)成本分析

本项目屋盖胶合木构件和规格材整体用材量换算到整体建筑平方造价约为2000元/m^2,但是由于装修成本降低约500元/m^2,另外由于木材自重轻,是钢的1/16,是钢筋混凝土的1/5,现场施工成本降低约600元/m^2,因此项目整体增量成本约为900元/m^2。

(2)用工用时分析

本项目木结构屋盖现场施工从2016年6月至7月,约1.5个月。采用大型履带吊和小型吊机配合完成吊装。现场只需要工人进行吊装,节约了常规建筑需要多工种配合作业的情况。最高峰现场施工投入劳动力20余人,施工效率较高。

(3)未来改进方向

项目的屋面檩条间距因屋面拱为弧形,未能完全按照上铺基层结构板的模式进行设计,材料成本控制未达到最优。屋面构造采用龙骨格栅,保温等建筑构造、材料分离,后期项目可考虑结合各专业,采用一体化设计;BIM技术只在前期设计中应用,未运用到后期管理、运营。下一步将努力完善以BIM为核心的信息化技术集成应用,全过程运用BIM信息化技术;提高项目的整体装配率,屋面建筑盖板按照模块化、结构功能一体化设计。

6.4 装配化装修项目

6.4.1 郭公庄一期公共租赁住房项目

6.4.1.1 项目概况

项目位于北京市丰台区花乡地区,规划建设用地面积58786m²,总建筑面积21万m²,住宅建筑面积13万m²,建筑高度60米,建筑层数为21层。采用开放街区、混合功能、围合空间规划理念,建筑结构与内装均采用装配式。项目采用工程总承包模式,总包商为北京城建建设工程有限公司,由北京和能人居科技有限公司完成从装修一体化设计到部品工厂生产、现场装配等装配化装修环节。项目于2013年10月开工,2016年10月开始装修,已于2017年6月交付。

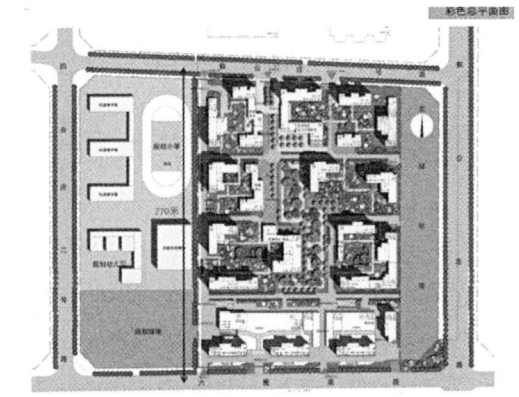

图6-100 项目鸟瞰图与总平面图

图6-101 建筑单体效果及围合空间

项目采用标准化设计，一居室建筑面积40m²左右，两居室60m²左右，其中A1户型占比超77%，户型的标准化设计在一定程度上保证了预制构件模具的重复利用率，可有效地降低预制构件生产的成本，利于工业化建造。

序号	户数	比例%
A1	2313	77.20%
B1	310	10.20%
B2	295	9.80%
B3	84	2.80%
合计	3002	100%

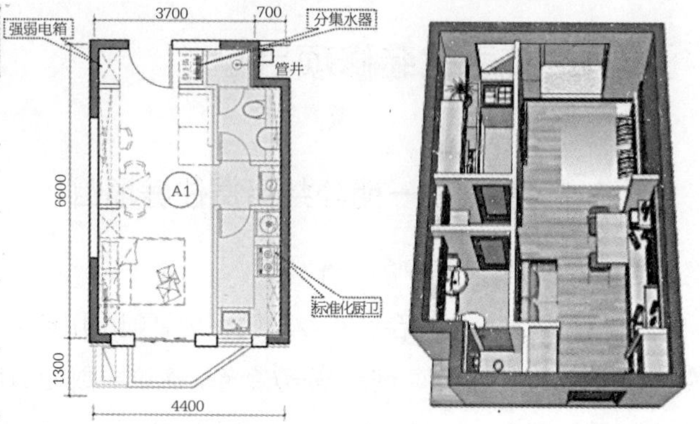

图6-102 郭公庄一期公租房项目户型类型及A1户型

6.4.1.2 装配化装修技术应用情况

项目采用装配化装修系统解决方案，涵盖厨卫、给水排水、强弱电、地暖、内门窗等全部内装部品，形成全屋装配化装修八大系统，即集成墙面、集成地面、集成吊顶、生态门窗、快装给水、薄法排水、集成厨房、集成卫浴。项目基本实现了采用干法施工、管线与结构分离和部品工厂化生产。

（1）装配化装修的一体化设计

装配化装修的设计理念从项目的建筑设计阶段便开始植入，形成建筑与内装的无缝对接，便于交叉施工，提高效率。以厨房和卫浴为例：一是整体模块化的影响，二是墙面的调整，三是吊顶部分的调整，四是地面的调整，五是管线的调整。

（2）装配化装修的管线分离技术

郭公庄一期公租房项目中的管线与墙体是分离的，不需要预埋，管线布置在架空层，并且接口位置集中，利于检测和维修。

在快装给水系统中，将即插水管通过专用连接件连接，实现快装即插、卡接牢固。接口集中布置在吊顶，利于后期检测维修。在薄法排水系统中，架空地面下布置排水管，所用PP排水管胶圈承插，使用专用支撑件在结构地面上按要求排至公区管井，维修便利且不干扰邻里，经装配化装修的优化设计，卫生间无需降板。

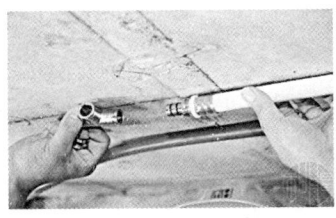 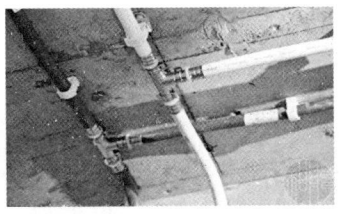 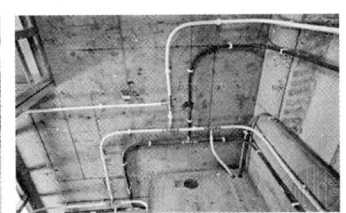

图6-103 快装给水系统

 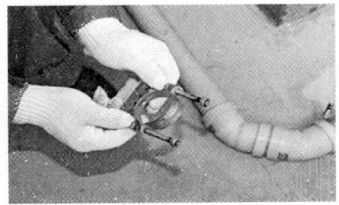 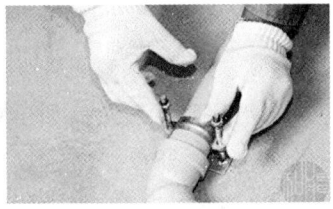

图6-104 薄法排水系统

（3）装配化装修的干式工法

项目在全屋装配系统中基本无湿法作业。传统施工中的抹灰找平等湿法作业，在项目中采用架空、专用螺栓调平替代。现场装配环节，工人用螺丝刀、手动电钻、测量尺等小型工具就能完成全程安装，作业环境整洁安静，节能环保。

集成墙面系统。 分室隔墙采用轻钢龙骨轻质墙，内装空间可根据住户需要灵活调整，通过填充环保隔声材料，保证墙体隔声效果，据测定隔声效果达到43dB，优于国家标准的35dB。

集成地面系统。 采用架空地脚支撑定制模块，地脚螺栓调平，架空层内布置水暖电管，用可拆卸的高密度平衡板进行保护，铺设超耐磨集成仿木纹免胶地板，快速企口拼装完成。地暖模块的保护层热效应利用率提高，整套集成地面系统重量仅为40kg/m²，大幅度减轻楼板荷载。

  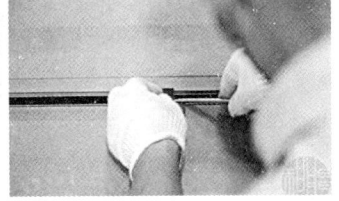

图6-105 集成地面系统

集成吊顶系统。 吊顶采用工厂生产的吊顶板通过专用龙骨与墙板顺势搭接，专用龙骨承插加固吊顶板，顶板基材为硅酸钙板，表面集成覆膜效果增强美观性。

图6-106 集成吊顶系统

（4）装配化装修对特殊功能区的处理

集成卫浴系统，重视防水防潮的处理。墙面用柔性防潮隔膜材料，将冷凝水引流到整体防水地面，以防止潮气渗透到墙体空腔；在墙板留缝打胶处理，实现墙面整体防水；地面安装柔性化生产的整体防水底盘，通过专用快排地漏排出，整体密封不外流；浴室柜柜体采用防水材质，匹配胶衣台面及台盆。

集成厨房系统，重视防水防油污。厨房装修材料采用涂装材料，定制胶衣台面，防水防油污且耐磨；排烟管道暗设吊顶内，采用定制的油烟分离烟机，直排、环保、排烟更彻底。

6.4.1.3 部品生产、技术应用情况

项目的部品完全工厂化生产，部品之间协同提升装配化装修施工效率。

部品化模块化提升安装效率。所有产品在工厂车间完成生产制造之后，形成模块化，项目装修现场将各个模块快速完成安装。生态门窗系统中，在工厂分别完成门套和门扇的生产。门套用镀锌钢板冷轧工艺，安装铰链，表面集成木纹饰面；门扇由铝型材与增强龙骨及填充物嵌入结构，门板制作安装，集成木纹饰面，形成防火等级可达A级的生态门部品。最后在施工现场完成门扇与门套安装。

图6-107 工厂生产的部品

柔性化生产提高适用性。项目中门窗套、地暖模块等很多部品都是采用柔性化生产，卫生间柔性化制造的整体防水底盘采用可变模具实现各户型不同尺寸的快速定制，整体一次性集成制作，达到防水密封效果。

专用部件提升系统功能。项目采用了很多针对装配化装修开发的专利产品。卫生间采用的是配合装配化装修工法的专用地漏，瞬间集中排水，防水与排水相互堵疏协同，结合薄法同层排水一体化设计。专用部件与系统的契合度更高。

6.4.1.4 成本和效益分析

从用工、用时方面来看，传统装修60m²的两居室，装修时间为10几个工人2到3个月；项目采用装配化装修方式，60m²的两居室3个工人10天完成；传统装修中2个工人1天装3套门，装配化装修方式2个工人1天可以装30套门。从全生命周期的成本来测算，装配化装修降低人工成本，节约工时，综合比传统装修整体节约工费60%。

从节能环保角度来看，项目装配化装修整体作业环境友好，无污染、无垃圾、无噪声。项目采用干式工法，与传统装修相比较节水率达到85%；由于工厂化施工产品的精准度大幅提升，避免了原材料浪费，与传统施工相比较节约用材达到20%；节能方面，全程节能降耗率达到70%，尤其地暖模块，充分利用保护层的平衡板阻止热量向地面传导，热效率极大提高。

综上所述，项目的装配化装修充分体现了我国装配式建筑发展的理念，符合"适用、经济、安全、绿色、美观"的要求，并且满足公租房快速翻新、环保耐用的特定需求，具有良好的发展前景。

图6-108　郭公庄一期公租房整体装修效果

6.4.2 北京海淀永丰产业基地公共租赁住房项目

6.4.2.1 项目概况

项目位于北京市海淀区西北旺镇永丰产业基地，总占地10.93公顷，总建筑面积323295m²。项目于2014年底开工，预计于2017年底竣工。项目秉承标准化和工业化设计理念，采用装配整体式混凝土剪力墙结构，提高了建设质量和建设效率；采用主体与内装分离体系，在主体结构耐久性的前提下提升了住宅内部灵活可变性，大大提高了住宅全寿命期内的使用价值。同时，努力打造与城市互动型开放共融式和谐住区、满足多样化生活价值观与不同使用需求和打造与环境共生的节能环保型优质社区。

图6-109 规划总平面图

图6-110 鸟瞰图

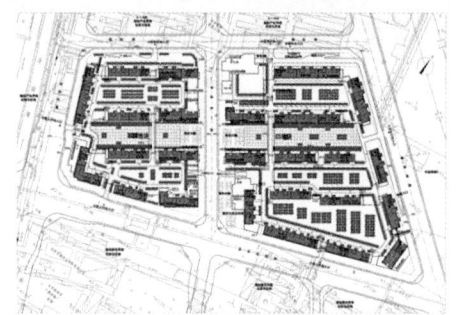

图6-111 整体规划结构与布局

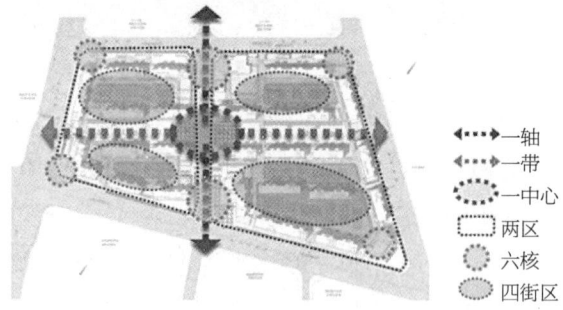

图6-112 四个街区基本单元

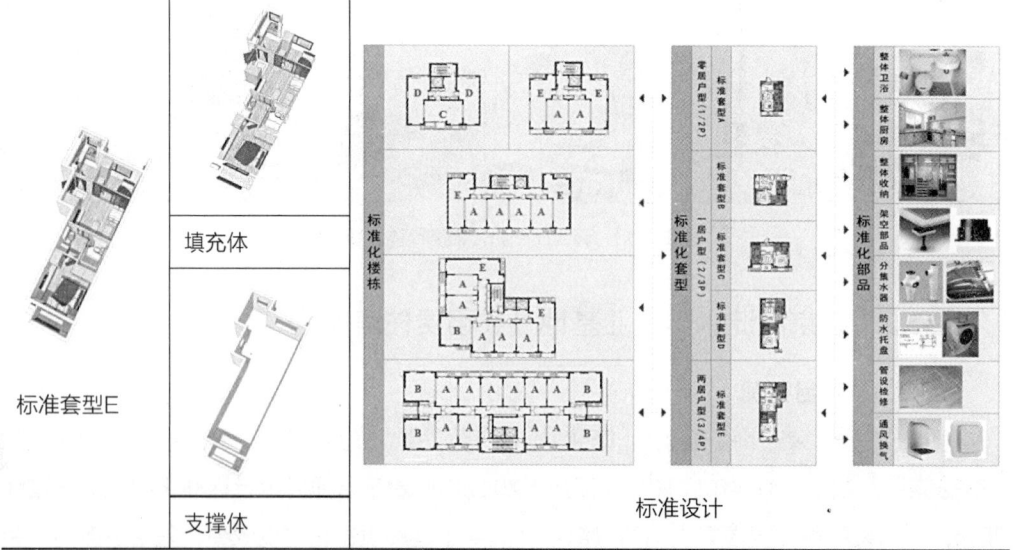

图6-113 项目工业化设计策略

本项目的规划结构概括为"一轴、一带、一中心"。项目规划布局则概括为"两区、六核、四街区"。街区基本单元——BLOCK：项目东西北三侧沿街布置11～12层高层住宅，营造完整城市界面的同时提升了住区对外形象；内部以9～11层住宅为主，空间尺度近人，院落感强。采用街区基本单元BLOCK进行院落式建筑布局，即"四街区"，每个街区西北方向围合感强，东南方向则较为开敞，在冬季利用建筑布局能很好地阻隔寒冷的北风，夏季则利于诱导凉风的进入，有利于住区冬季的保温和夏季通风，降低能耗。

6.4.2.2 装配式建筑技术应用情况

项目结合公共租赁住房大量快速建设的特点，对高品质居住环境的需求以及建造成本合理性等多方面结合考虑，通过有组织实施标准化设计的手段，建立完善工业化技术集成体系，分步骤落实工业化建造技术，实现提高建设质量与效率提升居住品质以及节约成本与资源的目标。

（1）主体内装分离体系

项目采用住宅主体与内装分离体系，将住宅的主体结构、内装部品和管线设备三者完全分离。通过在前期设计阶段建筑结构体系的整体设计，有效提升后期施工效率，有助于合理控制建设成本，保证施工质量与内装模数接口易连接，方便今后检查、更换和增设新的设备。

（2）集成化部品关键技术

项目实现了地面、隔墙与天花的分离式架空设计，采用了卫生间干区位置局部架空地板集成技术；局部轻钢龙骨吊顶集成技术；局部架空墙体集成技术；轻钢龙骨隔墙集成技术。

（3）模块化部品关键技术

项目采用模块化部品关键技术包括：整体厨房，整体卫浴，整体收纳。

（4）适老化部品集成技术解决方案

项目适老化部品集成技术解决方案通过整合现有适老化技术，在部品集成技术体系下全面提高居住性能。项目针对公共租赁住房，进行相应的适老化通用设计，运用适老化集成技术，配置适宜的适老化部品，形成整套系统化、完整的适老化技术解决方案。

（5）设备管线集成技术

项目通过架空层配线的方式安装排布管线设备，便于维护保养及检修，减少室内管井的数量，空间布置更加灵活。户内设备管线不垂直穿过楼板，免除了管线在纵穿楼板时产生的漏水和产权不清的困扰。采用的设备管线集成技术有：双层套管与集中接头给水系统集成技术；同层排水与集中接头排水系统集成技术；管道检修维护集成技术；烟气直排集成技术；负压式新风系统集成技术；洗衣机托盘集成技术。

（6）绿色居住区建设集成技术

本项目绿色居住区建设围绕前期规划、住区外环境、能源与资源综合利用、施工管理及绿色居住区塑造和管理展开，采用智能人脸识别、用能管控展示平台、环境监测发布系统、生活垃圾智能回收等特色集成技术，同时在综合雨洪管理、太阳能集热系统等传统技术上有所创新，形成海淀区新技术集中对外展示参观平台，打造北京市示范绿色居住区。

项目以街区式住宅为基本理念，在公共租赁住房中实现了可持续建设与居住的住区规划设计，并通过主体工业化与内装工业化为公共租赁住房全面推广装配式建筑做了很好的探索。

图6-114　项目整体透视图

Chapter 7 宣传篇

装配式建筑推进工作涉及面广，需要多方支持。通过多种形式深入宣传发展装配式建筑的经济社会效益，广泛宣传装配式建筑基本知识，有利于提高社会认知度，营造各方共同关注、支持装配式建筑发展的良好氛围，促进装配式建筑相关产业和市场的可持续发展。

7.1 装配式建筑重要会议会展

7.1.1 中央城市工作会议

2015年12月20日，时隔37年之后，中央城市工作会议在北京召开，奠定了未来我国城市建设和发展的思路。习近平总书记在会上发表重要讲话，分析城市发展面临的形势，明确做好城市工作的指导思想、总体思路、重点任务。李克强总理在讲话中论述了当前城市工作的重点，提出了做好城市工作的具体部署，并作总结讲话。

会议指出，我国城市发展已经进入新的发展时期。改革开放以来，我国经历了世界历史上规模最大、速度最快的城镇化进程，城市发展波澜壮阔，取得了举世瞩目的成就。城市发展带动了整个经济社会发展，城市建设成为现代化建设的重要引擎。城市是我国经济、政治、文化、社会等方面活动的中心，在党和国家工作全局中具有举足轻重的地位。我们要深刻认识城市在我国经济社会发展、民生改善中的重要作用。

会议强调，当前和今后一个时期，我国城市工作的指导思想是：全面贯彻党的十八大和十八届三中、四中、五中全会精神，以邓小平理论、"三个代表"重要思想、科学发展观为指导，贯彻创新、协调、绿色、开放、共享的发展理念，坚持以人为本、科学发展、改革创新、依法治市，转变城市发展方式，完善城市治理体系，提高城市治理能力，着力解决城市病等突出问题，不断提升城市环境质量、人民生活质量、城市竞争力，建设和谐宜居、富有活力、各具特色的现代化城市，提高新型城镇化水平，走出一条中国特色城市发展道路。

会议指出，城市工作是一个系统工程。做好城市工作，要顺应城市工作新形势、改革发展新要求、人民群众新期待，坚持以人民为中心的发展思想，坚持人民城市为人民。这是我们做好城市工作的出发点和落脚点。同时，要坚持集约发展，框定总量、限定容量、盘活存量、做优增量、提高质量，立足国情，尊重自然、顺应自然、保护自然，改善城市生态环境，在统筹上下功夫，在重点上求突破，着力提高城市发展持续性、宜居性。

关于装配式建筑发展，本次会议提出：我国建筑以混凝土结构为主，建造方式仍是现场砌浇筑、手工作业的传统模式，资源消耗大、建造成本高，又容易造成质量安全隐患。要大力推动建造方式创新，以推广装配式建筑为重点，通过标准化设计、工厂化生产、装配化施工、一体化装修、信息化管理、智能化应用，促进建筑产业转型升级。自此，我国装配式建筑迎来了千载难逢的发展良机，进入了全面发展期。

7.1.2 《关于大力发展装配式建筑的指导意见》政策解读

国务院常务会议决定，要大力发展装配式建筑，国务院办公厅也印发了《关于大力发展装配式建筑的指导意见》。为帮助大家更好地了解装配式建筑相关情况，2016年9月30日，国务院新闻办公室举行了国务院政策例行吹风会，住房城乡建设部总工程师陈宜明介绍大力发展装配式建筑有关情况，出席吹风会的还有住房和城乡建设部建筑节能与科技司司长苏蕴山。

图7-1　国务院政策例行吹风会（2016年9月30日）

陈宜明总工程师介绍了《关于大力发展装配式建筑的指导意见》的八项任务：一是健全标准规范体系；二是创新装配式建筑设计；三是优化部品部件生产；四是提升装配式施工水平；五是推进建筑全装修；六是推广绿色建材；七是推行工程总承包；八是确保工程质量安全。装配式建筑总体上讲，是建造方式的一种改革，更是落实党中央、国务院提出的推动供给侧结构性改革的一个重要举措。装配式建筑是指在工厂化生产的部品部件，在施工现场通过组装和连接而成的建筑。目前的建筑产品，基本上是以现浇为主，形式单一，可供选择的方式不多，一定会影响产品的建造速度、产品质量和使用功能。陈宜明总工程师还分析了装配式建筑的四个好处：第一，它节约了资源和能源；第二，它减少了污染；第三，它能够有效地提高劳动生产效率；第四，它对提高工程质量有积极作用。

在吹风会上,陈宜明总工程师就装配式建筑里面的木结构建筑作了详细介绍,并指出推广木结构建筑有两个基本条件:一是在条件适宜的地方;二是倡导发展木结构。同时现代木结构和传统的木结构建筑相比是有很大区别的,这个区别主要表现在三点上:第一,现在的木结构建筑不是简单地用原木,现代木结构是用工程木材,是经过现代的工业手段和先进技术,加工成适合于建筑用的梁、柱等部品部件。第二,木结构的连接方式发生了变化,传统的木结构是用榫卯等方式连接,现在增加了金属部件等多种连接方式。第三,现代木结构的材料回用的次数比较多,从国际上一些木结构技术比较发达的国家情况看,回用次数可以达到六次到七次。

进一步来说,发展装配式建筑可以促进信息化、工业化深度融合,把装配式建筑的发展和工业化、信息化能够在现有基础上进行更尽如人意的融合。另外,它也能够催生一些新的产业,使经济发展产生一些新的动能。特别是发展钢结构,对于化解当前过剩的钢产能也有一定的积极作用。

陈宜明总工程师还分析了在中国目前发展的装配式建筑过程当中遇到的问题,并表示从市场供需、企业能力、施工人员操作技能上,目前还都需要做大量工作。他指出在实际工作中,发展装配式建筑需要解决三个问题:一是要培育市场需求。现在的工程量很大,但是真正希望业主或者开发单位自己愿意主动采用装配式建筑这种方式来建造的意愿还不是很强烈;二是要保障市场的供给。用装配式方式来建造建筑,需要保证行业内部的生产、构配件的供应;三是现场的施工人员要掌握操作技能。这既是推动市场发展的必不可少的因素,也是保证装配式建筑工程质量的必要条件。

7.1.3 全国装配式建筑工作现场会(上海)

为贯彻落实中央城市工作会议精神,交流学习上海等地经验,全面推进装配式建筑发展,2016年11月19日,住房和城乡建设部在上海市召开了全国装配式建筑工作现场会。全国各省、自治区住房和城乡建设厅,直辖市建委,重点推进地区和城市政府分管负责人以及装配式建筑典型企业、专家学者代表共计300余人参加了大会。

图7-2 全国装配式建筑工作现场会(上海)

时任住房和城乡建设部党组书记、部长陈政高在会上指出，装配式建筑是建造方式的重大变革，要充分认识发展装配式建筑的重大意义：一是贯彻绿色发展理念的需要；二是实现建筑现代化的需要；三是保证工程质量的需要。四是缩短建设周期的需要；五是可以催生新的产业和相关的服务业。要充分运用当前具备很好的基础和有利条件，深刻认识上海等地发展装配式建筑经验的实质。他强调，现在发展装配式建筑，具备很好的基础和三个有利条件：一是我们有以习近平同志为核心的党中央坚强领导，有集中力量办成大事的制度优势；二是我们可以吸收、消化、利用国外的成功经验；三是一些地区、一些企业、一些设计单位已经先行先试，积累了经验。他还指出，要充分运用当前具备很好的基础和有利条件，深刻认识上海等地发展装配式建筑经验的实质：一是必须有世界的眼光，要深刻认识到发展装配式建筑对提高城市现代化建设水平、促进经济社会发展的重大意义。二是必须有决心和气魄，这是发展装配式建筑的关键。三是必须统筹谋划系统推进，这是装配式建筑发展的重要保障。四是市领导亲力亲为，这是上海经验之根本。

陈政高部长在会上要求，下一步要重点抓好七项工作，努力实现装配式建筑发展的新突破。一是全面落实装配式建筑发展目标和重点任务。用10年左右的时间，使装配式建筑占新建建筑面积的比例达到30%。二是全面形成装配式建筑技术标准。要加快形成一整套装配式建筑的标准体系，加快制定装配式混凝土结构、钢结构、现代木结构三大结构体系的技术规程。三是加大基础产业建设力度。各地要结合本地实际和周边区域发展情况，加快培育能够集设计、生产、施工于一体的龙头企业和产业链重点企业。四是要建设新型的职工队伍。装配式建筑从设计、生产到施工组装，对过去的建造方式是根本性的改变，要从设计开始，从工厂生产抓起，从现场组装抓起，打造新型的队伍。五是进一步加大政策支持力度。各地要落实好装配式建筑部品部件生产企业相关优惠政策。鼓励各地在财政、金融、税收、规划、土地等方面出台支持政策和措施，引导和支持社会资本投入装配式建筑。六是推动建筑业管理体制机制创新。要适应装配式建筑的发展，在勘察设计、部品部件生产、工程造价、招标投标、施工组织、质量监管等方面推进管理制度改革。大力推行工程总承包，实现工程设计、部品部件生产、施工及采购的统一管理和深度融合。七是住房和城乡建设部门在发展装配式建筑中要有所作为。发展装配式建筑责任重大，各级住房和城乡建设部门要牢固树立政治意识、大局意识、核心意识、看齐意识，雷厉风行，坚韧不拔，把改写建筑历史、影响建筑历史的装配式建筑抓起来、抓到底，向党中央、国务院和全国人民交出一份满意的答卷。

本次大会上，上海市、天津市、重庆市、河北省、吉林省、江苏省、浙江省、安徽省、山东省、河南省、湖北省、广东省、四川省、沈阳市等省市与会人员就本地区装配式建筑的发展情况进行了汇报和经验的交流。在现场观摩活动中，与会代表实地考察了上海青浦PC智能制造基地以及爱多邦住宅小区,调研了项目实践中所应用的高自动化、柔性化智能生产,多种结构体系应用,精装修集成化,BIM信息化管理等技术。

7.1.4 全国装配式建筑工作座谈会(长沙)

为贯彻落实中央城市工作会议精神、交流学习先进经验、全面推进装配式建筑发展,住房和城乡建设部部于2017年3月28日在长沙组织召开了全国装配式建筑工作座谈会。陈宜明总工程师出席会议并发表重要讲话,湖南省张剑飞副省长出席会议并致辞。全国各省(自治区、直辖市)住房城乡建设部门装配式建筑工作主管同志和装配式建筑处室负责人,重点推进地区和积极推进地区部分城市有关代表,及相关企业负责人和专家150余人出席会议,共同研讨装配式建筑发展技术,交流各地装配式建筑发展情况,部署推进装配式建筑工作。

图7-3 全国装配式建筑工作座谈会(长沙)

张剑飞副省长表示,发展装配式建筑有多重好处,有利于节约资源和能源、减少污染、提高劳动生产效率、改善市民居住环境。湖南把装配式建筑列入"十三五"期间全省重点扶持的十大新兴产业之一,省委、省政府主要领导多次现场调研,出台一系列文件,明确装配式建筑的工作机构、发展目标,以及生产基地奖励、建筑容积率奖励、报建费用减免、金融贷款优惠、消费者购房补助、招投标程序优化等政策措施,并奖励6大国家级住宅产业化基地各1000万。他强调,应以此次会议为契机,将湖南装配式建筑优秀经验、先进技术进一步推广。

湖南省住房和城乡建设厅党组书记、副厅长鹿山介绍了湖南省装配式建筑工作经验。截至2016年底,湖南省装配式建筑全产业链骨干企业发展到10家,配套企业20余家,建成省级住宅产业化生产基地达15个,年产能达到2159万平方米,累计实施装配式建筑项目1750万平方米。现有国家住宅产业化综合试点城市1个(长沙市),国家级住宅产业化基地(装配式建筑产业基地)6家,分别是远大住工、三一集团、中民筑友、金海钢构、沙坪建筑和东方红建设集团。

陈宜明总工用"发展思路清晰、顶层设计合理、政策措施到位、企业支撑有力、工作成效明显"高度评价湖南省装配式建筑工作。他指出，要借鉴湖南经验、湖南思路全方位推动装配式建筑发展。苏蕴山司长希望大家在下一步推进装配式建筑工作中很好地吃透《"十三五"装配式建筑行动方案》，尽快编制出台各地规划和相关文件。苏司长指出，各地应严把工程质量关，抓好项目落地、技术统计和评估，做好装配式建筑评价标准的宣贯；2017年是装配式建筑发展的关键一年，行业上要凝聚力量，共同推进装配式建筑健康发展。

韩爱兴副司长对正在征求意见的《装配式建筑评价标准》进行了解读，介绍标准编制背景、编制过程及适用范围、原则、特点等，对标准的主要内容以案例的形式进行介绍。会议还邀请了装配式混凝土结构、装配式钢结构、装配式木结构建筑领域的权威专家做技术体系和未来发展趋势的专题演讲，同时还邀请了具有代表性的三家企业做了专项技术交流，从整体到细节全面分享了发展装配式建筑的路径和实施方法。

中国建筑股份有限公司副总工程师、中建科技集团有限公司叶浩文董事长以《装配式建筑三个一体化建造方式》为题，分析了政策发展走势和行业发展现状，从顶层设计角度指出：发展装配式建筑，要遵循系统性装配、工业化生产和产业化发展的规律，大力推行"结构、机电、装修一体化，设计、生产、装配一体化，技术、管理、市场一体化"的建造方式。他强调，全行业应切实找准发展装配式建筑的发展路径和实施方法，围绕"科技引领、设计支撑、精益加工、集成装配、品质保障、三个一体化建造方式"，凝聚发展共识，抓住发展机遇，全面提升产业化发展能力，共同迎来装配式建筑的黄金时代。

中国钢结构协会岳清瑞会长围绕《发展装配式钢结构建筑的几点思考》发表了演讲，分别从装配式钢结构建筑体系及其优势，装配式钢结构建筑现状和问题，以及发展装配式钢结构建筑的对策等三个方面对我国装配式钢结构的发展进行分析与交流。

南京工业大学副校长、现代木结构建筑研究所刘伟庆教授以《木结构建筑技术体系》为题，对现代木结构的特点及意义进行了分析，对现代结构木材及其加工工艺进行了探讨，对现代木结构建筑结构体系进行了总结，对现代木结构的连接、耐久性及防火进行了研究，同时还对发展现代木结构需要注意的问题进行了点评，最后系统的介绍了南京工业大学在木结构建筑领域进行的工作及取得的成果。

湖南东方红建设集团以企业自身的发展脉络为例，对全力推进装配式建筑产业发展进行了深度的分析，为装配式建筑行业与相关企业的转型升级提供了参考与启发。

北京建谊集团以装配式钢结构产业化的实施经验为主题，对当前我国发展该技术的机遇与现状进行介绍及分析，对其实施目标、发展路径进行了阐述，最后对装配式钢结构推进产业化发展过程所使用或需要的技术体系与机制进行了分析与讨论。

苏州昆仑绿建公司是专门从事装配式木结构建筑建造的企业,分别从装配式木结构设计与施工两个方面对其在木结构建筑领域的创新及成果进行了分享与交流。首先,介绍了BIM技术在装配式木结构全过程中的应用成果,其次,介绍了装配式木结构单元、部件方面的技术与成果,并对其在装配式木结构加工、吊装等现场方面的经验与创新进行了分享,最后,总结了其所做的代表性工程案例。从企业实践角度对装配式木结构建筑的发展提供了参考。

最后,陈宜明总工程师肯定了各专家及单位的实践经验与研究成果,肯定了大会取得的成效并对下一步装配式建筑行业的发展提出要求。参会代表实地考察和参观了西雅韵小区、尖山印象保障房、远大住工PC工厂、中民筑友科技园等项目。

7.1.5 中国国际住宅产业暨建筑工业化产品与设备博览会

中国国际住宅产业暨建筑工业化产品与设备博览会(简称"中国住博会")自1995年创办以来,已成功举办了十五届。创办20余年来,中国住博会见证了我国装配式建筑的发展历程,已成为引领行业发展的风向标,宣传装配式建筑最新技术与产品的大展台,全行业技术交流的大平台,企业开拓新市场的大舞台,是国内装配式建筑方面最具影响力的专业展会,赢得了业内和社会各界的高度认可和广泛参与,是国内装配式建筑领域极具影响力的年度盛会。

经商务部批准,由住房和城乡建设部支持,住房和城乡建设部科技与产业化发展中心(住宅产业化促进中心)、中国房地产业协会和中国建筑文化中心共同主办的第十五届中国国际住宅产业暨建筑工业化产品与设备博览会(以下简称中国住博会)于2016年10月13—15日在北京中国国际展览中心(新馆)隆重举行。

图7-4 第十五届中国国际住宅产业暨建筑工业化产品与设备博览会

本届住博会以"发展装配式建筑,建设绿色宜居家园"为主题,共推出中国明日之家主题示范、装配式建筑--预制混凝土结构、钢结构、木结构、机械设备、装配化装修、国家住宅产业化基地、被动房住宅配套产品、国际住宅技术与部品、绿色建材部品、装配式建筑省市发展成就等11个主题展区,从不同角度宣传推广我国装配式建筑发展。通过中国住博会,有效的引领政府、企业、消费者认识装配式建筑和建筑产业化,更多地了解和投身装配式建筑和建筑产业化。本届住博会主要有以下八个亮点:

一是展会规模和参观人数较去年又有稳步增长。本届中国住博会展示面积约3.3万m²,汇集了400余家企业参展,展位近1100个,其中境外展商占比22%。3天展期共吸引了近5万余人到会参观,其中专业观众近85%,境外专业观众近1000人。住房城乡建设部陈宜明总工程师出席了本届住博会的开幕见面会并参观了展览,听取了有关展会情况及参展城市和企业的经验、技术、产品的介绍;参加开幕见面会的嘉宾还有住房和城乡建设部有关司局领导、企业协会领导和专家以及各地政府部门和建设部门领导。来自天津、山东、江苏、浙江、河南、吉林、四川、安徽、广东、辽宁、甘肃、陕西、新疆等27个省、自治区、直辖市住房城乡建设主管部门领导以及龙头企业的相关负责参观展会。重庆、河北、山东、浙江、内蒙古、深圳、沈阳等许多省市都组团参观展会。中国住博会受到各界广泛关注,取得良好的展示和宣传效果。

二是全方位展示了部分省市发展装配式建筑的举措和成效。北京、上海、河北、深圳、沈阳、济南、海门、常州市武进区等省市组团参展,充分展示了各地政府对于发展装配式建筑的引领作用,同时也展示出了这些省市在装配式建筑方面的规模化推进态势和良好的发展机制。展会为各级建设行政主管部门领导和同志创造在短期内全面了解装配式建筑和建筑产业化发展的调研机会,让相关单位、企业和消费者了解我国装配式建筑发展的整体情况和发展成果。

三是汇聚了装配式建筑技术和产品的龙头企业。本届中国住博会汇集了从研究开发、规划设计、开发建设、施工安装、设备生产的全产业链的知名品牌和企业。包括北京住总、中建科技、天津住宅、远大住工、龙信集团等致力于全面推进装配式建筑的龙头企业。包括中国建筑标准设计院、清华大学建筑设计研究院等科研院所。包括三一筑工、河北新大地、海天机电、鞍重股份等装配式机械设备制造企业。包括南京工业大学、正丰品工程木产用合作社、健木宝、加拿大木业协会、大树木业、绿能等木结构企业。杭萧钢构、东南网架等钢结构企业。包括东易日盛、和能人居、万邦装饰等装配化装修企业。包括建谊、益埃毕、海康威视、山东联防等信息化企业。还包括苏州科逸、华南建材等装配式建筑部品企业。这些企业展示了自身发展历程、宣传最新研发和生产的低碳节能和绿色环保的技术与产品,全面展现了我国装配式建筑相关行业在探索推进装配式建筑、促进住宅建造方式转变升级方面的成就，起到了良好的示范和引导作用。

四是有效促进国内外装配式建筑的交流与合作。在本届中国住博会上住房和城乡建设部科技与产业化发展中心分别与厦门市建设局、北京新航城控股有限公司签署战略合作协议，与株洲国投文旅产业发展有限公司签署了株洲市创业广场项目被动房技术服务协议。北京住总集团住宅科技公司在展会现场与北京广安控股股份有限公司、北京北汽恒盛置业有限公司等四家企业达成了产业化部品制造供应及异型景观的初步合作意向。德国能源署和部科技与产业化发展中心向秦皇岛北戴河"团林实验学校改扩建工程"、江苏南通三建研发心、威海市中小学综合实践教育中心二号主题教育馆、大连博朗地产金维度1#楼和24#楼，颁发"中德被动式低能耗项目质量标识"。加拿大安大略省和德国能源署等国家和国际组织也都组团参展、参会。

住博会上，住房和城乡建设部科技与产业化发展中心和中国建筑文化中心组织了现场互动交流、现场互动体验，通过VR全景装配式建筑体验、3D创意打印、海绵城市息壤模块渗透演示等活动，让观众现场亲身感受装配式建筑相关新技术发展。这些活动，丰富了中国住博会的内容，也使中国住博会的平台得到了延伸。

五是通过明日之家主题示范探索了未来住房发展趋势。"中国明日之家2016"主题示范展示内容包括装配式集成技术样板房、被动式低能耗样板房、中国百年住宅、内装工业化集成技术样板房、钢结构（钢管束体系）住宅样板房、装配化装修样板房、木结构被动式超低能耗样板房、智慧型装配式建筑样板房、CLT装配式木结构样板房9套示范性装配式建筑样板房，1套BIM技术应用样板的搭建工作，展示套型总面积791m^2。迈瑞司、大连博朗、标准院、三一筑工、科逸、杭萧钢构、南通三建等企业参建。展示了在钢结构、木结构等不同结构形态下运用工业化建造方式、产业化装修模式以及新型信息化技术营造出的现代住宅。

通过明日之家样板房屋集成绿色低碳产品与技术，提供低碳节能住宅成套解决方案，全面诠释面向未来的住宅发展趋势。全面展示我国住宅产业发展成果的窗口。宣传推广装配式建筑、低碳节能和绿色环保的技术与产品。

六是系列会议探讨未来中国装配式建筑发展方向和途径。本届展会期间，同步举办了与2016全国装配式建筑交流大会、工作座谈会、系统讲解会、作品展示会等13场系列会议。通过组织各类专业会议和活动，吸引了大量的专业观众。由住房和城乡建设部科技与产业化发展中心举办的"2016全国装配式建筑交流大会"受到了广泛关注，住房和城乡建设部总工程师陈宜明、住房和城乡建设部建筑节能与科技司司长苏蕴山、深圳市人民政府副秘书长王刚、北京市住房和城乡建设委员会副主任冯可梁等领导，和著名经济学家/国家发展和改革委员会宏观经济研究院教授常修泽、中国工程院院士/全国工程勘察设计大师崔恺等知名专家代表共聚一堂，共同就我国装配式建筑的发展建言献策。各地建设行政主管部门、有关开发、科研、设计、施工、建材部品生产企业等近500人参加了交流大会。

七是展示形式新颖，宣传效果突出。国内外相关企业积极参展，展示企业的新技术和新产品，同时通过展会提升企业的知名度，树立品牌、开拓市场。其中，有连续12年参展的深圳展团，有多年参展的力诺瑞特、苏州科逸等基地企业，也有首次亮相住博会的鞍重股份、和能人居、西子电梯等企业，中国住博会为符合装配式建筑发展相关单位和企业提供了展示实力、树立品牌的平台，开拓新市场的大舞台，为国内外相关技术和产品供应商提供了开拓市场的良机。

相关企业也是充分利用住博会这一宣传推广平台，通过不同创新方式提升宣传效果。本次展会的一大亮点，装配式智能化集成技术已成为各展商重点展示和推广的新技术。如三一筑工的机器人接待员和3D打印、北京建谊的VR技术的虚拟现实体验、富思特的3D建筑换肤演示等，企业通过多种方式提升知名度，活跃现场气氛，为现场观众带来一场整合建筑工业化新理念、新视角、新体验的技术展示盛宴。

八是媒体的宣传报道发挥了较好的引导、推介作用。本届住博会着重加大了新闻媒体宣传力度，通过报刊、网络等多种媒体形式对住博会展前、展中和展后的进展动态进行全方位追踪报道。住博会前联系邀请了近90家新闻媒体，与记者们沟通相关宣传报道工作。住博会期间，中央电视台、北京电视台、中央人民广播电台都对开幕式现场进行了采访报道，中国建设报、中华建筑报、北京晚报、北京青年报、京华时报、信报等数十家报纸、杂志、网站通过相关新闻、通栏广告、专栏等方式进行信息投放。《建设科技》和《住宅产业》杂志用专题篇幅对住博会做了报道。

中国住博会已成功举办了十五届，国家住宅产业现代化综合试点（示范）城市、国家住宅产业化基地企业及其他城市和企业参展积极性不断增强，装配式建筑专业会议和交流活动不断丰富，专业参观团体和专业人员人数明显提升，"中国明日之家"主题示范展日益得到社会各界及业内的广泛好评，中国住博会已成为"关注住宅前沿，透析未来发展"的风向标和展示平台，展览宗旨和品牌也被社会广泛认可，展会对推动我国住宅建设和装配式建筑、建筑工业化发展，发挥日益重要的作用。

7.2 装配式建筑相关书籍

装配式建筑推进工作涉及面广，需要多方支持，为发展装配式建筑营造良好的社会氛围，有助于装配式建筑的全面推行。国内相关科研机构、高等院校和部分企业积极探索，对装配式建筑各方面进行研究，并将相关成果汇总成书。

部分已出版的装配式建筑相关图书　　　　表7-1

序号	书名	作者
1	装配式建筑标准汇编	中国建筑工业出版社
2	大力推广装配式建筑必读——技术·标准·成本与效益	住房和城乡建设部住宅产业化促进中心
3	大力推广装配式建筑必读——制度·政策·国内外发展	住房和城乡建设部住宅产业化促进中心
4	装配式混凝土结构技术体系和工程案例汇编	文林峰 主编，住房和城乡建设部科技与产业化发展中心（住房和城乡建设部住宅产业化促进中心）
5	装配整体式混凝土结构技术导则	住房和城乡建设部住宅产业化促进中心
6	保障性住房产业化成套技术集成指南	住房和城乡建设部住宅产业化促进中心
7	保障性住房厨房标准化设计和部品体系集成	住房和城乡建设部住宅产业化促进中心
8	保障性住房卫生间标准化设计和部品体系集成	住房和城乡建设部住宅产业化促进中心
9	公共租赁住房产业化实践——标准化套型设计和全装修指南	住房和城乡建设部住宅产业化促进中心
10	保障性住房套型精设计及全装修指南	住房和城乡建设部住宅产业化促进中心，博洛尼精装研究院
11	上海市建筑工业化实践案例汇编	上海市住房和城乡建设管理委员会、华东建筑集团股份有限公司
12	SI住宅与住房建设模式——体系·技术·图解	刘东卫等
13	公共租赁住房居室工业化建造体系理论与实践	李桦、宋兵
14	装配式混凝土住宅工程施工手册	侯君伟
15	装配式剪力墙结构竖向齿槽接缝计算与设计	宋国华
16	装配式混凝土结构设计与工艺深化设计从入门到精通	庄伟、匡亚川、廖平平
17	装配式剪力墙结构深化设计、构件制作与施工安装技术指南	刘海成
18	东北严寒地区林区绿色村镇木结构装配式住宅定型化设计图集	付本臣
19	装配式混凝土结构施工	周文波
20	装配式混凝土结构	崔瑶、范新海
21	深圳市装配式建筑工程消耗量定额（2016）	深圳市建设工程造价管理站
22	装配式钢结构建筑技术研究及应用	中国建筑金属结构协会钢结构专家委员会

其中，住房和城乡建设部科技与产业化发展中心（住宅产业化促进中心）编著的装配式建筑系列专题丛书包括《大力推广装配式建筑必读——制度·政策·国内外发展》《大力推广装配式建筑必读——技术·标准·成本与效益》两个分册，系统地对装配式发展现状展开了梳理分析。该丛书旨在为加快推进我国装配式建筑的规模化发展提供有益的参考和借鉴，加快提升装配式建筑的产业化与规模化发展；更好地指导各地建设主管部门推动装配式建筑发展，创新政策机制和监管模式；帮助装配式建筑全产业链企业，包括科研、咨询、设计、生产、施工、装修等单位，尽快了解并掌握装配式建筑技术规范，提高装配式建筑的组织效率、生产质量和产品性能。

而各地在推进装配式建筑发展过程中，普遍反映对装配式建筑技术体系和相关标准把握不够准确，理解不够深入，特别是缺乏一些实例性的工程案例作为参考。在此背景下，住房和城乡建设部科技与产业化发展中心（住宅产业化促进中心）在总结之前装配式建筑技术研究成果的基础上，组织行业权威专家和相关企业编写了《装配式混凝土结构技术体系和工程案例汇编》。该书在系统梳理装配式混凝土结构技术体系的基础上，在全国范围内分类选择了12个具有代表性的装配式混凝土建筑工程案例。这些案例涵盖了南北方不同气候区域、不同地震烈度设防地区、不同建筑类型和结构体系，重点从装配式建筑技术应用、构件生产和安装技术、效益分析等方面介绍了案例工程的特点和实施情况。其最大亮点是邀请业内专家系统总结了各类装配式混凝土建筑结构技术要点，并对入选的工程案例逐个进行专家点评，提出可资借鉴的经验和适用范围，指出需要进一步完善的主要问题，为各地选用不同类型的技术体系，加快推进装配式建筑发展提供参考和借鉴。

图7-5 部分装配式建筑专业书籍

前景展望 Chapter 8

展望未来，推进装配式建筑任重而道远。面对新形势下的机遇与挑战，需要全行业脚踏实地，按照党中央国务院的工作部署，努力在技术体系上取得新成果、在创新管理模式上取得新跨越、在企业能力建设上取得新发展、在政府体制机制上取得新突破，最终建立起中国特色的装配式建筑先进的技术体系、现代的产业体系和高效的管理体系，推动实现建筑产业现代化。具体来讲，未来装配式建筑发展将呈现出以下9个方面的发展趋势。

8.1 政府支持和市场驱动力度不断加大

随着装配式建筑顶层制度设计逐步完善，各地政策细则也将陆续出台，特别是将在财政、金融、税收、规划、土地等方面出台支持政策和措施，引导和支持社会资本投入装配式建筑，装配式建筑的支持力度将进一步加大。通过正向激励政策，特别是以项目引导为手段，将装配式建筑工作细化为具体的工程项目清单，政府对需求侧的支持力度将逐步加强。另一方面，通过实施倒逼机制，将装配式建筑的社会环境效益转化为市场竞争力，推动装配式建筑发展的内在驱动力将不断增强。

8.2 装配式建筑标准规范体系趋于完善

随着装配式混凝土建筑、钢结构建筑、现代木结构建筑三大结构体系技术标准的宣贯以及《装配式建筑评价标准》的出台，国家层面的装配式建筑标准规范体系框架已经形成。通过鼓励地方、行业协会和企业围绕装配式建筑相配套标准图集、工法、手册、指南等编制地方标准、团体标准和专用标准，并将其中成熟稳定的将及时上升为国家标准或行业标准，未来覆盖设计、生产、施工和使用维护全过程的装配式建筑标准规范体系将趋于完善。

8.3 科学积极稳妥的技术路线逐步形成

各地在下一步推进工作中将秉承遵循稳中求进的工作原则，按照先晚后难、循序渐进的思路形成逐步科学、积极、稳妥的技术发展路线。如先应用叠合板、楼梯、阳台板等技术难度较小的水平构件，积累必要的生产、施工和管理经验；具备条件后，再使用外墙挂板、内隔墙等竖向构件非承重构件，不断提升全产业链能力，打造产生工人队伍；待技术和管理水平成熟后，开展竖向承重构件的应用工作。

同时，鼓励产业和技术，产品集成，提高装配化水平，建设高等级示范项目。无论是哪种技术路线都将进一步重视与绿色建筑和绿色技术的结合，为推进住房城乡建设领域绿色发展做出更大贡献。通过建立装配式建筑技术体系和关键技术、配套部品部件评估机制，将梳理出一系列先进成熟可靠的新技术、新产品、新工艺，特别是将在充分论证的基础上发布装配率较高的多高层装配式混凝土建筑的技术体系和施工工艺工法；钢结构建筑的围护体系、材料性能、连接工艺；中高层木结构建筑技术体系等装配式建筑技术和产品公告。对于技术还不成熟的体系，将鼓励科研机构加快研发论证。通过不断研究装配式建筑成套技术和关键技术，将为装配式建筑发展提供持续性的支撑和引领。

8.4 装配式建筑设计施工水平全面提升

通过培育发展装配式建筑的专业化设计和咨询队伍，充分发挥设计对装配式建筑的统筹作用。特别是加强前期技术策划阶段的分析研究工作，推广通用化、模数化、标准化设计方式，促进建筑、结构、机电专业间的协调配合。通过建立适合建筑信息模型（BIM）技术应用的装配式建筑工程管理模式，推进BIM技术在装配式建筑规划、勘察、设计、生产、施工、装修、运行维护全过程的集成应用，形成各参与主体协同的合作机制，将全面提升装配式建筑设计水平。

8.5 装配式建筑产业配套能力不断增强

通过统筹发展装配式建筑设计、生产、施工及设备制造、运输、装修和运行维护等全产业链，各地将不断增强产业配套能力。依托国家重点研发计划，建立装配式建筑部品部件库以及装配式混凝土建筑、钢结构建筑、木结构建筑、装配化装修的标准化部品部件目录，将大大促进部品部件社会化生产。

通过完善装配式建筑施工工艺和工法，研发与装配式建筑相适应的生产设备、施工设备、机具和配套产品，提高装配施工、安全防护、质量检验、组织管理的能力和水平，将提升部品部件的施工质量和整体安全性能。通过培育一批设计、生产、施工一体化的装配式建筑骨干企业，发挥装配式建筑产业技术创新联盟的作用，将大大加强产学研用等各种市场主体的协同创新能力，不断增强产业配套能力。

8.6 工程总承包模式综合优势更加突出

随着工程总承包模式在装配式建筑项目中的应用，现行工程建设管理制度和模式也将加快改革，装配式建筑项目报建、审批、房屋预售、工程验收、竣工备案等环节的制度建设将逐步完善。消除制度障碍后，工程总承包模式在降低装配式建筑工程综合造价、提高工程质量和效益等方面的优势将得到充分发挥，从而进一步提升装配式建造方式的市场竞争力。

8.7 建筑全装修的社会认可度不断提高

随着政府对建筑全装修的重视，政策引导力度将进一步加大。通过推行装配式建筑全装修与主体结构、机电设备一体化设计和协同施工，提供大空间灵活分隔及不同档次和风格的菜单式装修方案，完善《住宅质量保证书》和《住宅使用说明书》文本关于装修的相关内容，倡导实施装配化装修，未来将为消费者提供质量好、性能优、满足个性化需求的全装修产品，其社会认可度也将随之不断提高。

8.8 工程质量安全监管水平进一步提升

通过建立健全验收标准、加强施工过程关键节点质量监管、建立全寿命期质量追溯制度、严格落实各方主体质量安全责任，将逐步建立起适用于装配式建筑的工程质量安全监管体系，实现政府监管、行业自律、市场机制三位一体的模式创新。同时，随着装配式建筑工程质量安全监管人员业务培训的深入开展，装配式建筑的质量安全监管能力将明显提升。

8.9 人才和产业队伍紧缺问题逐步解决

通过大力培养装配式建筑设计、生产、施工、管理等专业人才，目前行业面临的人才和产业队伍紧缺问题将逐步得到解决。随着各地加快培养技术和管理人才，装配式建筑将涌现出一批行业管理人才、企业领军人才、专业技术人员、经营管理人员和产业工人队伍。部分装配式建筑相关企业将陆续开展装配式建筑工人技能评价，着力培养自有专业人才队伍，促进建筑业农民工转化为技术工人。一些建筑劳务企业将转型创新发展，建设出一批专业化的装配式建筑技术工人队伍。相关的院校、骨干企业、职业培训机构和公共实训基地将设置装配式建筑相关课程，建立起若干装配式建筑人才教育培训基地，形成有利于装配式建筑人才培养和发展的长效机制。

附录 Chapter

1. 《国务院办公厅关于大力发展装配式建筑的指导意见》
（国办发〔2016〕71号文）

国务院办公厅关于大力发展装配式建筑的指导意见

国办发〔2016〕71号

各省、自治区、直辖市人民政府，国务院各部委、各直属机构：

装配式建筑是用预制部品部件在工地装配而成的建筑。发展装配式建筑是建造方式的重大变革，是推进供给侧结构性改革和新型城镇化发展的重要举措，有利于节约资源能源、减少施工污染、提升劳动生产效率和质量安全水平，有利于促进建筑业与信息化工业化深度融合、培育新产业新动能、推动化解过剩产能。近年来，我国积极探索发展装配式建筑，但建造方式大多仍以现场浇筑为主，装配式建筑比例和规模化程度较低，与发展绿色建筑的有关要求以及先进建造方式相比还有很大差距。为贯彻落实《中共中央 国务院关于进一步加强城市规划建设管理工作的若干意见》和《政府工作报告》部署，大力发展装配式建筑，经国务院同意，现提出以下意见。

一、总体要求

（一）指导思想。全面贯彻党的十八大和十八届三中、四中、五中全会以及中央城镇化工作会议、中央城市工作会议精神，认真落实党中央、国务院决策部署，按照"五位一体"总体布局和"四个全面"战略布局，牢固树立和贯彻落实创新、协调、绿色、开放、共享的发展理念，按照适用、经济、安全、绿色、美观的要求，推动建造方式创新，大力发展装配式混凝土建筑和钢结构建筑，在具备条件的地方倡导发展现代木结构建筑，不断提高装配式建筑在新建建筑中的比例。坚持标准化设计、工厂化生产、装配化施工、一体化装修、信息化管理、智能化应用，提高技术水平和工程质量，促进建筑产业转型升级。

（二）基本原则。

坚持市场主导、政府推动。适应市场需求，充分发挥市场在资源配置中的决定性作用，更好发挥政府规划引导和政策支持作用，形成有利的体制机制和市场环境，促进市场主体积极参与、协同配合，有序发展装配式建筑。

坚持分区推进、逐步推广。根据不同地区的经济社会发展状况和产业技术条件，划分重点推进地区、积极推进地区和鼓励推进地区，因地制宜、循序渐进，以点带面、试点先行，及时总结经验，形成局部带动整体的工作格局。

坚持顶层设计、协调发展。把协同推进标准、设计、生产、施工、使用维护等作为发展装配式建筑的有效抓手，推动各个环节有机结合，以建造方式变革促进工程建设全过程提质增效，带动建筑业整体水平的提升。

（三）工作目标。以京津冀、长三角、珠三角三大城市群为重点推进地区，常住人口超过300万的其他城市为积极推进地区，其余城市为鼓励推进地区，因地制宜发展装配式混凝土结构、钢结构和现代木结构等装配式建筑。力争用10年左右的时间，使装配式建筑占新建建筑面积的比例达到30%。同时，逐步完善法律法规、技术标准和监管体系，推动形成一批设计、施工、部品部件规模化生产企业，具有现代装配建造水平的工程总承包企业以及与之相适应的专业化技能队伍。

二、重点任务

（四）健全标准规范体系。加快编制装配式建筑国家标准、行业标准和地方标准，支持企业编制标准、加强技术创新，鼓励社会组织编制团体标准，促进关键技术和成套技术研究成果转化为标准规范。强化建筑材料标准、部品部件标准、工程标准之间的衔接。制修订装配式建筑工程定额等计价依据。完善装配式建筑防火抗震防灾标准。研究建立装配式建筑评价标准和方法。逐步建立完善覆盖设计、生产、施工和使用维护全过程的装配式建筑标准规范体系。

（五）创新装配式建筑设计。统筹建筑结构、机电设备、部品部件、装配施工、装饰装修，推行装配式建筑一体化集成设计。推广通用化、模数化、标准化设计方式，积极应用建筑信息模型技术，提高建筑领域各专业协同设计能力，加强对装配式建筑建设全过程的指导和服务。鼓励设计单位与科研院所、高校等联合开发装配式建筑设计技术和通用设计软件。

（六）优化部品部件生产。引导建筑行业部品部件生产企业合理布局，提高产业聚集度，培育一批技术先进、专业配套、管理规范的骨干企业和生产基地。支持部品部件生产企业完善产品品种和规格，促进专业化、标准化、规模化、信息化生产，优化物流管理，合理组织配送。积极引导设备制造企业研发部品部件生产装备机具，提高自动化和柔性加工技术水平。建立部品部件质量验收机制,确保产品质量。

（七）提升装配施工水平。引导企业研发应用与装配式施工相适应的技术、设备和机具,提高部品部件的装配施工连接质量和建筑安全性能。鼓励企业创新施工组织方式,推行绿色施工,应用结构工程与分部分项工程协同施工新模式。支持施工企业总结编制施工工法,提高装配施工技能,实现技术工艺、组织管理、技能队伍的转变,打造一批具有较高装配施工技术水平的骨干企业。

（八）推进建筑全装修。实行装配式建筑装饰装修与主体结构、机电设备协同施工。积极推广标准化、集成化、模块化的装修模式,促进整体厨卫、轻质隔墙等材料、产品和设备管线集成化技术的应用,提高装配化装修水平。倡导菜单式全装修,满足消费者个性化需求。

（九）推广绿色建材。提高绿色建材在装配式建筑中的应用比例。开发应用品质优良、节能环保、功能良好的新型建筑材料,并加快推进绿色建材评价。鼓励装饰与保温隔热材料一体化应用。推广应用高性能节能门窗。强制淘汰不符合节能环保要求、质量性能差的建筑材料,确保安全、绿色、环保。

（十）推行工程总承包。装配式建筑原则上应采用工程总承包模式,可按照技术复杂类工程项目招投标。工程总承包企业要对工程质量、安全、进度、造价负总责。要健全与装配式建筑总承包相适应的发包承包、施工许可、分包管理、工程造价、质量安全监管、竣工验收等制度,实现工程设计、部品部件生产、施工及采购的统一管理和深度融合,优化项目管理方式。鼓励建立装配式建筑产业技术创新联盟,加大研发投入,增强创新能力。支持大型设计、施工和部品部件生产企业通过调整组织架构、健全管理体系,向具有工程管理、设计、施工、生产、采购能力的工程总承包企业转型。

（十一）确保工程质量安全。完善装配式建筑工程质量安全管理制度,健全质量安全责任体系,落实各方主体质量安全责任。加强全过程监管,建设和监理等相关方可采用驻厂监造等方式加强部品部件生产质量管控;施工企业要加强施工过程质量安全控制和检验检测,完善装配施工质量保证体系;在建筑物明显部位设置永久性标牌,公示质量安全责任主体和主要责任人。加强行业监管,明确符合装配式建筑特点的施工图审查要求,建立全过程质量追溯制度,加大抽查抽测力度,严肃查处质量安全违法违规行为。

三、保障措施

（十二）加强组织领导。各地区要因地制宜研究提出发展装配式建筑的目标和任务,建立健全工作机制,完善配套政策,组织具体实施,确保各项任务落到实处。各有关部门要加大指导、协调和支持力度,将发展装配式建筑作为贯彻落实中央城市工作会议精神的重要工作,列入城市规划建设管理工作监督考核指标体系,定期通报考核结果。

(十三)加大政策支持。建立健全装配式建筑相关法律法规体系。结合节能减排、产业发展、科技创新、污染防治等方面政策,加大对装配式建筑的支持力度。支持符合高新技术企业条件的装配式建筑部品部件生产企业享受相关优惠政策。符合新型墙体材料目录的部品部件生产企业,可按规定享受增值税即征即退优惠政策。在土地供应中,可将发展装配式建筑的相关要求纳入供地方案,并落实到土地使用合同中。鼓励各地结合实际出台支持装配式建筑发展的规划审批、土地供应、基础设施配套、财政金融等相关政策措施。政府投资工程要带头发展装配式建筑,推动装配式建筑"走出去"。在中国人居环境奖评选、国家生态园林城市评估、绿色建筑评价等工作中增加装配式建筑方面的指标要求。

(十四)强化队伍建设。大力培养装配式建筑设计、生产、施工、管理等专业人才。鼓励高等学校、职业学校设置装配式建筑相关课程,推动装配式建筑企业开展校企合作,创新人才培养模式。在建筑行业专业技术人员继续教育中增加装配式建筑相关内容。加大职业技能培训资金投入,建立培训基地,加强岗位技能提升培训,促进建筑业农民工向技术工人转型。加强国际交流合作,积极引进海外专业人才参与装配式建筑的研发、生产和管理。

(十五)做好宣传引导。通过多种形式深入宣传发展装配式建筑的经济社会效益,广泛宣传装配式建筑基本知识,提高社会认知度,营造各方共同关注、支持装配式建筑发展的良好氛围,促进装配式建筑相关产业和市场发展。

国务院办公厅
2016年9月27日

2. 2015～2016年装配式建筑大事记

2015年2月15日，住房和城乡建设部批准由中国建筑标准设计研究院有限公司等11个单位编制的《预制混凝土剪力墙外墙板》等9项标准设计为国家建筑标准设计。

2015年8月27日，住房城乡建设部发布公告，批准《工业化建筑评价标准》为国家标准，编号为GB/T 51129—2015，自2016年5月1日起实施。

2015年8月31日，住房和城乡建设部、工业和信息化部联合发布《促进绿色建材生产和应用行动方案》的通知。方案明确，开展"钢结构和木结构建筑推广的行动"等十大行动方向。

2015年9月9～11日，第十四届中国国际住宅产业暨建筑工业化产品与设备博览会在京召开。本届中国住博会以"以明日之家为引领，促进创新转型发展"为主题，突出国际性、科技性和专业性。

2015年12月20日，中央城市工作会议，李克强总理讲话中提出要大力推动建造方式创新。

2015年12月24日，住房和城乡建设部发布《关于北京东方诚国际钢结构工程有限公司等27家钢结构企业开展建筑工程施工总承包试点的通知》。批准北京东方诚国际钢结构工程有限公司等27家钢结构企业开展建筑工程施工总承包试点。

2015年12月28日，全国住房城乡建设工作会议在京召开。时任住房城乡建设部部长陈政高全面总结了2015年住房城乡建设工作，对2016年工作任务作出部署。

2016年1月28日，"2016中国钢结构发展高峰论坛"在北京召开，建设领域21名院士和60余位政府主管领导、企业家、专家学者齐聚，为我国钢结构发展出谋划策。

2016年2月2日，国务院发布《国务院关于深入推进新型城镇化建设的若干意见》（国发〔2016〕8号）。意见指出，要积极推广绿色新型建材、装配式建筑和钢结构建筑。

2016年2月6日，中共中央国务院发布《关于进一步加强城市规划建设管理工作的若干意见》（中发〔2016〕6号），意见提出：提升城市建筑水平。发展新型建造方式。大力推广装配式建筑，加大政策支持力度，力争用10年左右时间，使装配式建筑占新建建筑的比例达到30%。

2016年3月5日，李克强总理在《政府工作报告》中进一步强调，大力发展钢结构和装配式建筑，加快标准化建设，提高建筑技术水平和工程质量。

2016年3月15日，十二届全国人大四次会议新闻中心举行记者会，邀请时任住房和城乡建设部部长陈政高、副部长陆克华、副部长倪虹就"棚户区改造和房地产工作"的相关问题回答中外记者的提问。

2016年3月16日，十二届全国人大四次会议审查通过了《中华人民共和国国民经济和社会发展第十三个五年规划纲要》。纲要明确，发展适用、经济、绿色、美观建筑，提高建筑技术水平、安全标准和工程质量，推广装配式建筑和钢结构建筑。

2016年6月22日，中国21世纪议程管理中心公示《关于国家重点研发计划"绿色建筑及建筑工业化"重点专项2016年度项目立项的通知》国科议程办字[2016]9号，公布该重点专项21个项目的立项工作已完成。

2016年6月23~24日，第八届中国房地产科学发展论坛暨第三届中美房地产高峰论坛在江苏省常州市举行。装配式住宅作为中国房地产业转型升级的重要方向，成为大会研讨的热点。

2016年7月5日，住房和城乡建设部印发《2016年科学技术项目计划—装配式建筑科技示范项目》，根据该项目名单，2016年批准列入计划的装配式建筑科技示范项目共119项，其中，装配式混凝土结构41项、钢结构19项、木结构4项、部品部件生产类54项、装配式建筑设备类1项。

2016年8月30日，住房城乡建设部发布关于批准《钢筋混凝土基础梁》等29项国家建筑标准设计的通知，批准由中国昆仑工程公司等28个单位编制的《钢筋混凝土基础梁》等29项标准设计为国家建筑标准设计，自2016年9月1日起实施。

2016年9月30日，国务院办公厅发布《国务院办公厅关于大力发展装配式建筑的指导意见》。

2016年10月13~15日，第十五届中国国际住宅产业暨建筑工业化产品与设备博览会在北京中国国际展览中心（新馆）举办。本届住博会由住房和城乡建设部科技与产业化发展中心（住房和城乡建设部住宅产业化促进中心）、中国房地产业协会、中国建筑文化中心联合举办。

2016年11月16日，住房城乡建设部办公厅发布《关于征求装配式混凝土结构建筑等3项装配式建筑技术规范（征求意见稿）意见的函》（建办标函〔2016〕991号）。

2016年11月19日，住房和城乡建设部在上海市召开了全国装配式建筑工作现场会。时任住房城乡建设部党组书记、部长陈政高出席会议并讲话。

2016年12月2日，住房和城乡建设部批准《建筑信息模型应用统一标准》GB/T

51212-2016为国家标准，自2017年7月1日起实施。

2016年12月23日，住房和城乡建设部发布《装配式建筑工程消耗量定额》，自2017年3月1日起执行。

参考文献

[1] 住房和城乡建设部住宅产业化促进中心. 保障性住房产业化成套技术集成指南[M]. 北京：中国建筑工业出版社，2012.

[2] 住房和城乡建设部住宅产业化促进中心. 公共租赁住房产业化实践—标准化套型设计和全装修指南[M]. 北京：中国建筑工业出版社，2011.

[3] 住房和城乡建设部住宅产业化促进中心. 大力推广装配式建筑必读—制度·政策·国内外发展[M]. 北京：中国建筑工业出版社，2016.

[4] 住房和城乡建设部住宅产业化促进中心. 大力推广装配式建筑必读—技术·标准·成本与效益[M]. 北京：中国建筑工业出版社，2016.

[5] 施奈，陈振基. 全苏混凝土及钢筋混凝土会议工作资料[M]. 北京：中国建筑工业出版社，1957.

[6] 刘东卫. SI住宅与住房建设模式理论·方法·案例[M]. 北京：中国建筑工业出版社，2016.

[7] 文林峰. 再辩"住宅产业化"[N]. 中国建设报，2013-11-13（005）.

[8] 胡成. 高层钢结构住宅结构体系选型[D]. 沈阳建筑大学. 2008.

[9] 文林峰. 大力发展装配式建筑的重要意义[J]. 建设科技，2016，Z1：36-37+39.

[10] 刘美霞，武振，王广明，刘洪娥. 我国住宅产业现代化发展问题剖析与对策研究[J]. 工程建设与设计，2015，6：9-11.

[11] 王广明，武振. 装配式混凝土建筑增量成本分析及对策研究[J]. 建筑经济，2017，38：15-21.

[12] 王广明，刘美霞. 装配式混凝土建筑综合效益实证分析研究[J]. 建筑结构，2017，47：32-38.

[13] 刘美霞，王广明. 促进农村住宅产业化发展的思考——以广安市推进农村住宅产业化为例[J]. 住宅产业，2015，5：13-16.

[14] 刘美霞，邓晓红，刘佳，徐秀杰，王全良，张中，王广明. 基于物联网技术的装配式建筑质量追溯系统研究[J]. 住宅产业，2016，10：41-47.

[15] 刘东卫，周静敏，邵磊. 新中国成立以来住宅工业化及其技术发展[J]. 北京规划建设，2009，6：38-46.

[16] 刘东卫，蒋洪彪，于磊. 中国住宅工业化发展及其技术演进[J]. 建筑学报，2012，4：10-18.

[17] 陈振基. 中国工业化建筑的沿革与未来[J]. 混凝土世界，2013，8：32-37.

[18] 许溶烈. 紧抓机遇 攻艰克难 大力推进建筑产业现代化——2017年新年寄语[J]. 施工技术,2017,(01)：1-4.

[19] 王纪松，李瑞，王晓龙. 预制装配式建筑中电气设计与配套技术[J]. 建材世界，2014，6：82-85.

[20] 清华大学软件学院BIM课题组. 中国建筑信息模型标准框架研究[J]. 土木建筑工程信息技术, 2010, 2: 1-5.

[21] 我国发展木结构房屋的前景分析[DB/OL]. [2016-08-04]. http://www.precast.com.cn/index.php/subject_detail-id-3435.html

[22] 张树君. 全面介绍装配式木结构建筑的政策标准、技术体系、规范图[DB/OL]. [2016-07-06]. http://www.precast.com.cn/index.php/subject_detail-id-3225.html

[23] 刘爽. 建筑信息模型(BIM)技术的应用[J]. 建筑报, 2008, 2: 100-101.

[24] 邹晶, 李元齐. 钢结构住宅体系在我国的发展现状及存在问题[J]. 钢结构, 2007, 6: 10-16.

[25] 魏延晓, 唐柏鉴. 钢结构住宅墙体发展及研究[J]. 山西建筑, 2008, 28: 34-35.

[26] 陆伟东, 杨会峰, 刘伟庆, 岳孔, 程小武. 胶合木结构的发展、应用及展望[J]. 南京工业大学学报(自然科学版), 2011, 5: 105-110.

[27] 许建华, 杨会峰, 陆伟东. 中国传统木结构在继承和创新发展中的问题分析[J]. 木材工业, 2011, 5: 20-23.

[28] 李云贵, 邱奎宁. 我国建筑行业BIM研究与实践[J]. 建筑技术开发, 2015, 4: 3-10.

[29] 王婷, 肖莉萍. 国内外BIM标准综述与探讨[J]. 建筑经济, 2014, 5: 108-111.

[30] 李云贵. 国内外BIM标准与技术政策[J]. 中国建设信息, 2012, 20: 14-17.

[31] 郑国勤, 邱奎宁. BIM国内外标准综述[J]. 土木建筑工程信息技术, 2012, 1: 32-34+51.

[32] 何关培. 实现BIM价值的三大支柱-IFC/IDM/IFD[J]. 土木建筑工程信息技术, 2011, 3: 108-116.

[33] 全国装配式建筑工作现场会（上海）会议资料, 2016年11月.

[34] 全国装配式建筑工作座谈会（长沙）会议资料, 2017年3月.